你中产了吗

熊易寒　冯　静　梁银湘◎著

文匯出版社

图书在版编目(CIP)数据

你中产了吗 / 熊易寒,冯静,梁银湘著. —上海:文汇出版社,2015.11
ISBN 978-7-5496-1341-0

Ⅰ.①你… Ⅱ.①熊… ②冯… ③梁… Ⅲ.①中等资产阶级—研究—中国 Ⅳ.①D663

中国版本图书馆 CIP 数据核字(2015)第 273106 号

你中产了吗

著　　者 / 熊易寒　冯　静　梁银湘

责任编辑 / 甘　棠
封面装帧 / 王铁民

出版发行 / 文匯出版社
上海市威海路 755 号
(邮政编码 200041)
经　　销 / 全国新华书店
排　　版 / 南京展望文化发展有限公司
印刷装订 / 江苏省常熟大宏印刷有限公司
版　　次 / 2015 年 11 月第 1 版
印　　次 / 2015 年 11 月第 1 次印刷
开　　本 / 890×1240　1/32
字　　数 / 200 千字
印　　张 / 7.375
印　　数 / 1-3000

ISBN 978-7-5496-1341-0
定　　价 / 25.00 元

自 序

最近几年，本人一直从事阶级阶层相关的学术研究，从最初做农民工子女的身份认同与社会流动问题，继而延伸到劳工政治的研究，到后来关注不同阶层的政治参与和集体行动。2014年初，文汇出版社找到我，说是有意推出一本关于中产阶级的年度重点图书，希望由我来主笔。虽说我之前曾经对上海地区的中产阶级群体做过若干个案研究，日常生活里也经常与这个阶层打交道，但是，要写一本关于中产阶级的专著，对我来说还是力有不逮。

一来我以往对中产阶级的研究都是微观层次的，侧重于中产阶级的公共参与和维权行动，对于当代中国的中产阶级缺乏一种宏观的、整体性的把握；二来当时我家小太阳出生，家里家外的事情不少，无暇他顾。

我向导师臧志军教授求助。臧老师建议我邀请两位同门加盟，一位是就职于上海公开大学的冯静师姐，另一位是在职博士生梁银湘学弟。由我拟定初步的大纲，然后同冯静、梁银湘一起与出版社一同商议书稿的结构、文字的风格和具体的分工。最终由熊易寒撰写导论、第三章、第四章，冯静撰写第一章、第五章，梁银湘撰写第二章。

2014年9月，我赴美访学一年，书稿的组织协调工作主要由冯静老师承担，她对初稿进行了多次认真的统稿、整理和修改。2015年9月，我回到国内，又花了两个月时间对书稿进行了最后一轮修订。

责任编辑策划本书的时候，是希望我们写一本面向大众的学术通俗读物。然而，我们最终却写成了一部中规中矩的学术著作。虽然“楼歪得厉害”，责编却不以为意，而是一如既往地给予信任和支持。我谨代表三位作者感谢他的督促、激励和帮助。

需要说明的是，本书的作者三人皆是中产阶级研究的新人，学术积累不多，书稿一部分内容来自我们的实证研究，而其他部分则更多地是对国内外中产阶级研究的综述。本书的写作对于我们而言，不仅是一个研究的过程，更是一个学习的过程。通过国内外研究的文献回顾，我们对中国中产阶级的认识逐步清晰，就像是一个拼图游戏，我们过去的认知是碎片化的，通过系统地研读文献，中产阶级的整体形象在我们眼前慢慢浮现。此外，这是一项合作研究成果，虽然我们的写作基于一定的学术共识，在最后的修改校对阶段，也竭力对学术观点和语言表述进行了统一，但不同的章节总是深深打上了合作者个人的烙印，难免存在风格上的差异，但愿不会让读者产生“违和感”。

熊易寒

2015 年 11 月 8 日

目　录

导论：经济奇迹与中产社会的来临

一、谁是中产阶级？

1. 中产阶级的标准

界定中产阶级的指标，既包括职业地位、收入水平、资产占用量、对下属控制权力的大小、专业技术职级、教育资本、社会声望、消费水准、种族和血统等客观指标，也包括他人的评定和自我的认同在内的主观指标。

他人的评定反映出社会上其他人是否认为某个具体人物属于中产阶级，而自我认同则表明某个具体人物是否认为自己属于中产阶级。[①]

简而言之，前者来自第三方的评价，后者则是自我评价。

就客观指标而言，它们往往很容易测量。例如李培林和张翼就以中国城市户籍人口的平均收入线作为参照基准，把高于平均收入2.5倍及以上的收入群体定义为“高收入者”，把低于收入线50%及以下（这个标准在发达国家通常被定义为“相对贫困”）的收入群体定义为“低收入层”；把低收入的上限到平均线之间者定义为“中低收入

---

① 李培林，张翼. 中国中产阶级的规模、认同和社会态度. 载于李春玲主编. 比较视野下的中产阶级形成：过程、影响以及社会经济后果，北京：社会科学文献出版社2009年版，第99页。

层”；把平均线上到平均线的 2.5 倍的群体定义为“中等收入层”，即“收入中产阶级”。①

2. 在中国，谁是中产阶级

如果以这一标准来衡量中国的中产阶级，中产阶级至少包括了如下群体：

(1) 政府机关、事业单位、部分社会团体中，具有实际社会管理职能的领导干部；(2) 大型国有企业、集体企业中的中高层管理人员；(3) 就职于外资企业、中外合资企业的中高层管理人员及各类白领雇员、高级员工；(4) 民营企业家；(5) 具有中高级职称的教师、工程师、科研人员及各类市场稀缺的高级专业技术人员；(6) 自由职业者。

3. 中国中产阶级的特点

这些人的共同特点在于“拥有中等的财产，有能力支付中等水平的消费，一般都接受过良好的教育。”②

但是，那些“收入中产阶级”是否就认为自己属于中产阶级呢？对于国内大多数属于“被中产”者而言，也许他们的内心并不会认同自己属于中产阶级，尽管从客观指标来看，他们属于中产阶级。

在全民中产时代到来的进程中，文化因素和财产因素共同成为阶级的明显标志，而文化因素则被人们越来越强调。

20 世纪 70 年代有一位伦敦的中产妇女曾这样说：“人总是不一样的，即使有同样的房子、同样的钱，还是不一样。我们的心灵要比工人阶级充实，因为我们读书。”

而早在 1949 年，一位政府女职员就这样说：“收入有一点关系，但现在已不是决定性因素，因为很多工人阶级成员比下层中等阶级工资还要高，而很多上层阶级的‘新穷人’拿的钱还不如他们。”

---

① 李培林，张翼. 中国中产阶级的规模、认同和社会态度. 载于李春玲主编. 比较视野下的中产阶级形成：过程、影响以及社会经济后果，北京：社会科学文献出版社. 2009 年版，第 102—103 页。

② 李超. 当汽车遭遇“中产阶层”. 汽车观察，2005 年第 9 期，第 48—49 页。

但她说中等阶级有这样一些特点：在一个小型私立学校念书，有一个“中等阶级职业”，“住在中等阶级街区”，由于这些特点，中等阶级和工人阶级的区别就很明显。应该强调，接受良好的教育是中等阶级的一个重要特征。①

上述两种看法同样反映了当下中国的现实。高级技工的薪水往往比一般的中产白领的薪水高，高等职业技术学院毕业生的入职薪水也可能比一般的大学本科毕业生的入职薪水高。如果仅从收入指标来看，这两类群体均属于中产阶级。

但是如果再增加其他的指标，二者之间就存在着区隔。

4. 拥有不同的资本结构决定了不同阶级的社会地位

在布迪厄看来，区隔的标准在于不同的阶级拥有着不同的资本。

所谓资本，实际上就是可以使用的资源和权力。它包括经济资本（股票、债券、农村和城市财产）、文化资本（主要由教育资格来衡量，包括正式的和得自家庭的或者依靠社会出身的）、社会资本（关系、社会网络）。

资本容量、资本成分和这些资本在时间上的变化（由过去显示的和社会空间给你的潜在轨道上的变化）构成了社会空间的三个基本方面。

不同阶级的分布从被赋予较多经济和社会资本的人（他们在一起形成统治阶级或者上层阶级）到很少占有其中任何一种资本的人（他们在一起形成被统治阶级或者下层阶级）。那些介于这两个极端之间的拥有一定量资本的人形成了中产阶级。②

“不同的资本结构导致不同的生活方式。尤为特殊的是，一个经济和社会存在状态的特殊阶级（资本数量和成分，在共时和历时的方

① 转引自沈晖. 英国中产阶级：文化及其认同. 载于周晓虹主编. 全球中产阶级报告，北京：社会科学文献出版社，2005年版，第54页。

② 王建平. 社会变迁视野下的韩国新中产阶级. 载于周晓虹主编. 全球中产阶级报告，北京：社会科学文献出版社，2005年版，第221页。

面)产生一种阶级'惯习'(habitus)或一系列性情或者偏好,它们形成了一系列实践中称之为生活方式的不同特征。"[①]由此观之,阶级内部的不同生活风格源于不同的资本结构。

保罗·福塞尔认为,"人的生活品味和格调决定了人们所属的社会阶层,而这些品味格调只能从人的日常生活中表现出来。比如一个人的穿着,家里的摆设,房子的样式和格局,开什么车,车里的装饰,平时爱喝什么,用什么杯子喝,喜欢什么休闲和运动方式,看什么电视和书,怎么说话,说什么话,等等。"[②]

由此告诉我们,在今天的社会里,"社会等级已经由更多的文化标准来确立,而不是简单地以有产和无产、剥削与被剥削、压迫与被压迫等标准来划分。人们可以经由提高自己的生活品味来改变社会地位。另一方面,仅仅有钱并不能提高一个人的社会地位,还必须提高文化品味与生活格调。没有品味的人永远不能改变自己最初所属的社会阶层。"[③]换而言之,一个人的阶级位置,离不开具体的阶级实践及自身的阶级意识(图 1)。

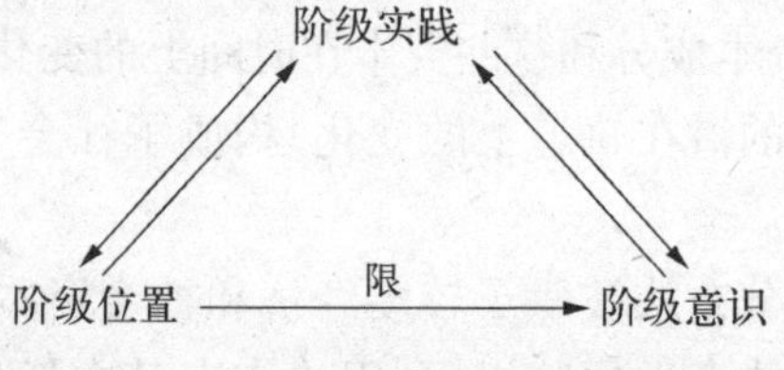

图 1　阶级位置、阶级意识和阶级实践关系的微观模型[④]

① Bourdieu, Pierre, *Distinction: A Social Critique of the Judgement of Taste*, trans. by Richard Nice, Cambridge, Mass: Harvard University Press, 1984, p. 170.

② 石涛. 品味——社会等级的最后出路. 载于【美】保罗·福塞尔著,梁丽真、乐涛、石涛译. 格调:社会等级与生活品味. 南宁:广西人民出版社,2002 年第 2 版,第 13 页。

③ 石涛. 品味——社会等级的最后出路. 载于【美】保罗·福塞尔著,梁丽真、乐涛、石涛译. 格调:社会等级与生活品味. 南宁:广西人民出版社,2002 年第 2 版,第 15—16 页。

④ 【美】埃里克·奥林·赖特著,陈心想等译. 后工业社会中的阶级:阶级分析的比较研究. 沈阳:辽宁教育出版社,2004 年版,第 396 页。

二、中国中产阶级的构成与规模

1. 在中国，谁是中产阶级？有多少人属于中产阶级？

在中国，谁是中产阶级，中产阶级的规模有多大，在学术界一直存在争议。有的强调客观的社会经济地位，譬如职业、收入、教育、社会声望，有的强调主观的阶层认同，还有的强调生活方式，譬如消费、品味等。一般来说，经济学家通常用收入和消费水平来衡量中产阶级；社会学家则倾向于用职业分类作为社会分层的主要指标，将专业技术人员和管理人员划归中产阶级。

有学者采用相对标准，将中产阶级界定为消费分布中处于第 20 至 80 百分位之间，且收入为人均收入的 0.75—1.25 倍的人群。而另一些学者则采用绝对标准，将中产阶级定位为按照购买力平价标准(PPP)，年收入 3 900 美元以上的人群。美国学者霍米·哈拉斯和杰弗里·格茨认为中国的中产阶级大约为 1.57 亿人，在规模上仅次于美国的中产阶级。

陆学艺估算，从 2001 年到 2009 年，中国中产阶级从占总人口的 15%增加到 23%。他认为，中国中产阶级的年增长率似乎为 1%。李春玲的研究则认为，2006 年中产阶级占城市人口的 64%，在全国约占 30%。如果把中产阶级的标准定得更为严格——仅包括新中产阶级和私营企业家——那么，中产阶级在城市人口和全国人口中的比例大约分别为 18%和 9%。

李培林采用中国社会科学院社会学所 2006 年全国抽样调查数据(CGSS 调查数据)计算出当年的人均收入，并确定人均收入的 2.5 倍作为划分"高收入者"收入指标，把人均收入平均线至平均线 2.5 倍之间的人群定义为"中等收入者"，并把"高收入者"和"中等收入者"共同归类为"收入中产阶级"

国家统计局以家庭年收入 6 万—50 万作为中产阶级的标准。

社会学者李培林、张翼则以中国城市户籍人口的平均收入线作为参照基准，将高于平均收入 2.5 倍及以上的收入群体定义为"高收入者”，把低于平均收入线50%及以下的收入群体定义为“低收入层”；把低收入的上限到平均线之间者定义为“中低收入层”；把平均线以上到平均线的2.5倍的人群定义为“中等收入层”，即“收入中产阶级”。

收入标准的优点是简便、易于操作，缺点在于忽视了中产阶级作为一个社会群体的内在属性。譬如，外资企业的中层管理人员和获得动迁补偿款的农民，可能在家庭财产方面旗鼓相当，但很难想象他们属于同一个社会阶层，因为他们的生活方式、价值观念可能毫无交集。

我们不妨看看《时代周刊》为中产阶级绘制的“标准像”：书橱里至少有1张ECM唱片；支持民主；知道昂山素季和白南准各自是干什么的；能粗略地描述热力学第二定律和量子力学。

考虑到单一经济标准的局限性，李培林、张翼主张用职业、收入和教育三项指标来界定中产阶级，这种三维指标更为客观。

据他们测算，比较宽泛地定义的中产阶级占社会成员的25.8%。其中三个维度都符合“中层”标准的“核心中产阶级”只占3.2%，符合其中两项“中层”标准的“半核心中产”占8.9%，仅仅符合一项“中层”标准的“边缘中产阶级”占13.7%。所以，如果将符合其中两项标准者认定为“中产”，则中国当前的中产阶级大约占12.1%左右。

2. 中产阶级的政治态度

中国的中产阶级构成复杂多变，相互之间差异深刻，几乎没有统一的立场，也几乎没有稳定的立场。这同中国的政治制度有深刻的关联。

布鲁金斯学会高级研究员李成认为，从社会构成看，中国的中产阶级鱼龙混杂；从政治角度看，它态度暧昧。这一新的社会经济实体，就家庭出身、职业身份、教育程度和政治背景而言，相互之间有着深刻的差异。[1]

---

① 李成主编. 中产中国：超越经济转型的新兴中国中产阶级. 上海：上海译文出版社2013年。

齐杏发将中国中产阶级分为以个体户为主的老中产阶级和由知识分子、技术人员、管理人员等组成的以领取薪酬为主的新中产阶级两类，后者又包括以传统体制内职工为主的内源型中产阶级和以私企、外企白领为主的市场化中产阶级。他利用 CGSS2006 全国调查数据分析发现：中产阶级明显反对非制度化的集体政治行动，其中内源型中产阶级更为保守，市场化中产阶级稍显激进，但这种差异尚不显著。中产阶级有总体上较强的民主意识，但市场化中产阶级更为重视经济发展，内源型中产阶级的政治权利意识偏强，老中产阶级的民主意识最弱。中产阶级都有较强的政府服从，并有一定的政治参与意愿，但老中产阶级相对冷漠。①

3. 中国的新中产阶级的构成

中国的新中产阶级主要由两部分构成，一是小资产阶层，一是专业技术阶层。他们是改革开放的受益者，也是它的支持者。

考虑到中产阶级的复杂性，本书将重点讨论新中产阶级，而不涉及以大中型私营企业家为主体的新精英阶层，因为后者掌握的资源与新中产阶级不可同日而语。改革开放以来，沿海地区民营资本迅速发展，已形成以私营企业主为代表的新精英阶层。私营企业主经历了从“模糊的身份”、“同盟者”再到“建设者”的属性变化。私营企业主已经成为当前中国社会阶层结构的重要组成部分，并发挥着越来越重要的政治影响。沿海地区更是如此，2004 年浙江传化集团董事长徐冠巨当选浙江省政协副主席；娃哈哈集团宗庆后、复星集团郭广昌、浙江万向企业集团鲁冠球等人是全国人大代表；广厦董事局主席楼忠福不仅是全国人大代表，还是东阳市人大常委会副主任。

就现阶段而言，私营企业主的政治参与主要是服务于其商业目标，通过进入人大、政协、工商联等体制内机构，提升个人和企业的政治地位，利用权力关系获取更多资源，避免政治和政策的任意干涉，并对政府的经济决策和政策制定施加影响。

① 齐杏发. 当前中国中产阶层政治态度的实证研究. 社会科学，第 8 期。

美国学者陈捷和迪克森(Bruce Dickson)对中国沿海5个省份2000多名企业家做了问卷调查，他们发现：中国的企业家通过政治和金融的纽带与国家形成密切联系，这些关系又塑造他们对于民主的态度。大多数私营企业家赞成在现行的一党执政体制下实行竞争性的差额选举；但他们并不赞成多党竞争和政治自由化；拥护中国共产党领导下的有中国特色社会主义道路。[①]

当前中国的新中产阶级主要包括两个组成部分：

一是由商人、个体经营者、小企业主等组成的小资产阶层。这个群体在改革开放过程中，在体制外利用各种途径，形成沿海地区规模庞大的新兴中产阶级。这个阶层比较特殊，一部分可能上升为新精英阶层，另一部分也因各种风险落入下层。

二是专业技术阶层，包括中低级公务员、专业技术人员、白领阶层人员。

沿海地区的中产阶级要比内陆地区庞大得多。这两大阶层，有相当强大的经济、文化与社会力量，他们是构成沿海社会稳定的主要基石，也是改革开放的主要受益者。

但是，近年来上层与中产阶级的流通管道正日益萎缩，改革初期中产阶级利用各种条件上升为精英阶层那样的机会正在消失。张翼的研究发现，我国中产阶级的政治态度并不保守，“社会稳定器”的作用不够显著。

不管是“老中产阶级”，还是“新中产阶级”，都具有相对较大的社会改造风险。他们对当地政府工作满意程度的评价较低、对当地政府也表现了较差的信任程度、感受到的社会公平感也不高。他们对未来社会发生冲突的心理感受也最强烈。厦门的反PX运动、北京和广州等地的反垃圾焚烧、上海的反磁悬浮运动都是以中产阶级为主力军或者是幕后推手的。

---

① Chen Jie & Bruce Dickson，2010. Allies of the State：China's Private Entrepreneurs and Democratic Change. Cambridge，MA：Harvard University Press.

三、中国正在成为一个“中产社会”吗？

2012 年 11 月 29 日，在国家博物馆，中共中央总书记习近平在参观“复兴之路”展览时，第一次阐释了“中国梦”的概念。习近平指出“实现中华民族伟大复兴，就是中华民族近代以来最伟大梦想”，并且表示这个梦“一定能实现”。“中国梦”的核心目标也可以概括为“两个一百年”的目标，即：到 2021 年中国共产党成立 100 周年和 2049 年中华人民共和国成立 100 周年时，逐步并最终顺利实现中华民族的伟大复兴，具体表现是国家富强、民族振兴、政治民主、社会文明、人民幸福。也就是说，“中国梦”包含国家、民族、政治和社会四个维度。在笔者看来，“中国梦”的国家维度就是中国作为全球性大国的崛起；“中国梦”的民族维度就是中华民族的团结与振兴；“中国梦”的政治维度就是真正实现人民当家做主，成为政治生活、国家生活的主人；“中国梦”的社会维度就是以现代科学和文化知识教育的人民，能够忠实地履行自己的权利和义务，也尊重他人的权利和义务，物质生活丰富，人民共同富裕。所以，中国正日益成为一个中产社会。中产阶级成为社会的主体。

为什么说中产社会是“中国梦”的理想社会图景？

一方面，中产社会意味着中国富起来了，意味着中国社会已经从“一部分人先富起来”的现代化初期阶段进化到“共同富裕”的中等发达国家阶段；另一方面，中产社会是一个相对稳定的社会状态，由于社会财富在不同阶层和群体间相对更加公正均匀地分配，社会冲突的烈度较小，不会对社会体制构成大的冲击。

那么，中国正在成为一个中产社会吗？

虽然近年来中国中产阶级在国际上表现抢眼，特别是由于日本和西方国家受经济危机困扰，消费能力下降，中国游客成为国际奢侈品市场的“新宠”——这主要是因为中国巨大的人口基数，使得这一阶层成员的绝对数量远超世界上大多数国家的总人口，其消费潜力令万邦惊诧也就在情理之中了。但严格说来，当前中国的中产阶级依然是比较弱小的，在人口中所占的相对比重较低，大约在12%左右。即使是最乐观的估计——根据中国社科院社会学所"当代中国社会结构变迁研究"课题组的看法——当前中国的中产阶级或中间阶层也仅占总人口的23%。

到目前为止，中国的中产阶级并未真正崛起，中国的社会结构离"橄榄型社会"还很远，中国社会更像是一个"细腰"结构。中产阶级无论在人数上还是影响上都是"少数派"。

未来中国中产阶级的成长主要取决于以下几个因素：

中国经济能否持续增长，特别是中小企业能否健康发展。因为这些企业数量最多，吸纳的就业人数也最多，它们的经营状况不仅会影响到中国经济的走势，也会影响到中国普通民众的收入水平；

社会分配体制是否公平。不可否认，社会分配不公、社会保障体系薄弱是当前中国内需低迷的一个重要原因，它在很大程度上大大制约了居民的消费意愿和消费能力，而"中产社会"是以消费为引擎的，强劲的消费刺激经济增长，经济增长又反过来提升消费的规模和质量。

不过从长远来看，"中产社会"对中国而言不仅是可欲的，也是可能的。

其一，当前中国经济仍有持续增长的潜力。2014年著名经济学家林毅夫认为，中国的高速经济增长至少还可以维持20年。虽然有学者认为这一预测过于乐观，但从理论上和经验上看，中国的人均GDP水平仍然很低，中国的产业结构调整和升级的空间很大，中国劳动力的受教育程度在新兴经济体当中相对出色，中国政府也开始着力于优化经济结构、缩小国内收入差距，因此，中国经济在未来十年保持较快增长速度的可能性较大，再分配体制的进一步完善也有利于中产阶层的壮大。

其二，不断扩张的中国的中产阶级规模，已经并将继续强劲地促进中国经济增长。虽然从人口比例上看，中国现有的中产阶级规模不是很大；但是，就绝对数量而言，中国的中产阶级已然以亿为计量单位，超过世界上绝大多数国家的总人口，这样一个数量庞大的社会阶层足以对中国乃至世界的发展产生举足轻重的影响。

最后，中产阶级的社会影响力较大。与底层群体相比，中产阶级掌握的政治、经济和社会资源较多，从而更容易发出自己的声音；他们享有一定的财务自由，从而有条件从一些纯粹的经济议题中超脱出来，关心公共服务、体制改革、社会建设、环境保护等议题。

第一章　转型中国与中产阶级的成长

中产阶级是伴随着现代工业化发展产生的社会阶层。中国社会的中产阶级萌芽产生于19世纪晚期近代资本主义的扩展。到20世纪中前期在大中城市，尤其是各通商口岸已经出现了一批集聚在近代工商业与教育文化产业城市的中产阶级群体。1949年新中国成立后，新中国政权对这一实业和知识分子群体进行了社会主义改造。随着高度集权的政治体制和高度集中的经济体制的建立，国家权力向社会所有领域分布，中产阶级作为一个阶层消亡。1978年改革开放后中产阶级阶层伴随着社会政治和经济转型重新出现，并对社会转型发挥着不可忽视的影响。

第一节　中国中产阶级的发展历程

一、近代中国中产阶级的形成

1. 中国的中产阶级萌芽，发生于鸦片战争以后，近代资产主义兴起之时

中国的中产阶级萌芽，发生于1840年鸦片战争爆发后。民族危亡的忧患加速了中国人有意识地、从传统向现代转型的历程。伴随着西方国家在中国的殖民扩张，近现代资本主义工商业、大机器生产开始首先出现在沿海沿江通商口岸城市，并逐渐向内地扩展。西方殖民者在这些城市开办工厂、洋行、设立西式学校并发行报纸，现代工商业开始在这些商埠首先出现。在内部，清王朝为了应对外国入侵的危机，从 19 世纪 60 年代开始兴办洋务运动，创办现代工商业，并出台了一系列发展现代工商业的政策措施。同时，随着民族危机加深，清政府放宽民间办厂的限制，一些地主士绅开始投资兴办现代工商业，出口贸易不断增长，中国民族资产阶级、小资产阶级逐渐成长。维新运动中倡导新学，废除科举制度，兴办新式学堂在冲击传统的政治与文化的同时，推动了现代文化思潮的扩展，也对促进中国现代教育、文化产业的发展起到了积极作用。在内外双重作用推动下，中国开始出现一批洋行买办资本家、民族资本家、中小绅商等从事工商业者和以科技知识与文化为谋生手段的专业群体，如教授、编辑、作家、自由撰稿人、翻译、律师等。

近代中国的城市化进程也催生了中产阶级。因为工业化会推动城市化发展。一批具备近代设施的新型城市开始兴起，如上海，开埠前上海县原有人口 54 万余人，其中县城人口约 30 万。1910 年全县人口已超过 100 万，1915 年超过 200 万，1930 年达到 300 万，20 世纪 40 年代则接近 500 万。1920 年前后，天津、北平、汉口等地也相继成为百万人口的大城市。20 世纪 30 年代全国在 25 万人口以上的城市已有 15 个，10 万人口以上的城市约有 150 个，5 万—10 万人口的约有 178 个，2.5 万—5 万人口的约有 177 个，总计居住在 5 万人口以上城市中的人口约占全国人口的 6%，居住在 10 万人口以上城市的人口则占全国人口的 4.5%。[①] 在内陆，随着商品经济的发展，许多地方都市也开始兴起和繁荣。

外国侵略者在 10 座城市共建了 25 块专管租界，在这些租界里按照自己的生活方式，依循占领国的城市建设和管理模式进行发展

---

① 张开敏. 从人口看近代中国的变迁(1840—1949). 见汪熙、魏斐德. 现代化问题——一个多方位的历史探索，复旦大学出版社，1994 年。

和定型，一方面侵犯了中华民族利益，另一方面也带来了西方先进的物质文明和精神文明，催动了中国近代城市化的发展。① 外国侵略者在通商口岸修筑码头、道路，安装水管、架设电线，城市中出现了电车、电灯、电报、电话、邮政等现代生活设施，为中国城市的近代化奠定了物质基础。随着大厦、图书馆、教堂、影院、咖啡馆、西式餐厅、博物馆等现代设施出现，人们有了新的精神生活和娱乐方式：看电影、购物、逛公园、参观博物馆、看赛马和体育比赛，产生了新的消费观念，形成了都市市民的生活方式。②

随着近代城市经济的发展，城市经济结构发生变化，出现了现代工商业、银行、报刊出版业、新式学堂，人们的职业和谋生手段也日趋多样化，从而使城市阶层结构产生了深刻变化。传统社会结构中的士、农、工、商等群体的身份地位发生了改变，新的社会群体产生。清末的开明官僚、绅士等阶层流向近代企业主、资本家集团和咨议局、地方自治机构。③ 在城市，卫生、教育、公共建设和公共设施等技术部门的扩展为在大学受过良好新式技术训练的人提供了岗位。④ 1919年的江苏人口职业分类统计调查表，则把职业分为了 17 种，可见职业分工越来越细。⑤ 在城市各种职业中，企业家、银行家、买办和买办商人，与官僚构成了社会上层，在地域和行业中居于主导地位，具有较高社会声望和地位，对社会和经济生活发挥着较大影响。而各种经纪人、医生、律师、经理、工程师、技师、科学研究人员、市政管理人员、出版家、编辑、记者等新职业构成了城市社会中层，而工人阶级、

① 陆兴龙. 租界与现代社会城市建设. 见张仲礼. 中国近代城市企业·社会·空间，上海社会科学院出版社，1998 年，第 36 页。

② 周锡瑞. 中国城市的现代性与民族性. 贺照田. 后发展国家的现代性问题，吉林人民出版社，2002 年，第 540 页。

③ 周秋光、陈叙良. 清末湖南社会流动与湖南社会的近代化转型. 见欧阳恩良. 近代中国社会流动与社会控制，社会科学文献出版社，2010 年，第 50 页。

④ 周锡瑞. 中国城市的现代性与民族性. 同上，第 532 页。

⑤ 李明伟. 清末民初中国城市社会阶层研究（1897—1927. 社会科学文献出版社，2005 年，第 86—95 页。

仆役、店员、小商贩等则属于下等阶层。一个以知识和技能为主要谋生方式的中产阶级初步形成，虽然其规模还比较小，社会结构仍然是金字塔形。

这个阶层有一定的资金，较高的固定收入，生活条件较优越，并有上升到上流社会的机会。[①] 中间阶层在收入、教育、价值观、生活方式等多方面，已经形成了自己独有的风格，中国城市中间社会的雏形已经凸显。城市社会的中间阶层是城市的中等消费者，尽管他们不像上流社会的成员那样拥有大量的财富、企业或房地产，但他们当中的许多人可以租用宽敞舒适的住房，部分人甚至可以独立购买住房，生活十分优裕。他们拥有闲暇休养时间，衣食住行都明显有别于下层社会成员。[②]

2. 民国时期的中产阶级具有以下特点：

(1) 文化上，既受传统文化影响较深，又吸收了西方文化的内容

这一时期的知识分子和工商界人士，很多受过良好的传统文化教育，并具有留学西方的经历。正是这一批人把现代西方文化引进、介绍到中国社会。以西方现代科学技术为主要内容的新式学堂在城市逐步替代了旧式私塾，自由、平等等观念也逐步渗透到受过新学教育的知识分子中，并从外在行为中表现出来。在服饰上，西装与长袍马褂并用；个体自主的意识逐渐增长，年轻人都倾向于离家独立居住；男女平等的观念逐步取代了男尊女卑……但是，传统文化的影响仍然是根深蒂固的，即使在文化观念、生活方式上已经表现出亦中亦西、半中半西的特点。

(2) 组织网络较为发达

近代中国呈现出社会组织化的趋势，集会结社如雨后春笋。工商业中传统的会馆、公所等地缘和业缘组织在社会政治转型的背景

---

① 李明伟. 清末民初中国城市社会阶层研究(1897—1927). 社会科学文献出版社，2005年，第99页。

② 李明伟，同上书，第110页。

下发展为同业公会、商会、同乡会等。国民政府为了渗透社会，自上而下推动建立各种以职业为组织基础的团体，如律师公会、教育会、会计师公会等，加之各种自发建立的民间组织，结社率非常高。① 通过这种组织网络，社会精英阶层有了制度化的交往平台，在重大事务上沟通，引为奥援，有助于促进阶层文化的形成。

(3) *有较为强烈的社会责任感*

近代中国处于深重的生存危机中，中产阶级中的工商业者和知识分子为了自身，也为了社会存续，依托各种组织网络，承担起在地方社会维护治安消防、发展慈善事业、修建基础设施、建立职业学校等公共事务，在上海、苏州等地一度代行行政管理职能，实施地方自治。② 浙江的律师会和教育会还积极干预立法事务，影响政治局势。③ 鉴于这些社会精英对地方社会发挥的重大作用，关于近代中国"市民社会"的争论一时成为学术热点。这些社会精英的责任意识，既是源于这些统文化中士人齐家治国的理想，也是因应动荡的社会局势维护自身利益的不得已举措。

(4) *发展不均衡*

中产阶级的发展状况很大程度上是由现代化程度决定的。中国原有的现代工业，均集中在东北及沿海沿江各省。抗日战争爆发前，仅上海、武汉、无锡、广州、天津五市就集中了全国工厂总数的60%。在民族资本工业中，上海集中了全部工厂数的50%，资本额40%，全年产额的46%。④ 从地区分布看，中产阶级主要分布在沿海受外来势力影响较大的城市，数量较少。在社会影响力方面，也是工商业比

---

① 冯静.中间团体与中国现代民族国家的构建(1901—1937).复旦大学出版社，2012年，第2页。

② 冯静.中间团体与中国现代民族国家的构建(1901—1937).复旦大学出版社，2012年，第89—91页。

③ 沈晓敏.处常与求变：清末民初的浙江咨议局和省议会》，2005年，第281—294页。

④ 尹广泰.日本全面侵华与中国现代化进程的挫折.见欧阳恩良.近代中国社会流动与社会控制.社会科学文献出版社，2010年，第73页。

较发达的城市，如上海、浙江等地中产阶级借助各种组织网络对社会产生了较大影响。由于战乱和国民党政权的掠夺式强征税收、强派捐款，加之通货膨胀，这个阶级的多数成员日益没落，濒临破产。

总体而言，直到20世纪中叶中产阶级还没有形成相当规模。加之社会转型期中西方各种思潮相互竞争，各种政治势力争相渗透，中产阶级未能形成整合的阶层文化，阶层意识也较为淡薄。比如中产阶级中买办资本与民族资本的对立，知识分子中马克思主义与三民主义、法西斯主义等不同选择，都使整合的阶级意识难以产生。

二、新中国建立后中产阶级的消亡与重生

1. 社会主义改造完成后，中国中产阶级很快消亡

1949年新中国政权建立之初，新政权采取了一系列的政策与政治运动来实现建立一个平等的无剥削阶级社会的目标，因此对农业、手工业和资本主义工商业进行社会主义改造成为首要任务。在改造中，根据雇佣关系对工商业者和专业技术人员、自由职业者进行分类，把受雇于国家、合作社和私人的办事人员和从事脑力劳动的工程师、教授和专家等都定性为工人阶级的一部分。① 对这部分中产阶级主要运用统一战线政策进行团结，鼓励他们加入到社会主义建设中来。国家行政权力延伸至所有社会领域，并把各种社会组织，如企业、家庭、社团、学校、报社都转变为单一化的行政单位。各种职业团体如商会、同业公会、律师公会、会计师公会等则被逐步取消，或加以重新整合，成为中国共产党领导下的新的群众团体。在改造中，很多中产阶级成员转为国家单位工作人员。但仍有部分知识分子散居社会，未能纳入到国家体制中。②

---

① 江文君.建国初期上海中产阶级的改造与重生.史林，2013年第3期，第129—131页。

② Werner Draguhn，David S. G. Goodman，China's Communist Revolutions：Fifty Years of the People's Republic of China，Routledge，2002，pp. 110—111.

中产阶级本是工业化的产物，但1949年以后中国迅速的工业化发展，在1978年前并没有造就一个中产阶级。这固然与优先发展资本密集型的重工业的发展战略有关，最根本的原因则是国家“去阶级化”的意识形态使然。经过改造，中国的社会结构基本固化。政治身份而非经济、社会地位成为阶层界定的标准，包括无产阶级（包括工人阶级、农民、军人）和资产阶级（被打倒的地主、资本家等，其范围处于变动中）。在历次政治运动中，被定性为民族资产阶级和小资产阶级队伍中的成员成为斗争和改造的对象，作为一个阶层消失了。

虽然国家通过消灭剥削阶级的存在塑造社会平等，但中国大陆并没有成为平等主义的社会。在改革开放前的30年里，中国大陆的社会分化和流动机制的形成，贯穿着政治身份化和户籍-职业身份化的政治-行政性制度安排，人们的政治-社会身份和地位几乎是固定的，因而附着于这些身份与地位上的经济利益不平等和社会保障差别也几乎是固定的。[①] 社会经济地位上处于优势的群体的存在，比如国营单位的工人、国家机关干部等获得了比广大农民和集体企业中的普通职工更多的利益，并不意味着社会存在一个中产阶级。绝大部分经济资源掌握在国家手中，政治权力高度集中，同时自上而下地高度控制着整个政治、经济社会与文化生活。在经济领域，通过高度集中的计划经济体制，政府成为社会资源的主要拥有者、供给者和分配者，并以户籍划分工人与农民身份以组织生产和进行分配，并以之限制社会流动。在文化领域，则以国家意识形态统领，并以无产阶级形象塑造人们的思想、精神和生活方式。有人用“穿蓝色袍子的国度”来描述当时中国的特征，政治意识形态渗透到家庭和个人生活的一切领域，甚至仪容修饰都打上了政治色彩。在这样的时代，思想的统一化和生活方式的统一化中，是不可能产生有别于其他阶级的中产阶级的。因为阶层文化、消费方式和生活方式差异是不同阶级区分的重要表现。

① 陈光金.身份化制度区隔——改革前中国社会分化和流动机制的形成及公正性问题.江苏社会科学，2004年，第1期。

“文革”结束后，由于国内局势的深刻变动，中国与发达国家之间的巨大发展差距成了国家领导人和社会民众痛心疾首要改变的首要问题。“一个中心、两个基本点”的改革开放方针的提出，是当时形势下的开创之举。中国投入到一场改变中国发展方向，也直接影响每个个体命运的改革洪流中，创造了中国经济 30 年高速增长的奇迹。

2. 改革开放，重新分配各种资源，重新培育和塑造了中产阶级

承认和尊重私有财产，承认不同的生产要素禀赋差异，承认它们在生产中的不同地位，是中产阶级重生的前提。改革开放的动态过程决定了中产阶级构成的不稳定性。

1978 年改革开放政策启动的全面社会转型，包括：从传统社会向现代社会转型，从农业社会向工业社会转型，从计划经济体制向市场经济体制转型，从全能主义政府向有限政府的转型。新政策赋予国民经济以空前的活力，广泛地触及到社会、政治、文化与心理等各个方面，使中国社会在短短的 30 年里经历了急剧而深刻的变迁。这场变革改变了传统的社会结构，创造了有利于中产阶级出现的各种条件。

（1）社会转型改变了资源配置方式，为中产阶级产生提供了可能性

20 世纪 90 年代以来，中国资源配置的方式发生了重大变迁。即由过去的非竞争型计划配置资源转变为竞争型市场配置资源。[①] 也有学者称从再分配体制向市场体制的转变。[②] 经济的市场化改革是最直接最主要的动因，它不仅是原有阶层分化的促成因素，也是新阶层形成的促进因素。[③] 这种资源配置方式的变化可以归纳为：① 行政权力作为资源配置手段的垄断地位被打破，市场的重要性增加。② 行政权力在配置资源中的主导地位并未完全改变。市场化改革及资源配置方式的改变，直接影响到原有阶层的相对社会经济地位，

① 李强. 市场转型与中国中间阶层的代际更替.《战略与管理》，1999 年第 3 期。

② 李路路. 社会转型与社会分层结构变迁：理论与问题. 江苏社会科学，2002(3)。

③ 刘祖云. 社会转型与社会分层——三论当代中国社会的阶层分化.《社会科学研究》2002(6)。

并促成了新的社会阶层与职业群体的出现。

这种资源配置方式使得过去与计划资源相接近的群体资源相对丧失，并使更具市场竞争力的群体资源相对获得。这种变迁表现在就业体制上，就是“铁饭碗”式的终身就业制被市场型的就业机制所取代；表现在就业人口上，就是国企职工较大量的失业与下岗；表现在社会结构上，就是传统的“中间阶层”的衰落。[①] 市场化改革后，国企职工相对于占人口80%以上的农民和城市中其他非国有企业的劳动群体的优势地位被打破。这些主要由体力劳动者构成的国企职工虽然不能构成中产阶级，但具有相对的中等地位。

改革开放后，从计划经济体制向市场经济体制转型中，国家权力有步骤地从经济领域收缩、并对市场干预进行自我限制推动了社会变革过程。促使市场成为资源配置与分配的重要手段。新的以公有制为主体、多种所有制经济共同发展的基本经济制度，按劳分配为主体、多种分配方式并存的分配制度，以及“效率优先，兼顾公平”的收入分配原则确立后，出现了个体、私营、中外合资合作、股份制等新的经济成分，涌现出民营科技企业的创业人员和技术人员、受聘于外资企业的管理技术人员、个体户、私营企业主、中介组织的从业人员、自由职业者等新的职业群体。这些新的经济成分，特别是联营经济、外商投资经济、港澳台投资经济、股份制经济等，其效率高于国企，雇员的收入也高于国企。[②] 除了少数在改革中适应变化重新选择的职工，以及垄断国企的职工，普通国企员工的相对地位迅速下降，并以“工薪阶层”为消费符号，丧失了中等阶层的地位。农村改革中实行的土地双层经营家庭承包改革把农民从土地束缚中解放出来。乡镇企业的发展、城市中“三资”企业、私营企业大量涌现提供了劳动岗位。农村剩余劳动力涌入城市，成为农民工。除了从农村向城市的流动以外，伴

---

① 李强．市场转型与中国中间阶层的代际更替．战略与管理，1999年第3期。

② 李强．市场转型与中国中间阶层的代际更替．战略与管理，1999年第3期，第38页。

随着国企改制与政府机关精简机构，一批体制内人员向体制外流动。

伴随着经济领域里的变化，国家对体制内劳动人事制度进行了改革。这些改革与体制外的经济发展一起，推动社会阶层分化，出现了非身份化与非行政化的倾向。非身份化表现为户籍身份、编制身份和单位身份的非身份化。非行政化指行政级别在阶层分化中的轴心地位出现了非轴心化的迹象或趋势。① 中国社会流动越来越趋向自由，提供了通过个人奋斗获取成功的向上流动渠道。"龙生龙、凤生凤"的先赋性因素在阶层分配中的决定作用逐渐变化。社会成员自由流动为部分社会成员通过教育、个人业绩在社会中获得较好社会地位提供了可能，是中产阶级产生的前提。

(2) 经济高速增长，民众生活和消费水平有很大提高

以经济发展为中心的发展方针确立后，通过发展市场经济等一系列制度安排，极大地解放了被计划经济体制束缚的生产力，刺激了经济全面发展。在政绩动力下，地方政府把经济发展放在首位，通过招商引资、引进先进技术、发展基础设施、鼓励民间资本投资等手段对内搞活经济，对外促进出口贸易发展，取得了骄人的成绩。"从1979 年到 2012 年，连续 33 年的时间，我国年均经济增长达到9.8%，这样的高速发展态势在人类经济史上不曾有过。并且，这是发生在经济转型期，在一个底子薄、人口众多、制度不完善的状况之下，这无疑是个奇迹。"②人均国内生产总值成倍增加。人均国内生产总值在由 1978 年的 381 元上升到 1987 年的 1 112 元后，1992 年达到2 311 元，2003 年超过万元大关，达到 10 542 元，到 2007 年又迅速攀升至 18 934 元，扣除价格因素，2007 年比 1978 年增长近 10 倍，年均增长 8.6%。人均国民总收入也实现同步快速增长，由 1978 年的 190 美元上升至 2007 年的 2 360 美元。按照世界银行的划分标准，我国已经由低收入国家跃升至世界中等偏下收入国家行列。1979—2007

① 刘祖云. 社会转型与社会分层. 武汉大学学报（社会科学版），2003(1)：114—119。

② 林毅夫. 中国经济改革经验与反思. 上海证券报，2013-10-31。

年，我国财政收入年均增长14.1%；城镇居民人均可支配收入年均增长7.2%；农村居民人均纯收入年均增长7.1%。与此同时，不断深化收入分配制度改革，确立劳动、资本、技术和管理等生产要素按贡献参与分配的原则，进一步完善了以按劳分配为主体、多种分配方式并存的分配制度。2007年，在城镇居民家庭人均全部年收入中，工薪收入占68.6%，比1990年下降7.2个百分点；经营净收入占6.3%，财产性收入占2.3%，转移性收入占22.7%，分别比1990年提高4.8、1.3和1.0个百分点。2007年，在农村居民家庭人均纯收入中，工资性收入占38.6%，比1985年提高20.5个百分点；家庭经营性收入占53.0%，下降21.4个百分点；财产性收入从无到有，已占到3.1%。[①] 这30年是我国城乡居民收入增长最快、得到实惠最多的时期。从1978年到2007年，全国城镇居民人均可支配收入由343元增加到13 786元，实际增长6.5倍；2013年更达到26 955元，农民人均纯收入由134元增加到4 140元，实际增长6.3倍，2013年达到8 896元；农村贫困人口从2.5亿减少到1 400多万。城乡居民人民币储蓄存款年底余额1 978年为211亿元，2000年为64 332亿元，2013年447.602亿元。[②] 从分配机制来看，以市场机制作为获取资源的方式将会因为制度的健全而进一步巩固其基础地位，物质收入差距的拉开，将使部分人手中集中较多的货币，使得中产阶级的产生有了可靠的物质基础。从收入分配来看，改革之后，我国打破了在分配领域中长期存在的平均主义，确立了按劳分配为主体、多种分配方式并存的收入分配原则。知识、技能、资本都可以成为分配要素。个人收入来源由单一的工资、工分收入向多样化收入来源转变。我国土生土长的中产阶级就是伴随着所有制结构的变动、产业结构的升级以及收入分配制度的改革而逐步出现和发展的。

---

① 国家统计局综合司. 大改革　大开放　大发展——改革开放30年我国经济社会发展成就系列报告之一. http://www.gov.cn/gzdt/2008-10/27/content_1132281.htm。

② 根据历年《中国统计年鉴》。

外资进入中国后，雇佣和培训了一批从事管理工作和专业工作的专业人才。他们不仅拥有不菲的收入，而且，由于受西方跨国公司的特殊培训，这批白领阶层无论是在思维方式、价值观念上，还是在生活方式、文化心理方面，都打上了西方社会中产阶级的深深烙印。他们大多或早或晚地具备了西方文化背景或西方生活背景。"这种背景给当事人带来的并不仅仅是一个身份的改变，更重要的是它令当事人培植了一张国际关系网络，思路及视野得以大大拓展，商业经验日趋丰富，懂国际惯例，至少精通一门外语，这些优势意味着他们更能适应今日全球经济一体化的大趋势，所以他们较为容易地占据了一个有利的位置。"①

(3) 产业结构与职业结构的变化，造就了大量非体力劳动型雇员的产生

从产业结构来看，职业结构直接受产业结构的影响。不同产业利用不同的生产方式生产不同的产品，具有不同的技术和管理含量，其职业设置根据这些因素的不同而不同。产业层级与职业层级往往存在对应关系。改革以后，工业化的快速发展加快了产业结构的变动和升级。"1978 年—1993 年，在全社会劳动者构成中，第一产业从业人数从 70.5%下降到 57.4%，第二产业从业人数从 17.4%上升到 22.4%，第三产业从业人数从 12.1%上升到 20.2%。这种变化产生的结果是：一大批农民进入城镇并改变了职业身份，同时以工业为主体的物质生产部门的产业职工队伍增长速度放缓，而金融、保险、房地产、旅游、咨询、广播、电视以及各种服务业和公共事业等非物质生产部门的从业人员增加很快。……产业结构的变动使那些与现代经济相联系的职业群体无论在人数比重还是在社会影响力方面都大为增强；鲜明的职业分化使原有的同一阶级内部出现了具有不同经济地位和利益特点的社会阶层"。② 产业结构的趋高级化，为中产阶

---

① 殷一平. 高级灰：中国城市中产阶层写真. 中国青年出版社，1999 年版，第 15 页。
② 秦言. 中国中产阶级：未来社会结构的主流. 中国计划出版社，1999 年版，第 6—7。

级的成长提供了良好的条件。个体经济的发展、私营经济的出现以及公有制经济实现形式的多样化，催生了新兴的个体户、私营企业主等阶层。“据最新数字，现在中国个人的储蓄、债券股票及手持现金，已达18 000亿元，相当于国有资产的一倍半。1989年底，中国城镇的个体劳动者为648万人，如果加上农村的个体农民以及其他非公有制企业中的从业人员，这个数量是十分庞大的。从拥有的经济力量来看，乡镇企业、三资企业、私营企业，已有相当发展。”①

经过30多年的发展，我国的产业结构发生了重大变化。第一产业对GDP的贡献率，1990年为41.6%，2000年，4.4%，2013年为4.9%，第二产业对GDP的贡献率，2000年为60.8%，1990年为41%，2013年为48.3%，第三产业对GDP的贡献率，1990年为17.3%，2000年为34.8%，2013年为46.8。② 可见第二、第三产业比重上升。近年来，第三产业发展迅猛，如商业、金融、保险、旅游、信息、传媒等，衍生出许多新的行业和就业方式，从事农业的人数急剧减少，从事第三产业的人数急剧增加，新增就业人口大多流向第三产业。新兴的高新技术产业迅猛发展。这种变化从根本上改变了原有社会分工体系，从而影响和改变了中国社会各阶层的比例，直接推动了社会阶层结构的变化。

工人阶级分化后，有的向下流动，成为下岗失业工人。伴随着城市化进程加快，很多农民来到乡镇企业，或进城当农民工。也有部分农民积累了原始资本后，开始自主创业。知识分子的职业路径较前更为宽广，除了机关事业单位外，部分知识分子丢掉铁饭碗，下海经商，或进入体制外企业。这些旧的阶级和阶层经过不断分化，成为具有不同经济和地位、不同价值趋向的新的社会阶层。而伴随私营企业和三资企业数量增加，规模扩大，出现了管理技术人员、个体户、私营企业主、中介组织的从业人员、自由职业者等新的社会阶层，和网

① 孙立平、王汉生.改革以来中国社会结构的变迁.中国社会科学，1994年第2期。
② 根据历年《中国统计年鉴》。

编、软件工程师、媒体策划、自由撰稿人等新职业。随着经济发展带来的人均可支配收入的提高，有着较高收入、较多闲暇，追求生活品味的中产阶级逐渐形成。

(4) 教育的普及化，为中产阶级产生提供了知识支撑

教育是推动产业结构和生产方式变化的原动力，它一方面消灭中产阶级，一方面又催生新的中产阶级，它是社会形态变化的基本原因。

虽然对于中产阶级的定义有较大争议，但在多数人心目中，中产阶级是以知识和技能谋生的群体，受到过较好的教育。这是因为，现代工商业的发展与产业升级换代需要通过教育培养人才。而且教育一向是实现阶层流动的主要机制。据美国社会学家杰克思对美国高等教育与社会分层之间的关系分析，几乎所有的研究都表明，受过很多教育的男子比受过较少教育的男子所从事的职业地位都要高些，挣钱要多些。即使那些家境一样，考试成绩相同，开始做同样工作的人，到头来大学毕业生也比高中毕业生所达到的工作地位要高得多。而且事实证明，读完中学的男人比具有同样学历而没有读完中学的人的收入很可能高 15%到 25%。相比之下，读完大学的男人的收入比那些具有同样经历而没有毕业的人要多 40%。毕业于重点大学的人的收入要比毕业于非重点大学的人的收入要高 28%。① 美国社会学家布劳和邓肯曾对美国社会分层进行实证研究，他们向 35 000 名 20—60 岁的男人发出调查表，问“是什么决定着一个儿子能否取得比他父亲更高的社会地位?”从 27 000 份回答中，他们得出的结论是：最重要的是儿子接受教育的程度。② 而克里斯托弗·詹克斯的研究结论与此一样，他和他的同事们通过对美国社会分层的研究，得出的结论是：“一个青年人的最终地位和工资收益的最明显可见的预兆就

① ［美］戴卫·波普诺著，刘云德、王戈等译. 社会学（下）. 沈阳：辽宁人民出版社，1987 年版，第 329 页。

② ［美］戴卫·波普诺著，刘云德、王戈等译. 社会学（下）. 沈阳：辽宁人民出版社，1987 年版，第 38 页。

是他的受教育年限。”[①]高等教育将直接影响受教育者的社会流动方向和社会地位的提高。

不过，民众受教育程度的提高，并不能必然造就中产阶级。有研究证实，自1930—1978年间，中国民众受教育的年限逐代增加，但他们的职业等级和收入则逐代降低。[②] 这很大程度上是由于社会资源国家垄断、个人缺乏择业自由造成的。这一现象在改革开放后得以改变。1978年后，高考制度全面恢复，大学入学率不断提高。1980年高考升学率为7.3%，1990年为24%，2000年高考入学率为47%，2013年则升至85.1%。[③]（以普通本专科招生数除以普通高中招生数计算）高等教育从精英教育到大众教育的转型已经基本完成。与此同时，中国教育的经济回报率也不断提高，到2000年已经达到6—7%，即多受一年教育者其收入增长6—7%。[④] 这一经济回报率已经接近发达国家的水平，它也为中产阶级尤其是高新技术领域的新中产阶级的产生创造了条件。

这些接受过大学教育的学生，有机会跨入中产阶级的行列，与1990年代以来高校就业生就业政策改革分不开。1990年代以来，高校就业生就业政策逐步从国家分配向双向选择、自由择业发展，为学生提供了自由择业机会。而大量体制外单位、新兴高科技行业的兴起，也为他们进入白领职业阶层开辟了渠道。学历和文凭在就业市场上的重要性凸显。这些至少掌握了一门外语，会操作电脑，掌握了一定知识技能的劳动力在市场竞争中凭借自身的实力和努力，有不断晋升的希望，追求成就感，相当部分成为中产阶级的一员。

---

① ［美］戴卫·波普诺著，刘云德、王戈等译. 社会学（下）. 沈阳：辽宁人民出版社，1987年版，第38页。

② Parish, William L Destratification in China"_in Waston, J. (ed.), Class and Social Stratification in Post-Revolution China, New York: Cambridge University Press, 1984.

③ 根据历年《中国统计年鉴》。

④ 陆学艺主编. 当代中国社会阶层研究报告. 北京：社会科学文献出版社，2002年版，第29—30页。

(5) 政府治理方式变化，为中产阶级产生提供了相对自由的社会空间

政府治理方式的变化在短期内影响中产阶级的构成，长期内只能顺应中产阶级的要求，可以说长期内，中产阶级的意志决定了政府的治理形式。

改革开放以来，中国共产党和政府的管理方式也发生了变革，主要体现在：以行政方式而非阶级斗争方式进行治理；社会经济领域的非意识形态化。[①] 在行政方式下，党和国家领导人相对地把自身和社会力量分离开来，以相对独立自治的方式对社会这一“物体”加以管理。[②] 与这种管理方式适应，党和政府对国家与社会关系进行了调整，对社会的直接控制和干预变小，控制力度减弱，控制手段的规范化加强，给社会留出了相当大的自由空间。适应市场经济发展，改革开放前社会经济领域过分政治化和意识形态化的状况有了改变，社会经济领域里逐渐非意识形态化。

国企改制后，原来由企业承担的社会职能逐渐剥离，教育、医疗、住房等福利不再附着于单位，个人对单位依附关系削弱。在非国有经济单位，个人的社会经济地位很大程度上取决于个人掌握的资源、个人奋斗、天赋与机遇等，而不依赖于国家行政权力的分配。个人思想意识、生活方式和消费方式享有了较大的选择自由，并在这种选择中获得主体地位和对自身及其所属阶层的认同。

个人财富的累积，需要有财产保障和社会生活的相对自由，不同社会阶层的生活方式、消费方式和文化特征才能够形成。2004 年宪法修改，提出了公民的合法的私有财产不受侵犯，国家依照法律规定保护公民的私有财产权和继承权。社会经济生活的非意识形态化，也给了人们选择自己的价值观、生活方式和行为方式的自由，为形成阶层文化和阶层认同奠定了基础。

---

① 郑永年. 中国模式. 浙江人民出版社，2010 年，第 66—71 页。

② 郑永年，同上。

三、中产阶级的代际更替

欧美各国中产阶级大都经历了从老中产阶级向新中产阶级发展的历史演化过程。欧美各国的老中产阶级主要由工厂主、店主、商人、农场主等部分群体构成，其特征是以个人拥有的资产雇佣他人获取收益，某些小中产阶级也参与劳动，具有较高的独立性。而新中产阶级则包括公司雇员、专业人士和自由职业者，典型的特征是受雇于资本拥有者，独立性较少。中国的中产阶级也经历了类似的变化。

中国的社会转型造就了资源在人群中的重新分配和阶层结构的变化。这种变化主要表现在：1. 不同职业群体的相对社会经济地位变化；2. 阶层内部年龄、结构的变化。从社会中等阶层构成成分来看，大致经历了从国企、机关、事业单位职工——老中产阶级（个体、私营业主等有产者阶层）——新中产阶级（白领雇员）的演变。从阶层成员的年龄结构看，新老中产阶级的代际更替呈现出明显的年龄特征：老中产阶级成员大多在40—60岁，而新中产阶级大多在25—40岁之间。

1949—1978年中国社会的中间阶层主要由三部分组成：普通干部、普通知识分子和国有企业职工。但市场转型重塑了中国两代人之间的利益结构：作为计划经济社会中间阶层的国营企业职工、即目前的这一代中老年人，在市场经济下出现了整体的衰落。但这并不意味着社会的两极分化，而是有新的群体加入形成新的中间阶层。①

在改革开放伊始，社会中很快兴起了以“万元户”命名的依靠市场发家致富的群体。而这些最早投入到市场经济浪潮中的冲浪者多数是待业青年、农村无业青年等社会边缘群体。而依靠国家工资生存，享受各种社会福利的国家公务员和事业单位知识阶层，大多缺乏冒险勇气丢掉铁饭碗，虽然铁饭碗收益并不高。80年代后期的口头禅“拿手术刀的不如拿剃头刀的”正是对当时社会资源占有现象的反

① 李强. 市场转型与中国中间阶层的代际更替. 战略与管理，1999年第3期。

映。所以这个阶段先富起来的一部分人主要是个体户、小私营企业主等。他们大多社会地位较低，很多没有受过正规的高等教育，没有从商的经历，没有真正有效的权力阶层可以依靠，甚至也没有启动资金，但凭着背水一战的大胆、有勇气和市场眼光，在竞争有限的形势下抢占先机，成为改革开放后最早富裕起来的群体。但由于自身的教育、经验等局限性，当越来越多拥有专业知识、管理经验和市场预测能力的人群投入到市场经济中，这部分以创业者为主体的中产阶级很快出现分化，部分人扩大了经营规模成为中产阶级上层，相当大部分最早富裕起来的人上升到更高阶层的空间下降，有些人被市场经济大潮吞没而出现向下流动。

近年来，高收入领域大都集中在一些新兴产业和大城市中。在三资企业、新兴行业，如金融、证券、信息、高新技术等领域。这些行业本身，在社会上处于上升地位，一旦进入其中，也就占领了市场的最高点。这些行业相对于传统行业，对知识和技能要求较高。接受过大学教育、有新的专业知识，懂外语、会电脑的年轻一代，比较容易进入到这些有竞争力的职业中。教育和年龄的分层重叠正是社会转型的产物。年龄较大的人，其年龄和原有的技术、知识使之很难适应这些新的专业领域；另一方面，年龄偏大的人所在的国有企业和传统的制造业由于种种原因进入了衰退期，单位地位的下降进一步加速了中老年人社会地位的下降。[①] 这个以“白领”通称的新中产阶级相对于老中产阶级而言，恰恰是“无产”的，主要通过知识、技能在市场中受雇佣而获取各种资源。

有学者通过与美国新、老中产阶级更替的对比，对中国中产阶级的代际更替特征进行过归纳，主要有：一是中国的中产阶级包含了大批的非雇佣阶层；二是新、老中产阶级更替是迅速发生的，而且阶层年龄构成接近；三是衰落的群体是整体性的，具有较大同质性。[②] 这很大程度上是由社会转型期产业结构的更新、高等教育的迅速普

---

① 李强.市场转型与中国中间阶层的代际更替.战略与管理，1999(3)。
② 李强，同上。

及决定的。由于新兴行业从业人员普遍较为年轻，在代际更替中，文化程度较高的年轻一代而非年长一代人从事着较高职位的工作。

四、中产阶级的规模与特征

改革和开放，一方面是国家内部政治、经济、军事、文化、法律制度的改革，是资源配置方式的变化和社会环境的综合变化；另一方面是国际的经济环境和经济政策更多地作用于国内，国民经济愈发地成为世界经济的一个互相联系的部分，因而，它的变动的特征深刻地影响着不同时期中产阶级队伍的规模和特征。

中国目前有多少中产阶级？中国进入了中产阶级社会吗？学者们从新世纪开始，根据不同标准对中产阶级的规模进行估算和预期。对中产阶级数量规模的估计，在研究分析中，取决于划分中产阶级的指标。目前主要的指标有职业、收入、文化水平、消费与生活方式、主观认同等。中产阶级一般指“生活水平、财产地位处于中等层次的社会群体”。[①] 由于社会发展阶段与经济发展水平差异，不同国家的中产阶级在收入、生活方式、文化等方面都存在差异。而在商品销售广告和宣传中塑造的住高档社区的大房子、开中高档私人轿车，追求奢望品消费，每年国外度假、出入高档休闲娱乐场所的中产阶级形象，与中国目前处于中等阶层的群体的消费特征存在差异。[②] 在人们心目中，“中层”与“中产”这两个词并不相同。在美国，“中产阶级”一词就是“普通族”的同义词，相当于中国人说的“老百姓”或“收入一般的人”是富豪和穷人之间的一个庞大的“中间阶层”。可中国人心目中的“中产阶级”，却绝对不是“收入一般的人”，而是一个可望不可即的阶层，几乎是“大款”、“富人”的同义词。[③]

---

① 李强.关于中产阶级和中间阶层.中国人民大学学报，2001年，第2期。
② 李春玲.如何定义中国中产阶级.学海，2013年，第3期，第65页。
③ 周晓虹.中国中产阶层调查.社会科学文献出版社，2005年。

根据“当代中国社会结构变迁”课题组(以下简称课题组)的分析模型,现阶段中国社会分层从上到下为5个社会阶层,依序为:1. 社会上层:高层领导干部、大企业经理人员、高级专业人员及大私营企业主;2. 中上层:中低层领导干部、大企业中层管理人员、中小企业经理人员、中级专业技术人员及中等企业主;3. 中中层:初级专业技术人员、小企业主、办事人员、个体工商户;4. 中下层:个体劳动者、一般商业服务业人员、工人、农民;5. 底层:生活处于贫困状态并缺乏就业保障的工人、农民和无业、失业、半失业者。这其间,除去社会上层与底层,均可视为中间阶层。课题组认为,目前能够归入中间阶层的就业人口所占比例仅为15%左右。[①]

张宛丽认为,从结构因素看,现阶段的中间阶层,其来源构成主要有四类:1. 传统的“中产阶级”,包括小业主、小商贩等自营业者、个体户。2. 计划经济体制下的“中间阶层”中分化出来的部分干部、知识分子。3. 改革开放以来新生的私营企业主、乡镇企业家。4. 由引进“外资”及高新技术人才而生的新型中间阶层。据课题组的统计分析,1999年,在整个社会阶层结构中属于中上阶层的国家和社会管理者、经理人员、私营企业主、专业技术人员、办事员、个体工商户等所占的比例分别为:2.1%、1.5%、0.6%、5.1%、4.8%、4.2%,合计为18.3%。其职业、职务构成包括:8大类:1. 科学、技术、研究等领域具有中专以上学历和初级以上职称和未评定职称的专业人员。2. 中、小企业家,包括国有企业、集体企业、私营企业、外商及港澳台投资企业等各种经济类型企业家。3. 各级公务员、办事员。4. 行政事务、公共事业专职管理者。5. 私营业主、小业主、小商贩等。6. 技术工人,包括“白领”工人、流动民工中有一技之长者。7. 商业、服务业人员。8. 自由职业者等。[②]

---

① 陆学艺. 当代中国社会阶层研究报告. 社会科学文献出版社,2002年版,第73页。

② 张宛丽. 对现阶段中国中间阶层的初步研究. 江苏社会科学,2002年,第4期,第89—90页。

李强认为，中国的中产阶级是由四部分构成，即传统干部和知识分子阶层；新中产阶级；效益较好的国有企业、股份制企业和其他经营较好的企业、公司、单位的职工层；个体和私营经营者构成。这与张宛丽的观点基本一致。他认为，中产阶级总数不超过15%。具有构成差异巨大、力量弱小、阶层利益多元化与碎片化等特点。这种阶层利益多元化与碎片化，是由于阶层分化与身份群体交织、户籍、地域的差异与阶层差异交织、体制差异与阶层差异交织形成的。①

中国社科院李春玲根据2011年中国社科院社会学研究所CGSS全国抽样调查数据，把普通城市的中位数收入（24 000元）作为中间阶层收入基准线，把一线城市的中位数收入（30 000元）作为中产阶级的收入基准线。估计了中间阶层和中产阶级在16—70岁非学生人口中的比例。中间阶层在全国范围的比例是22.1%，在城市是41.7%，在镇和农村的比例分别为24.2%和6.7%。并且列出了不同定义的中产阶级比例：中产阶级（即指初中及以上教育水平、年收入24 000元及以上的专业人员、管理人员和企业主）是9.7%；未采用中产阶级职业和教育标准，即指小学及以上教育水平、年收入30 000元及以上的白领职业从业人员和小业主是16.8%；采用中产阶级收入标准但未采用中产阶级职业和教育标准，即指小学及以上教育水平、年收入30 000元及以上的白领职业从业人员和小业主占7.7%。② 这种测算标准考虑到不同城市与地区收入差异，对照2006年李培林的抽样调查，结合西方发达国家对中产阶级的衡量标准，中产阶级大致具有以下特征：大多从事知识生产和信息处理与管理工作，靠工资及薪金为生，受过较好教育，有相应的家庭消费能力，追求文化品味，对其工作拥有一定自主权支配权的群体，较为合理。

可见，无论对中产阶级的界定有怎样大的不同，无论是官方还是学术界，都倾向于认同中产阶级已经在中国出现，虽然目前的规模尚

① 李强．当前我国社会分层结构变化的新趋势．江苏社会科学，2004(6)：98。

② 李春玲．如何定义中国中产阶级．学海，2013年第3期，第65页。

小，但在未来的10至20年中，将经历一个快速成长的时期，最终“中产阶级将走上社会前台”，对社会产生重大影响。根据牛文元提出的中产阶级社会标准，判断一个国家的庞大中产阶级是否形成有5条标准，包括城市化率达到7成以上、“白领”社会劳动力应该大于或至少持平于“蓝领”、恩格尔系数平均降到0.3以下、基尼系数控制并保持在0.25至0.3之间、人均受教育年限为12年以上。[①] 要成为中产阶级社会，未来发展可以说是任重而道远。

由于中产阶级正在形成的过程中，中国渐进式改革的路径决定了很难对社会经济、政治的未来发展方向进行稳定预期，因此很难准确描述现阶段中产阶级的特征，因为这是在历史的承继与现实的建构、正式制度因素与非正式制度因素、先赋因素与后致因素等共同作用中逐渐建构的。

目前的研究，大致认同以下几点描述：

1. 未能形成稳定的阶层认同：这是由于中产阶级内部的多元分割造成的。在与生产资料的关系及其单位类型上，现阶段中间阶层被不同经济所有制关系所分割；在社区资源分配格局中，现阶段中间阶层被不同发展水平及社会特性的地域社区所分割；在中间阶层形成初期，即出现了内部层化的迹象。在价值观方面，传统性、现代性和后现代观点相互交织。个体户、小业主多安于现状，循规蹈矩，典型者为私营企业主、民营企业家及经理；注重个人价值及其社会形象，典型者为公务员、办事员；而受雇于外企的“白领”、自由职业者强调个性体验，不受社会规范约束等。[②]

2. 在社会心理上存在着强烈的地位焦虑与紧张，身心紧张，精神压力大，存在较强的“地位焦虑”。

3. 政治参与方面，对社会政治生活淡漠，热心社会经济改革，行

---

① 牛文元. 中国中产阶级将走上社会前台. 创新科技，2012(11)，第7页。

② 张宛丽. 中国中等收入阶层的特征. 湖南师范大学社会科学学报，2003年，第4期，第9页。

为上求稳。

中产阶级是经济改革和经济增长的极大受益者，尽管他们有较多的民主意识和群体利益冲突意识，但目前阶段他们仍希望维持社会的稳定和支持渐近的改革策略。[①]

4. 在社会消费与生活方式上，讲究独特品位，惟西方文化格调马首是瞻；开始形成特有的私生活领域的行为规范及交往准则，以不同程度的个性化行为抗衡传统价值评价，张扬个性。

第二节　中产阶级的分化与阶层固化

在现阶段，在中国，中产阶级的分化和固化主要的是受经济的外生变量影响。政府之手过强、过长、过大，市场在资源配置上的作用相对弱小。政府对中产阶级的某些阶层一方面可以死生肉骨，存亡继绝；另一方面可使中产阶级的某些阶层状态江河日下，日薄西山。

中产阶级在中国的快速成长，引发了学界对这一群体的热忱期望，人们期待中产阶级最终成为中国现代化社会阶层结构的最重要部分、最稳定的社会力量，并预期 21 世纪的第一个 10 年，随着中国的职业高级化水平跳跃式的提高，中国的社会中间阶层也将有一个跳跃式的扩大。[②] 由此，人们相信“中国中产阶级将走上社会前台”。然而，与这些期待与乐观情绪相反，中国中产阶级的成长并非一帆风顺，相反，面临着许多困难和挑战，其中最大的瓶颈是制度因素。

市场转型是对社会资源的重新分配。资源分配方式的变化导致不同群体在转型中获取收益的差异。但在中国渐进式改革中，市场在资源分配中的作用虽然逐渐增大，但并非是对再分配机制的替代，行政权力在资源分配中的主导地位并未打破。当市场机制的影响局

---

① 李春玲. 中国中产阶级的增长及其现状. 江苏社会科学，2008 年，第 5 期。
② 陆学艺. 当代中国社会阶层研究报告. 社会科学文献出版社，2002 年，第 51 页。

限于再分配体制的边缘或下层时，它提供的相对于再分配体制的新的机会结构具有某种平等化的效应，但市场机制依仗的利益统治仍然是一种不平等的权力结构。当市场机制逐渐成为重要的资源分配机制时，那些在再分配体制中占有优势地位的群体，完全有可能受利益的驱动进入市场，并在其间仍然保持其地位优势。[①] 市场化可能缩小再分配权力所造成的不平等，但借助资本俘获的力量，行政权力寻租可能扩大起点的不平等和机会的不平等。而即使在规范的市场环境中，市场这种自由配置方式，本身会无情地扩大所有基于能力、机遇和禀赋性外部条件差异的不平等。这些不平等由于优势地位阶层的代际继承性互相累积与叠加，最终会造成贫富悬殊、阶层固化的结局。

中产阶级社会的基本结构是橄榄型，亦即两头小、中间大，多数社会成员收入差距较小，生活较为富足。向中产阶级社会迈进，将意味着社会总体贫富差距的缩小。但从基尼系数看，我国的贫富差距并未缩小，相反正在扩大。据测算，我国全国总体基尼系数1981年为0.292 7，1985为0.307 3，1990年为0.358 7，1995年为0.416 9，[②] 2000年基尼系数为0.408 9，2006年为0.496，2010年全国基尼系数为0.504 7。经济较为发达的东部地区如浙江省、上海市基尼系数值更高。[③] 而据国际劳工组织的统计资料：20世纪90年代，世界上基尼系数最高的10个国家是塞拉利昂0.629，巴西0.601，危地马拉0.596，南非0.593，巴拉圭0.591，哥伦比亚0.572，巴拿马0.571，津巴布韦0.568，智利0.565，几内业比绍0.562。仅从基尼系数看，中国已经朝世界上贫富差距最大的国家的方向发展了。[④] 中国的奢侈品消费、超级豪华汽车在中国的销量居全球第一或亚太区第一，从一

① 李璐璐.制度转型与阶层和机制的变迁.社会学研究，2003年第5期，第50页。

② 程永宏.改革以来全国总体基尼系数的演变及其城乡分解.中国社会科学，2007年，第4期，第51—52页。

③ 彭定赟.中国区域基尼系数的测算及其非参数模型研究.中南财经政法大学学报，2012年，第5期，第12页。

④ 李强.当前我国社会分层结构变化的新趋势.社会学研究，2004年，第6期，第93—94页。

个侧面反映出中国富人张扬。[1]

与这种贫富差异扩大的趋势一致,中产阶级内部出现分化趋势。某些中产阶级成员获取了巨额财富,向上层阶级流动,而相当一部分中产阶级却面临着生活水平下降的危机。同时社会下层通过教育和个人奋斗向上流动到中产阶级的渠道越来越狭窄,出现阶层固化的趋势。如果这种趋势不改变,中产阶级队伍的迅速扩大的乐观预期势必破灭,中国社会的深化改革与发展势必面临巨大的挑战。

一、当前房产政策中的“夹心层”

住房是社会分层的重要指标,不仅是生活方式的重要内容而且是阶层建构的重要模式。[2] 当前社会上流行着的“一套住房消灭一个中产”,“中国只有房产阶级,没有中产阶级”这样的戏谑之言,充分反映出中国的中产阶级兴衰与房产的内在关联。1988 年城市人口中拥有私有房产的比例仅为 13.7%,1995 年上升为 41.7%,到 2000 年此比例上升到 75.9%,而新中产阶级的私有房拥有率达到了80.6%。从 2000 至 2005 年,私有房产的拥有率没有上升,这可能部分是由于房价的持续猛涨,抑制了人们的购房需求。不过,这五年期间,新中产阶级的商品房拥有率仍然有较大幅度的上升,其商品房拥有率增长约 13 个百分点,边缘中产阶级的商品房拥有率上升了 6 个百分点,而工人阶级的商品房拥有率则只上升了 1 个百分点。[3] 2006 年以来,商品房价格出现了疯狂上涨,不仅工人阶级和边缘中产阶级购房困难,甚至一些新中产阶级购房也存在着沉重的压力,“房奴”的称呼正是对这种压力的反映。住房问题成为中产阶级生活压力的重要原因,加速了中产阶级内部的阶层分化。

---

① 李强.当前我国社会分层结构变化的新趋势.社会学,2005 年,第 3 期,第 310 页。

② 王凯.住房:中国中产阶级的身份建构与符号区隔.中南大学硕士学位论文,2010 年。

③ 李春玲.中国中产阶级的增长及其现状.江苏社会科学,2008 年,第 5 期,第72 页。

改革开放以前，农民住房靠自建，政府不提供任何福利；工人阶级则依靠工作单位分配。这种分配反映单位所处的行政层级和个人在单位中的层级地位。处于管理职位、资历老、有技术，或者社会资本充裕的人员总能获得面积大、质量好、社区环境好的住房。① 1980年后的住房改革以住宅商品化为方向，在实践中的举措，如单位修建集资房出售，对鸳鸯楼实行新房新租，国家新建住宅和旧有住宅补贴出售等。有学者认为，这些措施并没有从根本上解决中国的住房危机，反而造成了时间序列上的不公正、空间序列上的不公正、住房制度运行的结果不公正。城市住房中并存着商品房、单位福利房、公房和安置房，获得的条件和途径不一，获取房产的成本差异也很大。由于市场因素和传统的再分配经济缠绕在一起，在房屋配置的过程中，由于社会中的上层或精英阶层有较强的寻租能力，他们的"寻租"导致了"住房积压"现象，即上一阶层侵占下一阶层的住房利益，最终使城市中弱势群体的住房利益无法得到应有的满足。② 官僚体系中掌握公共权力的精英阶层更容易通过再分配权力和寻租权力影响市场转型中的住房不平等。③ 因此，再分配体制下的中产阶级即是当时的干部阶层和专业技术人员，他们通过国家法定所授予的政治身份以及各种社会资本，取得相应层次的住房。④

1998年，国家正式停止住房实物分配，全面推进住房市场化改革，并同时加大以经适房、廉租房为主体的住房保障体系的建设力度，着力构建政府保障和市场并重的住房供应体制。这有效改善了城镇家庭的住房状况，使得居民住房质量、住房成套率、配套设置等均得到显著提高。但住房政策的市场化转型也不可避免地加剧了城镇家庭的住

① 边燕杰、刘勇利. 社会分层、住房产权与居住质量—对中国"五普"数据的分析. 社会学研究，2005年，第3期，第82—97页。

② 李斌. 中国住房改革制度的分割性. 社会学研究，2002年，第2期，第85—86页。

③ 李强、王美琴. 住房体制改革与基于财产的社会分层秩序之建立. 学术界，2009年，第4期：25—33。

④ 王凯，第21页。

房分化与住房不平等。毛小平基于社会分层中人力资本与政治资本的调查发现，人力资本和政治资本都可能会增值，人力资本和政治资本在住房利益的回报方面随着改革的深入都可能有所提升，精英不管是拥有更多的政治资本，具有更强"位置能力"或"政策能力"，还是拥有更多的人力资本，具有更强的"市场能力"，或者两者兼有，较非精英而言，无论在住房获得还是在住房消费方面必然都会占有绝对优势。由于中国城市住房改革制度具有分割性，从受益的角度分析，这种分割性的房改政策更有利于社会上层或社会精英。这样，住房改革就加速了中国的贫富分化，也强化了中国社会的贫富分割。[①] 赵方杜的调查分析得出了相同的结论：在再分配和市场并存的资源分配模式下，市场化改革虽然打破了原有的制度壁垒，具有丰富经济资本、人力资本的家庭在住房资源获取上具有更多回报。但既存的权力结构与利益格局极大制约了市场化的发展，使得管理精英而非政治精英在"路径依赖"中延续了计划体制下的住房优势地位，这加剧了城市家庭的住房分化与社会不平等。不仅如此，单位制并未完全破除，与事业单位、党政机关家庭相比，企业普通员工家庭在住房产权、面积、价值、结构等多方面均呈现劣势，他们在市场化改革中处于"相对剥夺"地位。[②]

中产阶级难以在当前的住房政策中获益。2004 年后大中城市尤其是一线城市房价的飙升加剧了财富的不平等。高收入者在商品化住宅政策中把住房作为投资，从购买的时间差中获益，低收入群体可以获得保障性住房等政策性扶持，但中产阶级却上不着天下不落地，相当大部分人成为"夹心层"。房价的飙升使通过房贷购房的中产阶级生活品质直线下降，在现实的住房福利困境面前，社会阶层地位下滑导致阶层归属感的丧失。"在现实的住宅福利困境面前，归属

① 毛小平. 社会分层、城市住房消费与贫富分化——基于 CGSS2005 数据的分析. 兰州学刊，2010 年，第 1 期。

② 赵方杜. 市场转型与城市家庭的住房分化——基于 CGSS2006 数据的分析. 华东理工大学学报(社会科学版)，2013 年第 6 期。

的困境如影随形。中产阶级作为财富蓄水池的功能被房子全面击垮。中国的中产阶级成为了‘漂流者’中产，向上流动困难，大部分沦为中下产。”①

20 世纪 90 年代以来，“钱权交换”及其精英联盟的形成，在一定程度上导致社会资源再分配向着有利于权力者和“政策精英”倾斜，致使中间阶层的发育遭遇“精英排斥”的陷阱。②

权力与市场的媾和加速了阶层分化的步伐。那些体制内在权力结构中处于优势地位的人或者相应社会资本的人更容易获取住房。而住房政策中存在的漏洞与运行不规范，也导致了赢家通吃的乱象：北京安居房、经济适用房被有“别克”、“奔驰”的车主买走，以致安居房面积越盖越大，最少都有 120 多平方米，失去了安居房的本意，也加大了中低收入者的入住难度。③

中产阶级处于“被消失”的焦虑中。而物价的不断上涨，社会保障机制的不完善，都加剧了这一阶级的脆弱性。

二、教育制度推动社会流动的功能削弱

教育是实现阶层流动的最重要机制。现代社会的特点即在于基于知识、能力的非天赋性因素在社会分层中的重要性增强，由此成为推动人们进步的动力。但目前中国教育制度的阶层流动功能却在大大削弱。改革开放 30 年来，中国教育规模和教育投入迅速增长，受教育机会大大增多。尤其是 90 年代末期 9 年义务教育政策的实施，素质教育推行，中小学教育机会增长显著并逐步普及，高等教育机会通过大学扩招政策迅速增长。但大学扩招政策实施后的 10 余年，高

① 汤茜草. 从“被中产”到“被消失的中产”：G 市高校教师群体的住宅福利与阶层认同. 华东理工大学博士学位论文，2012 年，第 96 页。

② 孙立平、李强、沈原. 中国社会结构转型的中近期趋势和隐患. 载《战略与管理》1998 年第 5 期。

③ 李斌. 中国住房改革制度的分割性. 社会学研究，2002 年，第 2 期，第 84 页。

中升入大学几率的城乡差距开始显现。即便考上大学，由于高等教育与社会需求、产业结构的脱节，在就业中家庭、关系等社会资本价值提升，使得阶层代际再生产形成①，以至于人们发出了“寒门再难出贵子”的感叹。深入分析可以发现，这正是中学阶段素质教育推广、大学扩招等政策带来的一连串反应。

李春玲基于2006、2008和2011年全国抽样调查数据，采用Mare升学模型，系统考察1940—2010年各教育阶段城乡教育机会不平等的变化趋势，得出结论：城乡教育机会不平等逐年增长。实施义务教育使中小学教育机会增长显著并逐步普及，高等教育机会通过大学扩招政策迅速增长。但大学扩招政策实施后的10余年，高中升入大学几率的城乡差距越来越大。在初中升入高中阶段和高中升入大学阶段，白领家庭子女升学机率高于蓝领家庭子女和农民家庭子女。② 20世纪90年代以来家庭阶层背景与子女所接受高等教育质量的相关性在扩招以后随时间增强了，弱势阶层子女在获得优质高等教育资源方面更加困难了。③

在实施免费义务教育、高等教育招生规模不断扩大的背景下，为何教育机会的城乡差异和阶层差异反而在扩大呢？造成这个结果的原因是多方面的。

首先是中学阶段教育改革的结果使家庭在学校外的教育投入加大。对于中小学教育，教育部门出台了很多提倡素质教育、为学生减负的政策，但学生负担非但没有减轻，反而越来越重。根本的原因是高考制度没有改变“一考定终身”的模式。高等学校数量增加、规模扩大并没有减轻学生的升学压力。因为大学学历的普及化在就业市场中的文凭竞争，演变为重点与非重点高校、名校与非名校的竞争。

---

① 李璐璐.制度转型与阶层和机制的变迁.社会学研究，2003(5)：50。

② 李春玲.教育不平等的年代变化趋势(1940—2010)——对城乡教育机会不平等的再考察.社会学研究，2014年，第2期，第82页。

③ 丁小浩、梁彦.中国高等教育入学机会均等化程度的变化，高等教育研究.2010年，第2期。

中小学提倡素质教育改革考试制度的结果是教学内容越来越艰深，不同地区、不同学校师资差异的影响加大。农村教育经费日益短缺，农村教育人才的流失和紧缺，使农村教育陷入困境。城市父母不断增加对子女的教育投资，确保子女进入最好的学校并通过各级考试；多数农村家庭无力对子女提供这些帮助，部分农村孩子因跟不上教学进度或缺乏学习兴趣而被逐步淘汰。[①] 在高考中能获得加分的各种特长作为素质教育的内容也引起家长重视。在这种课外加餐式的补习中，家庭的阶层地位的影响增大，家庭社会经济地位越高的孩子，越可能获得好的学习资源：通过缴纳高额的择校费进入重点学校、优良的私立学校、聘请名师补课等。

其次，高考扩招与教育经费投入不足在某种程度上使这种不公平扩大。政府教育经费投入不足与教育的投资回报率降低。从 90 年代高校扩招开始，直至 2005 年，生均教育经费却呈现连续下降态势，2006 年开始逐年递增，2009 年恢复到 1999 年水平。2011 年增幅明显。[②] 政府教育投资不足的结果，是高校学费持续提高，而大学毕业就业的困难，使很多家庭经济状况较差的孩子自动放弃升入大学。因为他们觉得考大学无望，不值得进一步投资。[③] 对进城农民工子女教育的研究显示，无论是公立学校还是私立农民工学校，都没有发挥促进农民工子女向上流动的功能，相反在强化教育制度已经存在的不平等。[④]

而增收“三本”等措施，使出身家庭经济地位较高的考生可以通过缴纳高学费来弥补成绩差距，获得本科学历，毕业后也可以通过社会资本获得更好的工作。而传统的精英教育模式并未改变，未出现

---

① 李春玲. 同上书，第 84 页。

② 李立国. 中国高等教育大众化发展模式的转变. 清华大学教育研究，2014(1)：2014。

③ 李春玲. 教育不平等的年代变化趋势(1940—2010)——对城乡教育机会不平等的再考察. 社会学研究，2014 年，第 2 期，第 84 页。

④ YihanXiong. The Broken Ladder：Why Education Provides No Upward Mobility for Migrant Children in China，The China Quarterly，221，March，2015，pp161—184.

合理分层分类，更没有实现高等教育多样化，高等教育发展与经济增速、产业结构、社会需求相脱节。[①] 结果造成就业市场只能以文凭为参考对劳动力进行评价，父母的地位、社会关系等因素的影响增强。

对中国高等教育均等化研究的结论，有力支持了再生产理论及MMI假设，即教育不平等程度的上升和下降取决于社会结构中的阶级差异，高级中等教育和高等教育城乡差距扩大，很大程度上是中国社会结构的阶级差异扩大的一种反映。[②]

由于经济精英、政治精英和文化精英结盟，社会贫富差距不断扩大的同时，社会结构定型化，开始了阶层结构再生产。[③] 高等教育的阶层差异和城乡差异是这种阶层再生产的结果，由于教育资源在获取社会优势地位方面的重要作用，反过来进一步强化了社会结构定性和阶层再生产。

高等教育与社会分层具有直接相关性。20 世纪 90 年代初根据上海市区就业人口分布情况的定比抽样调查结果研究表明，随着现代社会的发展，教育程度与职业对应程度愈来愈高，各种职业的教育程度都有了提高。上海市区三代人包括祖辈代、父辈代，还是子辈代，教育程度与劳动类型层次都有较高的相关性，而且职业对教育的要求一代比一代提高了。[④] 在信息社会和知识经济的时代，教育与职业的相关性会进一步提高。受过高等教育的受雇佣白领，是大多数发达国家中产阶级的主要构成成分。如果教育本身推动阶层流动的作用下降，占人口规模接近一半的农民家庭，以及蓝领家庭的孩子通过教育上升为中产阶级的途径受阻，中产阶级规模的扩大也会遥遥无期。

---

① 李立国. 中国高等教育大众化发展模式的转变. 清华大学教育研究，2014 年，第 1 期。

② 李春玲，同上文，第 87—88 页。

③ 清华大学社会学系社会发展研究课题组. “中等收入陷阱”还是“转型陷阱”?. 开放时代，2012 年第 3 期，第 131 页。

④ 赵利生. 高等教育与社会分层的动态考察. 兰州大学学报，1997 年，第 4 期，第 91—92 页。

三、税收政策和社会保障政策难以起到调节贫富差距的作用

向市场经济转型后，社会流动机制的变化，使知识与技能等后天自致性因素在阶层流动中的作用增大。但市场也会扩大由于先天资质、个人能力等因素差异造成的不平等。因此需要政府的再分配政策作为调节杠杆，调节贫富差距，实现社会公平。由于中产阶级的阶层地位与其在市场中的竞争能力有直接关系，市场变动莫测，其经济与社会地位常常处于不稳定状态。因此地位焦虑是中产阶级普遍的症状。而要扩大中产阶级规模，确立中产阶级的稳固地位，通过税收和社会保障缩小社会贫富差距是重要途径。西方国家的中产阶级正是随着社会保障制度的完善发展起来的。[①] 在英国，由于税收和福利政策对收入再分配的影响，"上层 20%家庭与下层 20%家庭的收入差距从初始收入的 19.8 倍下降到 3.7 倍。"。[②]

影响收入水平最重要的调控手段是个人所得税，它直接影响到中等收入阶层的收入水平，进而直接影响其消费需求。但我国个人所得税在调控收入分配上显得功能不足。自从 1980 年开征个人所得税以来，至今已有 30 余年，期间历经数次调整，2005 年，工资、薪金所得费用扣除标准从 800 元提高到 1 600 元，2007 年再次将工资、薪金所得费用扣除标准从 1 600 元上调至 2 000 元。2011 年 9 月扣除标准提高到 3 500 元。虽然一定程度上减轻了中低收入者的税收负担，但对于调节收入分配作用有限。目前的个税是分类税制。在收入来源越来越多元化、复杂化的情况下，分类所得税税制的弊端就日渐突出，难以全面体现纳税人的纳税能力，从而导致所得相同但来源

---

① 孙立平. 改革开放以来中国社会结构的变迁. 中国浦东干部学院学报，2009 年，第 1 期，第 8 页。

② 李培林、李强、孙立平. 中国社会分层. 社会科学文献出版社，2004 年，第 466 页。

不同的纳税者纳税不同，所得来源多元的纳税人获得的费用扣除多，应纳税额少；反之所得来源单一的纳税者则要缴纳更多的税额，无法体现纳税公平。①

而中等收入阶层中相当大部分人收入来源主要是工资薪金。收入来源单一，且都在税务局的监控范围内。据新华社报道，中国目前的个税总收入中，工薪阶层个税所占比重仍超过50%。这在一定程度上说明中低收入者仍是个税的主要承担者，个税未完全体现出“高收入者多纳税”的原则。我国居民收入差距呈现逐渐拉大的趋势，高收入者收入来源也呈现多元化趋势，工资性收入比重下降，经营性收入、财产性收入等比重上升，由于征管方式的局限，个人所得税中除代扣代缴的工资收入外，其他收入尤其是高收入者的收入难以严格征缴。部分学者认为，个人所得税已经沦为工薪阶层的“工资税”。②

从税收征收方式区别，可以分为直接税和间接税两种。直接税指由纳税人直接承担的税负，即不发生转移的税负，如所得税（个税和企业所得税）、财产税等。间接税是指流转税（如增值税、消费税、营业税等）、资源税及关税等，但是间接税归根结底，都是由消费者来承担的。这是因为，所有企业的产品和服务项目都是含税的，表面上看是企业经营者在纳税，实际上却是消费者在付费时交纳的。我国间接税约占税收的70%，企业所得税的产生也和消费者的购买行为相关。因此，那些从事生产经营的高收入群体，他们的企业或经营性公司，无论采取什么样的方式，产生了利润，应纳企业所得税，产生的间接税，最终要由消费者来承担。也就是说，高收入者的资产，如果进行流转，无论是资金状态的流转，还是实物资产状态的流转，产生税收最终还是要由消费者来承担。他们在企业或其他经营性公司中，也会领取薪酬，这部分会产生个人所得税。只有这部分税收是无法转嫁的。所

① 伍悦．扩大中等收入阶层消费需求的税收政策选择．第29页，江西财经大学，2010年硕士论文。

② 工薪阶层上个税 超过总收入一半．http：//roll.sohu.com/20120901/n352062181.shtml，2012.9.

以我国的消费大众实际上成为向国库作税收贡献的主要群体，而“现阶段我国消费大众中的大多数是低中收入阶层，由于他们的恩格尔系数较高，在消费环节承担税负、作出利益让渡，很大程度上是属于基本生活资料层次上的利益让渡，因而‘痛苦程度’也就较高。”①

从西方社会中产阶级的形成与发展来看，中产阶级的出现与工业化进程的推进以及社会保障制度的建立和完善是密不可分的。②

中国在社会转型过程中，由于初次分配收入差距过大，政府出台了一系列社会保障政策，覆盖城乡的社会保障体系也基本建立。比如对下岗失业职工的保障安置，对贫困家庭的最低生活保障制度，针对城镇灵活就业人员和未就业人员设计的养老保险参保办法，城镇居民基本医疗保险制度等。从社会成员实际获得保障水平和质量来看，不同阶层的参保人之间保障待遇存在一定的不公平问题。这个问题正在为人们所关注。由于对计划经济时期传统保障模式的路径依赖，以及由于社会分层大背景的影响，社会保障制度在某些方面还体现出了对已有社会阶层差距的固化和做实。③ 根据对现行社会保障制度对收入影响的测算，缴纳养老保险后困难户、最低收入户和低收入户、最高收入户的阶层收入分布比重下降，而高收入户、中等偏上户、中等收入户的收入分布比重略微上升，基尼系数扩大。缴纳失业保险后困难户、中等偏下户收入比重微升，最高收入户微降，基尼系数略有下降。而社会救济中，除了中等偏下户占总收入比重没有变化外，收入低于中等偏下户的阶层收入占总收入的比重都上升，高于中等偏下户的阶层的都下降。基尼系数微降，救济效果并不理想。从缴纳各种社会保障后的综合情况看，虽然基尼系数略有下降，总体公平程度变好，但只有困难户和最高收入户收入比重下降，其他阶层

① 张静. 贾康：我国间接税比重过高 中低收入阶层承担税负. 第一财经日报，2014年3月12日。

② 韩克庆. 中国内地何来“中产阶级”. 中国商界，2004年第5期，第10页。

③ 宋娟. 社会分层视角下社会保障质量提升研究. 社会保障研究，2012年，第6期，第80页。

收入比重略有上升。[①] 可见，通过社会保障调节收入分配的目标在现行政策下是难以奏效的。

我国的社会保障针对不同群体适用不同政策。一些社会保障制度设计客观地固化了城乡居民之间的差距、流动人员和固定居住人员的差距、公务员和一般群众之间的差距以及垄断行业和一般行业就业人员之间的差距等。福利资源的多寡成为划分社会成员身份地位的又一个象征性的符号。存在福利分层的社会保障制度，虽有追求平等和公正的目标，实际上却制造着新的不平等，“逆再分配效应”在一定范围内存在。[②]

公务员养老保险由国家财政负担，公务员群体已然成为福利领域的“特权阶层”。

电力、金融等垄断行业员工的“高标准待遇”，养老保障打上了身份壁垒的烙印。

在医疗保险方面，通常是同一地区城镇职工待遇水平最高，城镇居民次之，农村居民最低。由于医保资金很大一部分是来自地方政府的财政支持，同地区的医保待遇也有不同。整个国家东部地区居民的待遇要远远好于西部地区。

中产阶级地位的岌岌可危，原因就在于“学历不再保证工作机会，薪资成长被上升的物价侵蚀成负数，象征稳定的自有住宅成为奢望的空中楼阁，中产阶级抓不到任何上升的希望，开始觉得向下流动，成为许多社会共同的痛苦。”[③]

要形成合理的橄榄型的社会结构，壮大中产阶级规模，必须改革目前的住房政策、教育政策、税收政策和社会保障制度，避免中国当前的改革陷入“转型陷阱”局面的出现，防止既得利益格局锁

① 金双华. 现行社会保障制度对不同阶层收入影响的实证分析. 经济社会体制比较，2012 年，第 4 期。

② 宋娟. 社会分层视角下社会保障质量提升研究. 社会保障研究，2012 年，第 6 期，第 80 页。

③ 孙立平. 中产阶级与社会和谐. 经济观察报，2007－04－28。

定改革或转型的进程，将某种处于过渡状态且有利于其利益最大化的体制因素定型化，把贫富悬殊的分配状况和梨型的社会结构维持下去。①

第三节　体制内中产的形成路径及社会影响

中国中产阶级是具有极大异质性的群体。根据职业、收入、社会声望、阶层流动渠道可分为各种类型。但从其形成历程看，中国中产阶级的形成经历了两条道路：一条我们称之为“内源”道路，主要是指更多延续再分配体制特征的中产阶级；另外一条可称之为“外生”道路，主要是由于市场的兴起，在更加市场化的体制中产生发展的中产阶级。②

并非所有中产阶级成员都是出入高级会所，前途似锦的人。私营企业主中自主创业形成规模经营者属极少数。绝大多数自主创业的群体，雇人不多，凡事需要亲历亲为，事必躬亲，需要应对各种管理机构的检查、多变的政策法规、应付各种主管部门和执法人员。他们付出的不仅是体力，更有无数遭遇风险的紧张、焦虑。由于市场经济体制尚待完善，民营企业与国企的经营环境差异很大。加上各种招待、检查、税收，往往令企业不堪重负。“你每接一次活不但要花去收入的一半送给工程单位的主要负责人、副手、财务，哪一个也不能落下，更让人心烦的是一旦你接了他的工程，就等于在这一期间成了他的佣人、保姆、随从、三陪员。他们喝酒你要掏钱，他们吃喝完了你还要陪着去洗桑拿，他们打麻将要由你买单、孩子上学，看病你要出车

① 清华大学社会学系社会发展研究课题组.“中等收入陷阱”还是“转型陷阱”. 开放时代，2012 年，第 3 期，第 126 页。

② 李路路等. 殊途异类：当代中国城镇中产阶级的类型化分析. 社会学研究，2007 年第 6 期。

出人，甚至老婆生孩子都要你来陪伴，你整个就成了他们的奴隶。”这是一个小工程公司老板的肺腑之言。①

相比而言，白领的生活则要简单许多。无论是受雇于外企实力雄厚的企业，还是普通企事业单位，他们无须为企业的兴衰担忧。在资历渐长、各种技能更为成熟的专业领域，他们往往有较强的竞争力，有较多替代性选择。其闲暇时间较多，生活也较舒适。这使他们有充裕的时间和精力享受咖啡厅、酒吧的温馨和浪漫，也能一两年携家人国内外度假一次。但他们的生活并非高枕无忧。职场竞争异常激烈，“成就最好的自己”会广为流传并被很多职场白领奉为座右铭正是这种竞争的体现。因为“最好的自己”永远在实现的过程中，唯恐自己掉队的危机感就时时如鲠在喉。在追求时尚的穿着和生活品味的外表下，许多白领的精神生活空洞而迷茫。

在这些群体中，有一个特殊的群体，是被称为“干部”阶层。他们是在某些国家机关工作又享有优厚待遇的人，以及在大型国有垄断企业（如外贸、电力、电信、金融、保险、石油化工等）享受高薪和高福利待遇的中高级管理层人士，他们不用花自己的钱或仅花很少的钱，就可以得到普通民众需要花一两百万才能买到的住宅，可以免费拥有名牌汽车长期甚至永久的使用权，甚至连汽油和司机的费用都由国家或企业为其埋单，他们基本的公开收入并不很高，然而工资的含金量却很高，这绝不是用正常的数字公式可以计算的，加上工作之便所带来的“灰色收入”，使他们的个人家庭有较丰厚的资产，而他们的日常家庭开销又很少有机会需要他们去动用这些个人资产。他们以强大的国家和垄断企业为靠山而无忧无虑，惟一令他们犯愁的就是国家规定的离退休制度和随之而来的收入含金量的降低。② 他们与前几类人的最大区别是对政府的紧密关联性和对现行体制所在单位的高度依附性，因此他们属于老中产阶层范畴。从数量上看，他们除

① 朱耀群.中产阶层与和谐社会.中国人民公安大学出版社，2005年，第132页。

② 同上书，第135—136页。

了分布在上述领域外，还分布在其它各行各业、各个领域，总量很大，是我国中等富裕人群的主体。但其观念意识、行为方式甚至生活方式都与其他中产阶级有较大差异，并且具有极大社会影响力，因此有必要对这个类型的老中产阶级进一步分析。

广义上，中国对所有的管理人员均称之为干部。后来则被泛化了，人们用它泛指一切的管理者和领导者。上至国家主席、总理可以称为干部，下至农村的村长、小组长，甚至中小学的班组长也可以称为干部。这是中国广义的干部概念。狭义上，干部指的是一种社会身份。一个人能拥有这种身份的关键是要由人事部门按照有关规定将其列入干部编制。列入此种编制者，在工资级别、工作待遇、出差补助、住房条件、医疗、退休等福利待遇上与工人编制相比，要大大优厚。这部分中产阶级属于经营管理者，但与非公企业与社会组织的中产阶级不同，这个群体包括在中国共产党、中国各级政府机关、社会团体与群众组织、国有的或集体的企业、军队、行政事业单位中任职、依法列入干部编制、从国家得到薪金的并享受干部待遇的各种管理人员、办事员、公职人员等。这些组织的单位负责人如高级官员、大型国有企业与事业单位的负责人，一般属于社会上层。而中层和基层管理者则属于社会中产。这部分中产的产生与流动途径与其他中产存在很大差异。这些人由人事部门按有关规定列入干部编制，与同属于国家职工队伍的工人编制比，这种编制在工资级别、工作待遇、出差补助、住房条件、医疗、退休等福利、保障待遇上均有很大差异，远远优于工人。按照国家编制管理规定，教育时列入干部编制最主要的途径为：凡是由国家正式全日制中等专业技术学校、高等学校毕业的具有中专、大专、大学本科等以上学历的学生，在按国家计划分配到工作单位后，均可取得干部身份。其次，根据国家人事部门分配的干部指标而被聘用到干部岗位的人，可以是干部编制。再其次，由部队转到地方上来的转业人员。部队转业人员在部队一般都是连级以上的干部，到地方上后当然都列入干部编制。但不应认为这部分人获得干部身份是基于受教育水平，干部的选拔标准是技术和能力之上的绩效标准。

一、单位制与体制内中产的身份地位

干部群体是一个专门从事管理、领导、指挥职业的群体。这个干部群体的特殊身份与巨大影响力，依赖于单位制度，依赖于政府主导型社会，即政权机构在政治、经济、思想、文化等各个领域重大事务的管理和决策上，起着最主要的作用。唯有理解体制内管理中产所依赖的组织资源，才能对这个群体的特性有充分的认识。改革前，中国社会分层机制是以单位级别和干部级别为基础的分层机制。单位主要是指在中国社会中具有国家所有或全民所有制性质的各种类型的社会经济和政治组织，包括政府机关、事业单位、国有和集体企业、社会团体等。单位制建立的背景是高度集中的计划经济体制和集权政治体制。在改革开放以前，中国社会中的各种类型的社会组织几乎全都是这种类型的单位组织。这样的一种单位组织，在结构上，政治组织与具体的专业组织合二为一；在行为取向上，专业取向和意识形态的行为取向融为一体。① 城市社会所有人都依据所属单位的性质获得相应的待遇。这种类型的社会组织纳入了正统的行政序列，具有行政级别，必须要隶属于一定的“上级单位”，必须要接受“上级单位”的领导。单位里收入分配的基础是政府机关干部级别和工资标准。这种工资分层成为其他多种群体工资分层的基础。干部工资级别制度造就了权力分层、声望分层与收入分层高度一致的体制。造成了一个完整的收入、福利、待遇等的分层体系。1956 年，在颁布干部级别和工资分层标准时，国务院就以这些标准为模本对其他机构、团体和社会体系做了等级分层。凡属政府机关、事业单位和国企员工，如教师、医生、编辑出版人员以至一般的生产工人等都比照此标

① 李汉林. 改革与单位制度的变迁. 载李强. 中国社会变迁 30 年(1978～2008). 北京：社会科学文献出版社，2008 年，第 179 页。

准，划分为不同等级。与这种工资分层配套的是一系列福利、待遇、接待规格等体系。比如差旅费都严格按照等级享受不同待遇。实行职务工资制后，虽然收入差距减少，但仍保留在较高的水平上。在政府机关与国有企事业单位工作者谋得的是"铁饭碗"，通常终身任职，而且享受与所在单位级别相应的社会地位、资源、声望、福利待遇。单位赋予个体社会行为的权利、身份和合法性，满足他们的各种需求，代表和维护他们的利益，控制他们的行为。一个人的生活水平、生活的各个方面均与单位密切相关，甚至连一个人社会地位的高低，也常与他所在的单位的地位有关。单位的地位高、级别高，单位工作人员的地位也随之较高，反之亦然。单位不仅仅是经济组织，还提供社会福利、教育、医疗等多种功能，一个人赖以生存的几乎所有资源都依赖单位的供给。单位成为人们生活工作的主要空间。由于单位间调动困难，终身任职使个人对单位的依赖更加强烈。同一单位成员之间在经济收入与福利待遇方面的差异主要取决于行政职务等级。同一等级的成员间平均主义盛行。加上"铁饭碗"的保障，这种体制缺乏竞争激励，效率低下。

新中国成立以后，这样的一种单位组织才逐渐成为一种中国社会生活与社会结构的主体形态，但是究其渊源，这种单位组织却和我们传统的家族文化以及传统的家族组织与制度有着一种割不断的联系。单位组织依赖于国家（政府），个人依赖于单位组织。同时，国家有赖于这些单位组织控制和整合社会。改革开放后多元经济成分的出现，促使建立在计划经济体制基础上的单位体制发生变化。这种变化体现在：1. 政府向企事业单位放权导致单位自主性增强。市场经济的运行规则需要企业具有相当的决策权与自由裁量权。社会转型中各级政府官员手中的经济指挥权有所削弱。随着政府各种权力的逐步下放，官员不再像过去那样单独占据着社会经济运行的中心位置，而只能与市场分享权力。而经营单位在市场中获取资源增强，削弱了单位对政府的依赖与行政级别对于经营单位的意义。2. 市场化导致资源获取渠道的多元化，促使个体对单位的依赖性削弱。单位及单位成员的利益、资源和地位的获得,已不仅仅是国家和政府分配的结果,它同时也可以表现为市场交易的结果,是能力和需求相互在市场上交换的结果。这为组织成员提供了多元的选择。3. 随着单位功能多元化向功能转化的趋势发展,单位从“生活共同体”变成工作场所。人们基于经济动机参与组织,其需求满足和利益实现方式与途径日益多样化,这导致对单位的认同与全面依赖削弱。国家对单位成员的动员能力、国家对单位、单位对个人的控制和整合的能力,也都随着单位对国家依赖性的弱化而弱化。

但是,单位对国家、个人对单位的依赖性不断弱化,并不是因为依赖关系的消失,而主要是因人们对环境的依赖由一元变成了多元,即资源、利益和社会地位获得的多元化。正是在这种多元依赖的过程中,人们才获得了自身行为的自主权和较大的自由度。这种自由度并不足以削弱单位制的存在根基。一方面,资源获取渠道多元化削弱了组织员工对组织的依附,另一方面,单位领导对内部员工权力增大。在改革的形势下,逐步形成了企业的工资奖金由企业自行决定的机制,不少劳动者、工作人员从奖金中获得的收入大大超过了基本工资。事业单位与国企管理者在收入分配中权力增大,但普通员工的基本权利却缺乏制度化的保障机制。政府对单位的直接干预减弱了,但一些掌握着国家命脉的经济组织和大型企业仍然是国家所有;行使着国家权力和统治的社会组织仍然是国家所有;“支部建在连上”仍然是这种组织社会结构的重要组成部分,党在这些组织中发挥着举足轻重的作用;单位组织的一些基本特征仍然左右着这些组织的行为及其行为取向,单位制仍然是今天中国社会的一种基本结构。在相当长的一段时间里,这样的状况很难改变:国家全面占有和控制各种社会资源,处于一种绝对的优势地位,进而形成对单位的绝对领导和支配;单位全面占有和控制单位成员发展的机会,以及他们在社会、政治、经济及文化生活中所必需的资源,处于一种绝对的优势地位,进而形成对单位成员的绝对领导和支配。[1] 国家和政府通过单位来实现社会控制的基本体系很难改变。这种类型组织的领导也总是要受到“上级单位”的任免和管辖，服从是获得任命的基本代价。尽管一些物资性的资源、利益和机会被逐步放开，国家管得愈来愈少。但是，一些非物资性的短缺资源、利益和机会，比如像入党提干、晋职晋升、出国进修、政治与社会荣誉等方面的资源、利益和机会，仍然主要通过单位的分配才能够得到。

社会转型中市场竞争的引入，导致了单位的分化。部门分割与市场竞争因素的影响，当其他条件不变的情况下，竞争性的国有企业和城市集体企业的收入相对于国家垄断经济组织中职工的收入而言，在大幅度下降。市场竞争的强大威力只有在开放的产业中才有作用。而垄断部门迅速增长的收入优势并不是由传统的再分配机制造成的，而是在 1992 年以后的新一轮改革中，这一部门中的经济组织占据了行业垄断的地位，获得了垄断收入。[2] 在那些竞争性的公有部门中，只有处于管理职位的人才获得了中产地位。而在垄断行业，比如通讯、石油、金融部门中，基层员工的年收入在 15－20 万以上。这些垄断行业成为盛产收入中产的社会空间。

二、“干部中产”地位的获得

虽然市场经济已经初步建立，而特许制仍然广泛实行。国家不但对石油、橡胶、电力、公用铁路以及金融、保险、资源型基础行业和经济命脉部门普通实行特许制，在人们称之为第三产业的大部分行业，如外贸、旅游、文化出版、民航、交通、劳务等，几乎所有新兴的产

---

① 李汉林. 改革与单位制度的变迁. 载李强. 中国社会变迁 30 年(1978～2008). 北京：社会科学文献出版社，2008 年，第 189—191 页。

② 边燕杰等. 市场化与收入分配：对 1988 年和 1995 年城市住户收入调查的分析. 载边燕杰等. 社会分层与流动：国外学者对中国研究的新进展. 北京：中国人民大学出版社，2008 年，第 117 页。

业和服务业都曾实行或正在实行特许制。这样把几乎所有有利可图的行业都限定为少数人的特权，在加入世贸组织之后，市场封闭的情况有所改观，有一些对外开放的行业逐渐对民间资本开放，但这一开放也仅仅是对资本开放，它开放的对象是资本，在各个行业领域内对中国公民尤其是没有资本或没有一定资本的公民的市场参与还是壁垒森严。这些垄断性行业与特许经营行业成为滋生体制内中产的肥沃土壤。

体制内中产大量集中在垄断性行业。他们依靠国家赋予的一定的垄断地位，再加上自身的努力，不仅获得超额利润，而且也为职工收入的快速增长提供了条件。经济运行中的垄断行为及带有行政色彩的垄断现象，使一部分人凭借其垄断收入顺利地进入中产阶层，但它所产生的示范作用将大大挫伤人们的生产经营积极性，并阻碍大多数人凭借正常的经营努力和聪明才智进入中产阶层。据国家统计局分行业的工资统计，职工工资水平偏高的主要是金融保险业、房地产业、外经贸、旅游、电力、煤气、供水、电信、运输、烟草等行业，这些行业的职工平均工资比全国企业职工的平均水平高出50—120%左右，另外，证券管理机关、政策性银行、全国性总公司等单位的职工工资水平一般高于同级国家公务员工资的2—3倍。少数行业的经营者工资也偏高。据劳动部对1 000多户国有企业的调查，外贸、金融、旅游、电力、邮电和烟草六个行业，经营者年收入1995年上半年高于其他行业70%以上。根据典型调查，有些大型工商企业、外贸公司、房地产公司、金融保险机构，经营者年收入相当于本企业职工平均工资的十几倍甚至几十倍。① 各种具有行政色彩的垄断行为，是近年来导致社会收入分配差距拉大的重要因素，已引起社会的普遍关注。

除了这些垄断性行业，非垄断性公有部门的中层管理者阶层，也是老中产阶级的重要组成部分。单位制是维系党的领导与控制社会的基本结构，因此，政治忠诚是被选拔到核心管理岗位的基本条件。

① 戴炳源等.中国中产阶层的现状特点及发展态势简析.财政研究，1998年，第9期。

这种忠诚度体现在遭遇重大社会事件时立场是否与党保持一致。但能够判断敌我阵营的重大社会事件并非常常出现，在日常政治生活中，衡量忠诚度的标准，常常是而且只能是对上级领导的顺服，——因为评价政治意识的客观标准很难建立。虽然改革开放后代表个人能力的大学学历对于获得选拔重要性增长，但代表政治忠诚的党员身份仍然是选拔党政机关领导和国有企事业单位管理者的最重要条件。[1]

绝大多数干部中产在职业生涯初期入党。入党时的政治审核保障了其符合党的基本要求。而较长的入党时段，使其政治忠诚经过党较长时期的验证，获得了认可。在这个过程中，良好的家庭背景(在不同时期标准有别)仍然有着重要作用。教育也是选拔管理精英的重要因素。在这些因素中，入党，无疑是最重要的因素。在有关政治身份对精英流动影响的研究中发现，那些加入中国共产党更早的人更易于获得提拔机会。无论是提拔政府机关领导、国有企业管理者还是非国有企业管理者，党员身份都显著增加了成为管理精英的机会。[2] 无论是政党的偏好还是个人的选择，加入中国共产党的阶段有两个：一个是在职业生涯起步阶段入党；另外一个是在职业生涯发展中后期成为技术骨干后入党。精英之门向较早入党的青年人敞开，较早入党，拥有良好家庭背景的青年人在被提拔到管理岗位，列入干部编制之前或之后，弥补其教育经历欠缺的直接解决方案是：送他们回学校继续深造。这一做法正符合特纳的庇护性流动的模式：个人依据其先赋的标准被选入，再给予教育机会。它也符合罗森鲍姆的竞赛模式，在早期获胜的人进而得到进一步培养。新中国成立后，中国政府建立了一个庞大的成人教育体系（例如：党校、职工大学、电大、函大、夜大和职业培训)，让在职的成年人重返学校接受更高的教育。成人教育成为党对在任的和未来的干部进行教育投

① 边燕杰等. 共产党党员身份与中国的变迁. 边燕杰等. 社会分层与流动：国外学者对中国研究的新进展. 北京：中国人民大学出版社，2008 年，第 259 页。

② 臧小伟. 大学文凭和中共党龄在政治精英选拔中的作用. 载边燕杰等. 社会分层与流动：国外学者对中国研究的新进展. 北京：中国人民大学出版社，2008 年，第 259 页。

资的一个潜在渠道。于是，年轻时就入党的人可以通过取得成人高等教育的机会进而实现职位的晋升。这是在改革之前，在党和国家的干部中仅仅有很小比例的人受过高等教育，减少长期存在的外行（无学历的“红色干部”）领导内行（专技术人员）危害的解决之道：入党早的青年在被提拔到领导岗位前后接受成人教育。

中国政府为成年在职人员提供了多种回到学校继续深造的渠道。随正规教育系统的迅速扩张，成人继续教育体制也得以扩大，包括改革之前的工农兵教育，改革时期的成人高等教育，如函授、电大和夜大。成人教育的影响非常之巨大：一方面，人口中相当比例的人是通过某种形式的成人教育获得其最高教育文凭；另一方面，通过成人教育获得的文凭不但政府正式承认，而且政策规定它等同于相应的正规教育文凭。对于领导和管理岗位，既需要政治上的忠诚，也需要相应的文凭学历。庇护青年党员继续深造，是党平衡这两项要求的重要机制。党员身份和教育并非获得提升的等价资格。因为在这种体制下，教育取得的过程本身是青年党员受庇护过程的一部分。没有大学文凭的青年党员在党的庇护下接受继续教育和提拔，正规大学毕业的取得专业成就后才在中年入党。而这些中年入党的技术精英在管理岗位上提升的前景有限：因为入党本身已被看作是对其专业成就的奖赏。因此，在“庇护”模式下得到大学文凭的人，将比在正规大学毕业后参加工作的人更容易被提拔到领导岗位。换言之，如果把有大学学历的人分成两类，一类是通过正规教育升学毕业的，另一类是在年轻时入党、再被单位送到高校完成高等教育的，我们会观察到后一类人最终将更多地被提拔到行政领导岗位。在某种意义上，依据“逆向选择原则”吸收家庭背景好的青年人入党，是以牺牲吸收那些高学历者为代价的。[①]

① 李博柏、魏昂德.政党庇护下的职位升迁：通向中国管理精英的庇护性流动之路(1949—1996).载边燕杰等.社会分层与流动：国外学者对中国研究的新进展.北京：中国人民大学出版社，2008年。

三、体制内中产的特征及社会影响

这部分中产阶级成员处于各行各业的关键岗位，以有限的人数对社会发挥着重大影响。目前各机关、国有企事业单位中处于核心岗位的正是这部分人。这类成员中的多数处于45—60岁之间，大多具有大学以上学历。其中相当一部分是通过成人教育获得大学学历，在新世纪文凭热中继续深造，获得硕士甚至博士学位。干部中产通常入党较早，“吃党的饭，跟党走”是其外在社会行动的主要指针，至于其内心是否认同党的纲领，其行动是否真正遵照政党宗旨，则是难以测量的。但从反腐的纪实报道和观察中可以看出，有相当大部分人把党员身份看作政治资本，并以此攫取经济、教育资本，促成社会累积性不平等。许多积极宣扬“三个代表”的人，其行为往往悖离共产党“为人民服务”的基本宗旨。

不可否认，相当大部分体制内中产是通过自身努力和出色的个人能力升迁到管理职位的。但资源的单位所有与个人所求之间供不应求的状况，由于管理职务在单位体制中所带来的巨大利益，吸引着很多人挖空心思甚至不择手段获取这些职务，导致鱼龙混杂。由于缺乏客观有效的绩效评价指标，尤其是对工作特定性较弱的事业单位，关系而非业务能力成为提拔的重要因素。导致许多职工不是把主要精力放在提升业务水平上，而是放在钻营取巧上。职位升迁中上级的主导作用也助长了部分体制中产“唯上不唯下”的工作作风。

改革开放后的社会转型，伴随着个人收入与工作单位的关系密切程度增加。随着中央政府在直接管理生产中的作用下降，经济资源分配更多地为个体所在的工作组织所决定。以组织为基础的收入不平等并未被劳动力市场的出现减轻，更不用说消除。虽然只依靠国家再分配资源的公有部门和个人很少，但政治资本和职位权力回报这两个因素在影响收入上的决定性影响没有改变。随着资源的国家垄断显著下降，干部的政治权力更多来自“管理者”（比如在国家机关）角色或管理生产过程（比如在国有企业）的国家“代理人”角色。这些管理者仍然可以从他们的职位权力中营利，部分来自他们与政治权威的联系，部分通过他们对市场上经济交易的参与。[①] 对不同体制单位成员满意度的调查可以说明这一点。从1987年到2008年的时隔了21年的调查显示，虽然改革在不同体制下的成员满意度在不同时段有部分差异，但不满意度状况在单位与非单位制度中生活的成员中仍然有显著的差别，单位人比非单位人更倾向于不满意。体制内的人所感到的不公平感要比体制外的人感觉强烈。在体制外就业的人虽然收入差距很大，但收入较少的人并不认为老板或管理人员、技术人员收入高是不公平、不合理的。对许多受访人来说，这种收入差距反而形成一种激励机制，他们觉得如果他们勤奋努力、业绩好，他们有希望提高收入。但在体制内，人们对分配不公平的抱怨则非常强烈。首先，受访人对不同单位、不同部门的收入差距有很大意见，同样行政级别、做同样工作的人在不同的部门收入差距极大；其次，受访人对本单位内部的经济分配也怨言极多——包括那些收入水平高的“好单位”的就业者，对于谁提升了谁没提升、谁加工资谁没加工资、谁分了房谁没分房有很多抱怨。[②] 由体制所导致的收入分配差异更令人产生强烈的不公平感。

行政机关和事业单位在收入分配方面的政策并不规范，在工资以外的收入中，一部分人靠不平等竞争和利用国家体制、政策上的漏洞获取不合理的超额收入。如无偿使用国有资产、国家资金等生产要素从事各类生产经营活动，而收入则归个人占有。一些个人或集体开发、开采、利用国有资源（如土地、矿藏、水域、道路等）获取高额收入。在国有企业实行股份制改造过程中，一部分企业通过低估国

---

① 周雪光. 中国城市的经济转型与收入不平等：来自时间序列数据的证据. 边燕杰等. 社会分层与流动：国外学者对中国研究的新进展. 北京：中国人民大学出版社，2008年，第93页。

② 李友梅等. 当代中国社会分层：理论与实证. 北京：社会科学文献出版社，2006年，第101页。

有资产价值大量占有本应属于国家所得的收入。在土地批租、股票经营、国有企业产权交易、银行贷款审批过程中，有的执权者与经营者相互串通，大量侵吞国有资产、资源。其他如一些部门和单位依靠权力滥设关卡，乱收费、乱罚款、乱摊派，这些收入的相当一部分转为个人收入，以至于官商结合、内外勾结，搞权钱交易等非法手段跻身中产阶层。

这些依靠权力获得的收入和福利，在社会中激发了“仇富”心理和各种社会矛盾，削弱了人们对体制的认同感，对社会风气造成了极坏的影响。在阶层地位代际延续方面，体制内中产阶级其父代仍是中产阶级的比率高于“外生中产阶级”。政治态度也更为保守，消费方式也更为传统。[①]“干部中产”的地位获得对体制的依赖性，决定了其对现行社会秩序的认同，其政治倾向基本上是保守的。这些体制内的既得利益者是进一步改革的反对者。在对个人自由和社会秩序的关系进行评价时，体制内中产阶层和体制外中产阶层存在显著差异。体制内中产阶层更加强调社会秩序的重要性，相对而言，体制外中产阶层将个人自由置于比较优先考虑的位置。[②]

与上节所言在房产、税收等政策中备受挤压的其他中产不同，这部分“干部中产”享受着优渥的待遇，无需承受这些压力。从下列访谈资料中，可以一窥体制内中产的生活状况。[③]

【个案访谈 **1**】时间：2004 年 12 月 11 日

访谈员：(Wang)

访谈对象：某单位领导人(O)

W：工资大概一年多少钱?

---

① 李路路等.殊途异类：当代中国城镇中产阶级的类型化分析.社会学研究，2007 年，第 6 期。

② 孙龙.当前城市中产阶层的政治态度——基于北京业主群体的调查与分析.江苏行政学院学报，2010 年，第 6 期，第 99 页。

③ 魏晨等.城市的分化——以徐州市为个案的社会分层与底层状况研究.吉林人民出版社，2005 年，第 125—128 页。

O: 大概有 6 万多吧，没仔细算过。

W: 没算过？没打开过？真有钱！我可天天看！

O: 不是。又开玩笑了。天天用不着买菜做饭的，家里事情基本也没时间问，天天在外面跑，交往的烟酒公家拿的，自己也没什么要花销的地方，所以不太知道。

W: 不买菜做饭，天天吃什么，天天上班，也花钱呢！不过你有公车接，是吧？这问题问得傻，要不工作的地方到这那么远！

O: 有 20 多公里呢！有车！还有补贴。每个月都打卡的，工资卡。在单位，天天跑，也没时间，就吃点工作餐，还可以吧。还有点补助费，午餐和晚餐加班的。还有其他乱七八糟的，有时都不知道是什么！

W: 算算这样相当于挣多少钱，不少。

O: 是不少，像我这级别，补贴不少，不能这样算，多累啦！

W: 相当于工资总和有吗？

O: 有吗？我算算！还真差不多

W: 羡慕！

O: 我还羡慕你呢！多轻松！不过你太年轻，可能收入不会太高。

W: 基本上差不多，不谈这个了，怎么没在这买房子？

O: 我们单位自己建了，马上就要上房了。

W: 在哪？

O: 就在南边，还不错，回去路上你能看见。

W: 多少钱一平方？贵吗？

O: 自己单位建的，能贵吗？怎么也得便宜点。

W: 你能弄个多大的。最大的？

O: 嗯。比在外边花钱少，也算为职工谋点福利。

W: 大家都得利。房子最大多少平方？

O: 有大有小的，自己选，按时间、级别、职称分吧。

……

O：差不多，在那个地段平均价钱——嗯，差不多。

W：又省了好几十万吧！里外里又挣了不少钱。

O：那就看你怎么说这事了。大家都省钱，我才能省钱，要我一个省，谁也不能愿意我，都挣了，所以，就没话说了（徐州土语，指没人提意见）。

O：回头带你去看看新房子。

W：单位那么好，要进来的人得打破头。

O：没错，天天都来家多少人，都不敢回家，一般家里不接陌生电话，成天在那，都有人在那堵着你。

W：送钱你不要，真的假的。

O：你又胡扯了吧。我哪能那样，回头人家告你。

W：法律意识还不错嘛。

O：就那么回事，不能只考虑钱，不过有事也得办，下次也得求人办事，一样的。

W：你拿钱吗

O：太直接了，年轻，不知道下面的道道。你不拿，那你和他们就不是一条心，拿多了，又太黑（笑）。总是有由头的，结婚、生孩子、过年过节的，封个红包给你，都不少钱。不拿，下次找他们办事，都够呛，阳奉阴违的。拿了，他们就以为你和他一帮的，做事情可顺了。

W：怎么像个"袍哥会"的。

O：下面办事就是这样，你得有自己的人。

W：往外送吧

O：怎么不送，一样的。

W：自己拿钱。

O：哪能？都知道是单位的钱，谁拿自己的钱，公对公的。

O：也有道道，这钱过去有各种名目，那边单位再做账，当作福利发了，当然领导拿大头。还有的如果只想领导一个人拿，就给领导弄个名头，隔三岔五的来一趟，当劳务费。再不然就是直接送，我就不知道了。

W: 你送吧？

O: 不好说，你知我知，天知地知。呵呵。

如果说，中产阶级是一种文化现象，更甚于是社会经济现象，应该以文化界定而非以社会经济地位界定，那么，这部分体制内中产便不属于中产阶级的行列。因为他们的价值观、立场和精神生活，与中产阶级相差甚远。典型的中产阶级态度，代表着自立、积极进取、责任感、理性、节制、谨慎，其最突出的品质是勤奋向上，不断以自身的学识、技能证实自身的价值，对于不依靠个人努力获得的财富深感羞愧。他们用以划分与下层阶级界限并界定身份的方式，除了消费以外，还有其文雅、才华与品位。谦逊、平等、民主、自我奋斗神话是这一阶级所崇尚的。这些都与通过对政治权力的依附谋求生存的体制内中产的精神特质相去甚远。“等级体系常常仅因其权威的外表就会使人产生对地位的妄想。靠在权威体系内的地位获得一切，包括自我形象的人，会更加疯狂地坚持对地位的要求。”依附体制生存的中产，他们具有中产阶级共有的保守与恭顺，却缺乏积极进取改变现状的活力，也欠缺中产阶级对待下层阶级的温和、同情，与对社会的责任感。与其说他们属于中产阶级，毋宁说他们是反中产的。这部分体制内中产依靠手中权力获得各种收益的行为，是以侵蚀社会普通民众的利益为代价的。在倡导扩大中产阶级规模、构造橄榄型社会的口号下，应该看到，健全的社会秩序的建立，依赖于减少这部分中产阶级群体的数量，为下层民众通过自致性因素进入中产提供机会。

第二章 中产阶级的消费文化与生活方式

消费文化是阶层成员接受某种生活实践和时尚的结果。这种消费文化把某些消费品和消费活动贴上特定标签以吸引模仿者与跟随者，把对这种商品的占有赋予特定价值。消费不再仅仅是满足需求的活动，还是界定消费者阶层属性的手段。消费的社会含义体现在以下方面：接受某些服务和拥有某些商品有助于界定某个特征明显的集团。比如某些消费服务是与其职业与生活方式相关的，比如工商业主在财产权益转让、合伙经营以及婚姻需要律师承担某些事务。18世纪英国的新古典式住宅华丽宽敞的大厅和主楼梯，是满足中产阶级社会交往的需求。这种消费成为集团成员彼此认同的显著特征。这些服务和商品的使用也反映了这个集团与其他集团的关系。购买与自身身份相称的商品以证明自己的社会价值，从而凸显自己的阶层地位，也是消费的社会意义所在。因为某些商品是只有某些集团才消费得起的，而某些商品是具备特定素养才能消费的。比如听古典音乐会、艺术品收藏。而某些消费服务，比如拥有私人健身教练、家庭医生是依靠丰裕的财富支撑的。由于中产阶级的地位焦虑，这种焦虑以无处不在的“表演”体现出来。[①] 比如：美国中产阶级通过邮购目录购买镌刻了家族姓氏的生活用品，出入价格昂贵、环境优

---

① C.赖特·米尔斯. 白领：美国的中产阶级. 杨小东等译，杭州：浙江人民出版社1987年，第153页。

雅华丽而口味无足称道的餐厅，满足其虚荣心与作为“上等人”受尊重的心理感受，远远不是商品的使用价值能说明的。因此，购买某种商品或服务，背后体现的正是这个阶层的阶层意识及其心理状态。消费文化是中产阶级文化的构成部分，是中产阶级的文化内涵与精神状态的外在表征。

第一节　中产阶级的消费文化与阶层属性

福塞尔论述美国阶层体系的著名著作以Class命名，此词既有阶层、等级之意，也有格调、品味之意。其中的双重意涵是通过人的品味和格调来判断其所属的社会阶层。作者认为，正是人的生活品味和格调决定了人们所属的社会阶层，而这些品味格调只能从人的日常生活中表现出来。比如一个人的穿着，家里的摆设，房子的样式和格局，开什么车，车里的装饰，喝什么饮料，休闲和运动方式，通过什么途径购物，购物的特征等。而一个人的生活品味一旦在成长过程中形成，一般也难以发生大的改变。在福塞尔看来，正是文化，而非金钱、职业等是社会阶层的判断标准。因为金钱和财产的获得，往往是个人在精神和道德方面的堕落过程，而文化和格调，却体现出个人的精神向度，更能揭示人在社会经济结构中的本质存在。

一、依附性：中产阶级消费文化产生的社会结构基础

以文化作为社会阶层判断标准的观点，与马克思主义以个人在经济关系中的地位来划分的标准，并非势不两立，而可以相互补充与调和。在社会等级的各种分类标准中，有着相互关联性。比如按照财富可以分为有钱没钱，按照工作的安全性可分为安全的和危险的，按照生活方式分为雇主与雇员，按照生活格调，可以分为绅士和无

赖；按照受到监控的程度，可以分为不同等级。在此基础上，还可以按照某些基本生活资料的拥有状况分为房产阶级和非房产阶级；有车一族和公交一族。这些不胜枚举的分类显示出部分重叠的分界线，比如有钱人有更多机会接受更好的教育，并从事具有较高社会声望的职业，同时更可能是工作安全性较高，工作受到监控的程度较小、拥有较高专业技能的职业的人。但这些分类的分界线仍然有差异。毗邻而居的汽车修理厂机修工的生活与出版社的雇员收入相差不大，但生活差别却极大。界定他们地位的关键因素并非是金钱，而是他们拥有金钱的方式，金钱的来源。而非数量更能作为衡量一个等级的指标。文化是阶层成员在社会经济实践中形成的价值观、意识与情感，综合反映了阶层成员的社会经济经历。而这种文化也对个体对社会的认知与态度产生影响，并塑造人的行为。

社会经济结构与文化在阶层形成中的作用，在约翰·斯梅尔的《中产阶级文化的起源》一书里得到详尽的阐释。斯梅尔认为，社会经济实际与阶级认同并非相互脱节。“阶级的确是一种政治修辞，但是有关阶级的政治修辞只有在与人们的经历产生共鸣时才起作用，而经历是以实际为基础的。”[①]社会经济关系具有塑造社会意识的重要作用。而文化是一个集团理解其经历的方式，存在于习惯、价值观以及塑造与约束人们行为的观念之中，也存在于行为本身之中。文化虽然受结构约束，但也能造就实际。阶级意识作为共同经历的结果，当一些人意识到并明确表达其认同时产生出来。阶级成员在社会经济关系中形成了理解其自身社会地位与社会关系的观念与意识，这种阶级经历与阶级意识密切联系。而无论是阶级经历还是阶级意识，都最好被作为文化看待。这种阶级文化是一种过程的结果，一个集团在此过程中理解自身的世界，造就其成员看待并理解自身和他人行为的意义网络。阶级形成的文化理论强调文化在实际与建

① 约翰·斯梅尔. 陈勇译. 中产阶级文化的起源. 上海人民出版社，2006 年，第 7 页。

构、结构与行为互动中的形成方式，指出当个人与集团先是通过经历、最终通过意识，造就使自己处于社会等级某一位置的结构时，阶级认同便产生了。因此，阶级意识是在文化与社会经济实际及其经历的互动中产生的。

中产阶级是现代化变迁的产物。彼得·盖伊在论及 19 世纪英国中产阶级诞生的社会环境时说，没有一个受信任的教条是未被质疑的，没有一个既有的传统是没有受到解体的威胁的。但论速度和全面性，最大的变迁还是在于变迁本身。变迁的无所不在与高速进行这两个相互关连的因素要比任何理由，都更让维多利亚时代人神经紧张。① 而这场以现代化为发展趋势的变迁，自从开始以来，便再也没有停止。中产阶级的经济地位与社会经济发展状况紧密相连。不同行业的兴衰、科学技术发明、全球市场的变化、产业组织模式的演变等等，所有这些都影响着中产阶级的经济状况。

中产阶级构成成分也经历了历史的变迁，从传统的拥有财产的老资产阶级转变为受雇佣的白领。在市场竞争中资本规模不断扩大，使大量农场主、小店主和自我雇佣的工厂主等受到排挤而破产。科层化的、资本实力雄厚的现代化大企业提供了大量的受雇用的白领工作职位，比如中层管理者、处理信息与协调关系的各种办公室人员。在新中产阶级的职业中，人们要利用他人的财产为他人工作。这是认识新老中产阶级之间众多差别的一条线索。②他们的财产，——阶级地位和工资劳动者是一样的，他们和生产手段之间没有直接的财务关系，对财产的收益也没有初始的要求权力。③老中产阶级承担着市场变化和生意失败带来的破产的风险，对新中产阶级而言，他们丧失了独立性，沦为依附于大型工商业组织生产的受雇佣

① (美)彼得. 盖伊(Peter Gay). 施尼兹勒的世纪——中产阶级文化的形成，1815—1914. 北京大学出版社，2006 年，第 171 页。

② C. 赖特·米尔斯著，杨小东等译. 白领：美国的中产阶级，杭州：浙江人民出版社，1987 年，第 91 页。

③ 米尔斯，第 92 页。

者。“一个最谨小慎微、了无生气的阶层。他们是企业的螺丝钉，‘可替换的零件’：他们最怕‘他人的批评’，因此是为他人而生存、他们是全社会中最势利的一群人”。[①] 中产阶级的一本正经和心神不宁，正是由于其依附性与地位的脆弱性。失业的危险是时时悬在他们头顶的达摩克利斯之剑。他们还要在资本全球性集中造成的贫富悬殊日益扩大中遭受财产被隐性侵吞，并徒劳地与非个人性通货膨胀进行搏斗，他们渴望通过职业等级获得快速升迁。“他们被一些异己势力推来搡去，拖进一些莫名所以的运动：他们所处的位置往往属于最少依托和援助的一类。”[②]这些人由于异常害怕失掉工作而在生活中变得非常被动，他们仅仅将自己当作一个无限庞大的结构中的一个部件，进而磨灭了自己的人性。他们是可以随意替换的部件。[③]

正是这种社会经济地位决定了中产阶级的谨小慎微。他们小心翼翼，礼貌谦恭，恪守社会规范，小心自己的行为。为了讨好顾客或上司，他们礼貌、乐于助人、和蔼可亲。这些对于他们不再是个人品格，而是谋生手段的组成部分。“自我的异化在他们身上是与劳动的异化比肩而来的。”[④]不是其中等收入，而是这种外在行为成为辨识他们的特征。他们对于别人会如何看他们感到恐惧，并且一心希望将每一件事都做得无可挑剔，但求不被他人批评。[⑤] 中产阶级是靠努力奋斗获得地位的人，坚信只要自己奋力投人，就必定有自我改善的可能。为此他们力争上游，随时注意保持其文雅与时尚，对自己的品

---

① 福塞尔(Fussel, P.).格调：社会等级与生活品味.北京：中国社会科学出版社，1998,第42页。

② C.赖特·米尔斯著，杨小东等译.白领：美国的中产阶级.杭州：浙江人民出版社，1987年，第5页。

③ 福塞尔(Fussel, P.).格调：社会等级与生活品味.北京：中国社会科学出版社，1998,第44页。

④ C.赖特·米尔斯著，杨小东等译.白领：美国的中产阶级，杭州：浙江人民出版社1987年，第11页。

⑤ 福塞尔(Fussel, P.).格调：社会等级与生活品味.北京：中国社会科学出版社，1998年，第42页。

味、以及这些品味究竟对自己有没有好处忧心忡忡，因此总是将自己与想象中的金钱、权力和品味的拥有者联系起来（过于脆弱的联系），用来克制自己向下沉的自然倾向。① 他们对一切能产生高贵地位联想的活动感兴趣。为此他们注重餐桌仪态，选择昂贵、装饰华丽但口味平平的餐馆就餐；他们的衣着一丝不苟、光鲜整洁，这不仅是工作的要求，也是他们显示其地位的特征。必须表现得比上等阶层更为高尚、优越、富有等教条约束着中产阶级，使他们成为谨小慎微、保守、循规蹈矩的代表。“与下层民众随时会屈从于自己的感情冲动不同，受过教育的中产阶级必须是加以控制的。中产阶级的性格主要是建立在一些抑制上的。但如果布尔乔亚的座右铭是“克己”的话，那并不代表他们的激情是薄弱的，而只表示他们的激情是经历过锻冶的，他们对快乐的追求一般是谨慎、温和和有节制的。② 这种观点、情感乃至行为方式，构成了阶层文化的内涵，成为识别社会阶层的重要特征。

文化不仅在某种程度上决定着阶级认同，阶级认同一旦产生出来，便建构着处于这一阶级中的个人和集团的社会经济实际及其对自我的认知和行为。人们会按照自我认同的标准来塑造和表现自己。虽然模仿高阶层的意识与行为总是存在，但其社会关系网络和阶级经历却更为稳固地强化着阶层认同。比如一个阶层地位较低的人在某些场合也会希望表现得像个“上等人”，但基于福塞尔所说阶层文化的稳固性，这种模仿常常是不成功的。而更多时候，人们会遵从其阶层成员共有的观点与生活方式，因为从心理上这种做更安全、更有归属感。中产阶级在政治取向、对权威的态度、艺术品位和经济水平上都存在分歧，更不要说不同国家中产阶级的不同发展程度了。但中产阶级这种历史织锦在经过几十年的演化后，却又真的是浮现

---

① 福塞尔（Fussel，P.）. 格调：社会等级与生活品味. 北京：中国社会科学出版社，1998年，第46页。

② （美）彼得. 盖伊（Peter Gay）. 施尼兹勒的世纪——中产阶级文化的形成，1815—1914. 北京大学出版社，2006年，第34—35页。

出某种规则化的图案：一些跨越国界而为所有中产阶级所共享的意见与态度。他们成为一些准确无误的标志，让中产阶级一眼就可以认出彼此。[①]

二、地位焦虑：中产阶级消费的心理动因

可以说，中产阶级从诞生起就与焦虑伴生。在 19 世纪的维多利亚时代，中产阶级由于被变迁四面围攻，因此彼得·盖伊认为中产阶级焦虑是时代症候。[②] 但历史证明，这更是这个阶层的本性，其根源要从职业社会学中寻找。从现代化变革发动的社会变迁，似乎再也没有终点。科学技术变革和社会结构变化伴随着全球化进程，使变迁更为迅速，所有阶层都无一幸免受到这种动荡的影响。中产阶级这种焦虑，并未随着科技革命、信息通讯技术以及向后工业时代的迈进而减弱，相反，其危机感正日益加深。所以，赖特·米尔斯称，"地位恐慌"是最具中产阶级色彩的焦虑形式，由此他们才需要申请越来越多的信用卡，订阅《纽约人》杂志，因为他们估计这表现了中上层阶级的品味。[③]

20 世纪的白领被理性科层化的官僚结构深深嵌入到社会中，他们是可替换的。他们本身是科技与经济高速发展的产物，被牢牢控制在世俗社会中，没有文化可以依托。缺乏安全保障使他们尽力依附于某人，同时易受各种虚构的忠诚的吸引。这些人境地凄惨可怜，依附于某个组织，作为小人物从事并非出于己意的工作。他们温和、谦恭、礼貌、胆小，饱受失业和资本集中造成的财产被侵吞的持续性

① （美）彼得．盖伊(Peter Gay)．施尼兹勒的世纪——中产阶级文化的形成，1815—1914．北京大学出版社，2006 年，第 39 页。

② （美）彼得．盖伊(Peter Gay)．施尼兹勒的世纪——中产阶级文化的形成，1815—1914．北京大学出版社，2006 年，第 325 页。

③ 福塞尔(Fussel，P．)．格调：社会等级与生活品味．北京：中国社会科学出版社，1998 年，第 43 页。

影响。这些品格从前是因其文化塑造的结果，而现在则成了非个人的谋生手段的组成部分。他们的自我异化与劳动异化比肩而来。[①]他们的不安具有深刻的社会根源。现代社会在破坏了传统的道德准则和信仰的同时，并没有建立起新的个体据以行动的理念根基。对现存秩序的不信任使他们不论是作为个体，还是作为在政治上具有重要意义的群体，都不能不落入无法从道义方面对自身的利益加以保护的境地中。[②]

阶层是在阶层体系中通过相互关系来确认的。中产阶级的身份认同很多时候是靠着与上层阶级与下层阶级者两个对立面的对比而产生的。由于中产阶级是三个阶层中地位最不稳固的阶层：中产阶级是靠自己的努力“挣得”自己地位的人，向上流动的通道并不通畅，因为上层阶级的地位获得远非仅是通过努力就可以获取。晋升拥堵在白领职业金字塔形的结构中是常态。自动化和技术革新在极大提高生产率的同时，对劳动力的需求在下降。从事兼职和临时工作的劳动力在增加。而教育的日益普及，使大学学历不再能成为一份有稳定的白领工作的保障。事实上，除了研发等领域外，技术革新给办公室工作带来的是所需技能的降低。而贫富悬殊的程度在世界范围内都在增长。这种情形在 21 世纪比从前更严重。在欧美和日本等老牌资本主义国家由于经济衰退、金融危机等原因中产阶级日渐衰落以致于学者们惊呼：中产阶级正在消灭中。

向下沦为无产阶级的危险无所不在：经济危机、失业、疾病等灾祸、无所不在的竞争，都使中产阶级的地位焦虑成为其显著且显现于外的特征。这种焦虑使中产阶级的自我展示显得极为迫切：地位稳固的上层阶级无须表演，因为其地位稳如磐石；而下层阶级改变自身

① C.赖特·米尔斯著，杨小东等译.白领：美国的中产阶级》，杭州：浙江人民出版社，1987 年，第 11 页。

② C.赖特·米尔斯著，杨小东等译.白领：美国的中产阶级.杭州：浙江人民出版社，1987 年，第 10 页。

机遇的可能性并不大。唯有中产阶级野心勃勃，总想通过各种方式提升或稳固自己的社会地位。这种表现自己的渴望以其生活方式、价值与情感等方式表现出来。

中产阶级是自食其力的劳动者，因此在消费时总体是理性的。虽然也有极少数中产阶级上层以炫耀式消费和炫耀式浪费把钱花在豪宅、华服、珠宝和昂贵的消遣、挥霍的太太和其他无用、无生产力的事物上，一掷千金而面不改色，但那是富有的中产阶级才担负得起的。中产阶级消费却有着与位于其上与其下的阶级明显的差异：消费对于他们是选择正确的地位标识。但由于经济实力有限，体面而且合算是他们购买商品时的主要考量。他们随时注意表现其良好品味并夸耀。他们到餐馆吃饭，上音乐厅，外出度假，买一件新大衣或舒适家具。他们会剪下杂志上的图片，贴在墙上当装饰。他们对沦为无产阶级的害怕是很真切的，这一点说明了他们为什么会那么坚持儿女要遵守中产阶级的礼节和道德标准。在服装上，他们总是煞费苦心一丝不苟。整洁是一种地位标识，保持整洁需要花费时间和金钱。但过于整洁的着装，比如领带系得过于端正标准，则是对自己的社会地位是否会下滑心存忧虑的体现。[①] 他们的服装的毛病在于太光滑，衣服上有商标或徽记，总是在裹住人以前就闪闪发亮。而上层阶级的服装倾向于更加柔软，有质感，羊绒类，多结。相比于下层阶级，他们更懂得搭配，暴露更少而且较少用艳丽的颜色。文化是中产阶级的标签，为此他们参加音乐会、参观画展和上剧院，以此表明有学养并地位高贵。

三、声望获取：中产阶级消费文化的内涵

白领雇员成功地赢得的社会尊敬是他们重要的阶层特征之一。

① 福塞尔(Fussel，P.)．格调：社会等级与生活品味．北京：中国社会科学出版社，1998年，第72—73页。

他们的心理状态往往可以认为就是要追求名望。[①] 要求获得声望的基础可以是多重的：职业、专业等级、经济实力、个人价值等。个人价值和道德修养虽然占有一定地位，但是在现代社会中一个人的接触面非常广阔，道德修养方面的良好声誉并不能传播多远，甚至连让人尊敬自己的最起码的要求都满足不了。现代社会里生活共同体的日益松散，使人与人的关系密度与强度都不如从前。在短暂的泛泛之交中，个人品格和操守等价值难以体现也没有多大意义。

白领雇员获得声望的一个舞台是工作场所。由画家、电影导演、小说家、剧作家、文艺评论家等刻画的讽刺中产阶级的典型形象是：中产阶级保守的、虚伪的、物质的、庸俗的，缺乏慷慨和爱别人的能力，缺乏英雄气概，为了成功不择手段的，甚至是贪婪、冷漠的、邪恶的。[②] 在其积极的一面，则是积极进取、成功导向的。他们信奉工作的福音、理性、勤奋、谨慎、稳重、现实。但获得一致认同的评价是：没有哪个阶层像中产阶级那样热爱工作。因为中产阶级的社会地位是通过勤奋工作不断进取谋就的，他们的生存、声望甚至自我价值，都依赖于工作。就最基本的现实而言，生存危机感和越来越激烈的竞争，都要求他们努力工作以保住饭碗。因为这些人有一个信念，依赖别人的钱，哪怕是祖宗赚来的钱生活，总归不是太好。[③] 从更积极的意义而言，努力工作可以挣更多的钱，带来更多成功的机会。”资本主义制造的伤员中，为数不少是资本家。这里指“心理上的伤”。包括闲不下来的金融家、企业主、经理人、店主，他们像是得了强迫症似的不停工作，没有所谓的假期或退休。正如韦伯所说，现代的资本家是被关在一个“铁牢笼”里的。赚钱本来只是手段，但对这些人，手段却变成了目

---

① C. 赖特·米尔斯著，杨小东等译. 白领：美国的中产阶级. 杭州：浙江人民出版社，1987 年，第 276 页。

② （美）彼得. 盖伊(Peter Gay). 施尼兹勒的世纪——中产阶级文化的形成，1815—1914. 北京大学出版社，2006 年，第 148 页。

③ 福塞尔(Fussel, P.). 格调：社会等级与生活品味. 北京：中国社会科学出版社，1998 年，第 32 页。

的。他们这种“不守安息日的财富追求”乃是一种心理扭曲的反映。”①

在资本主义发展的早期，工作对于中产阶级，除了谋生和成功的现世意义，还与永生的救赎相关联，成为“工作的福音”。“工作的福音几乎完全是一种布尔乔亚专属的理想。”②对工作的不同态度是把中产阶级与“民众”区分开来的准绳。“不间断的勤奋”是布尔乔亚最与众不同的特色之一。用宗教语言来形容布尔乔亚对工作的态度并无不当。中产阶级的理论家看来，工作的理念所要求的并不只是工作，它同时是一种道德律令，包含着相当多维多利亚时代布尔乔亚所珍视的价值观，是任何良好市民都会自感有必要奉行的。它意味着人要对雇主、顾客和竞争对手忠实，矢志于“自律”，对家庭全心奉献，以及随时保持一种义务感。工作也可以净化灵魂。他们主张，工作是罪的预防剂。③ 而这种观念，是与早期英美中产阶级中信奉新教者占了相当大比例的现实相联系的。维多利亚时代经历了“神秘主义复生的时代”，基督教和各种神秘信仰蔚为时尚。无神论者比例很少。无神论的理论(至少是反教权的力量)在19世纪最后几十年看来是略占上风的。但就像谈恋爱一样，韦伯所说的“世界的除魅化”(disenchantment of the world)从来不是一条坦途。④ 对于这些新教徒而言，人人都要工作是上帝的意志。建立在对宗教的坚定信仰之上的顽强意志不知疲倦地艰苦奋斗，才会减轻罪恶并带来良好和本分的生活。早期新教的这种现世苦行主义为现代资本主义要求其代理人具有的行为和感情提供了前提和依据。⑤

① (美)彼得.盖伊(Peter Gay).施尼兹勒的世纪——中产阶级文化的形成，1815—1914.北京大学出版社，2006年，第255页。

② (美)彼得.盖伊(Peter Gay).施尼兹勒的世纪——中产阶级文化的形成，1815—1914.北京大学出版社，2006年，第235页。

③ (美)彼得.盖伊(Peter Gay).施尼兹勒的世纪——中产阶级文化的形成，1815—1914.北京大学出版社，2006年，第228页。

④ (美)彼得.盖伊(Peter Gay).施尼兹勒的世纪——中产阶级文化的形成，1815—1914.北京大学出版社，2006年，第202—203页。

⑤ C.赖特·米尔斯著，杨小东等译.白领：美国的中产阶级.杭州：浙江人民出版社，1987年，第249页。

赞扬工作是美德不啻赞扬赚钱是美德，而后者无疑是一种庸俗的理想。但布尔乔亚们可以反驳说，他们歌颂赚钱并不是因为钱本身。[①]二次世界大战前欧美的中产阶级，尤其是18、19世纪的中产阶级，是社会改革的积极参与者，各种慈善救助社会团体的创办者和捐助者，社会公共事业的改革者。尽管在批判者眼中，布尔乔亚是枯燥乏味、谨小慎微、斤斤计较、容易妥协、不重视英雄。“但中产阶级也有他们的英雄：拿雨伞的和穿长统橡皮套鞋的。精力充沛、实事求是的圣西门主义者，他们致力于建筑铁路、挖掘运河、提高公共服务效率。他们还崇拜一些不那么入世的英雄：解决了科学难题的科学家，治愈了传染病的专家，以及主持彻底教育改革的改革者。[②]

中产阶级积极参与公共事务的行为，固然有保障自身利益尤其是经济利益的打算。这些范围广泛的活动，也确实为中产阶级带来了社会声望和地位。但人的动机通常是复杂的。他们当中也有些理想主义者致力于废除奴隶制度，立法禁止童工，引入离婚制度，以及把公民权授予宗教方面的少数族群。中产阶级的活力让他们勇于面对因都市化和工业化而起的各种史无前例的问题：贫民的居住环境过于拥挤，传统慈善机构的明显不敷需要、工人阶级对基督教的疏远等。“19世纪许多以良心为诉求的修辞不过是掩盖贪欲和权力欲的一张面纱，然而，它们有时也会是发自具有自我批判精神的‘超我’的真实呼声”。[③]

随着时代的发展，无论是工作的福音还是参与公共事务获得的声望，都与中产阶级渐行渐远。分工的精细化与程式化，工作成果与实际产品缺乏实际联系、科层制组织中人的工具化，这些趋势从现代

---

① （美）彼得．盖伊（Peter Gay）．施尼兹勒的世纪——中产阶级文化的形成，1815—1914．北京大学出版社，2006年，第231页。

② （美）彼得．盖伊（Peter Gay）．施尼兹勒的世纪——中产阶级文化的形成，1815—1914．北京大学出版社，2006年，第336页。

③ （美）彼得．盖伊（Peter Gay）．施尼兹勒的世纪——中产阶级文化的形成，1815—1914．北京大学出版社，2006年，第26页。

化开始不断加深，人的异化程度也日益加深。农场主采摘成熟的果实的喜悦感，工匠抚摸着凝结自身才智的手工艺品的满足和自豪感，与在办公室里使用打字机、复印件的办公室人员无关，与信息革命以来每天坐在办公桌前敲击冰冷的键盘，使用电话、internet 联系顾客的白领更加无关。对大多数雇员来说，工作有一种普遍的不愉快性质。除了极少数研发领域的专业人士以外，工作激发人的创造力与潜能的功能日益消失。但在工作场所获得的尊重感、发号施令的尊荣、专业能力的展示，仍能带来声望满足并值得追求。但就是这样的期望，对大多数人而言也在晋升拥堵的职业通道中逐渐落空。与此同时，由于中产阶级内部的分散性，他们很难团结起来形成强有力的社会力量和社会运动，他们对政治领域的竞争也缺乏热情和兴趣。①

由于工作领域内的晋升机会总是稀缺的，那些在竞争中受挫的人们，便开始将注意力转向工作之外的消费领域。生产竞争转变为维护体面的斗争。在市场上，消费水平有助于提升社会声望，不过既然消费受收入的限制，阶级地位和名望地位就会有交叉之处。在与陌生人的交往中，要想保持自己的尊严、保持自己的自尊，就必须拿出能标明自己经济价值的东西来，这些东西，实际上是和经济上的成功相一致的。

在一定程度上，工作已经成为消费的附庸，人们为了闲暇和消费而不得不工作。工作的必要性和工作的异化对人们是一种折磨。磨难越多，越需要在现代闲暇活动的欢乐和梦幻模式中找到解脱。当职业成为不稳固的声望基础甚至对声望有害时，对闲暇的利用和外表的修饰对于地位来说就变得至关重要了。在人际互动中，感情从内心感受的表达异化为寻求地位的仪式性举动。对外表形象的崇拜必然蕴含着对自我的异化。这正是时尚行业会如此长盛

---

① C.赖特·米尔斯著，杨小东等译. 白领：美国的中产阶级. 杭州：浙江人民出版社，1987 年，第 12 页。

不衰的主要原因。

为了满足人们享受闲暇时的声望追求，娱乐也开始逐步采用大规模生产技术了。使人惊奇、兴奋并得到放松的娱乐活动，如演唱会、球赛、化妆晚会等，让人们得以暂时忘却工作的单调乏味和压力。明星、球星与商界精英一起，成为大家崇拜与模仿的偶像。他们代表了成功，模仿他们的衣着打扮、生活方式就是成功的表现。但这些刺激性的消遣，通过耗尽精力的娱乐填补空虚，并不能令人满足，只会造成灵魂更为饥渴。它们既不能使人的理性和感情得到深化，也并不会允许自发的情绪得到创造性地表达。①

带薪假期与职业地位密切关联，度假也就成为显示声望的最重要途径。度假表明不仅享有优越地位带来的闲暇，而且能够负担外出观光的费用。因为度假的时间不长，人们也可以花钱买到地位高的感觉。而旅游观光业非常理解大家地位升级的心理需求，大多数度假设施都和度假的需求紧密配合，服务部门和顾客共同演戏，好象大家彼此同意成为这种虚幻的成功的一部分。为了每年求得一次这种体验，往往要在漫长无光的工作日里作出不少牺牲。度假中的轻松、欢快与新鲜，与日常生活恰成反比。它暂时满足了个人对自我形象的欣赏，也更促使他紧紧抱住那种地位幻觉不放。它还是使生活更为合理、更加容易接受的一种力量，暂时满足一下消费的欲望可以弥补经济上的自卑感。在社会方面，度假中的人暂时摆脱了现实存在的阶级差别和声望差别，造成了现实差别的模糊。满足于占有和炫耀日用商品，周期性度假带来的地位尊荣感，维系着一个使不少白领置身于其中的虚幻世界。在这个虚幻世界里，中产阶级的成功欲望可以得到暂时满足。

---

① C.赖特·米尔斯著，杨小东等译. 白领：美国的中产阶级. 杭州：浙江人民出版社，1987 年，第 270—271 页。

四、教育：中产阶级消费品味的养成

从个人的角度来看，教育可以提升一个人的文化品位。在达到一定的教育水准后，人们在自己的精神世界中沉思冥想或者对外部世界进行品头论足。这就是布迪厄所谓的康德式美学。康德美学与非康德美学存在着诸多区别（表 1）[①]。“在白领的金字塔上，受的教育真是‘值得’：它不仅是金钱的源泉，而且是向上爬的阶梯。在这里，‘知识’，而不是权力，成为要求名望的一项依据。”[②]而处于社会中下层，尤其是社会底层的人，往往沉醉于一种非康德美学之中。

表 1　康德美学与非康德美学的区别

康德美学	非康德美学
高雅文化	低俗文化
精英文化	大众文化
文明地、凝神地拥有	直接的愉悦
以心灵为中心的理解	以身体为中心的肉欲
表现为习俗、深奥哲理和正式的东西	表现为自然主义的
微妙的、超然的、不引人注意的表现形式，只有那些具有足够学养和文明的人才能看懂	财富的公开展示，任何人都能看懂的消费
喜欢的照片：卷心菜和汽车撞车	喜欢的照片：日落和第一个聚会

从国家统治的角度来看，教育是政治社会化的重要渠道。通过政治无害化的处理，教育使得社会各个阶级告别革命，接受现有的社

① 夏建中等著. 社会分层、白领群体及其生活方式的理论与研究. 北京：中国人民大学出版社，2008 年版，第 24 页。

② 【美】C. 赖特·米尔斯著，杨小东等译. 白领：美国的中产阶级. 杭州：浙江人民出版社，1987 年版，第 282 页。

会与政治秩序。尤其是在普及基础教育的初期阶段,往往是出于类似的政治考量。从社会流动的角度来看,教育往往又是公民社会经济地位得以提升的渠道。随着义务教育的普及以及高等教育的大众化,阶级边界呈现出动态渗透性的特征。教育系统使得人们在其生命历程中,或多或少可以穿越阶级的边界,实现社会地位的跃迁。[①]然而,必须指出的是,尽管教育的边界开放了,但是,优质的教育资源总是稀缺的。因此,层次越低的教育,阶级隔离性就越少,尽管存在着分班教学制度。在大学阶段,阶级隔离性就更为明显。从专业的角度来看,来自于中下层家庭的学生迫于生计,往往选择了较为实用且容易就业的专业。而来自中上层家庭的学生由于经济条件的宽裕,往往选择了那些不太容易赚钱的专业。而从大学社团文化来看,在一些名牌大学中,往往形成了一些唯有来自上层家庭的学生才能加入的封闭性俱乐部。例如拿奖学金进入耶鲁的学生和加入了骷髅会的耶鲁学生,尽管在毕业的时候都拿到了耶鲁的毕业证,但是,二者此后的上升空间肯定存在着明显的差别。所以,"在今天的高等教育领域里,只有区别大学毕业还是所谓的'大学'毕业才是有意义的。"[②]"高中毕业班的大多数学生都能上大学,这没有什么值得关注的。关键问题是:他们被哪些学校接受了?是一流大学和学院呢?还是那些入学要求很低的学校?"[③]因此,尽管教育机会增加了,尽管都接受了高等教育,但是我们依旧可以从一个人所受的教育来判断他到底属于何种阶级。只不过之前从比较简单的教育程度即可区分,而现在,则需要更详细地审视受教育者的培养质量而已。总体来看,家庭的优势往往可以转化为教育的优势,较高阶层出身的人通常

---

① 【美】埃里克·奥林·赖特著,陈心想等译.后工业社会中的阶级:阶级分析的比较研究.沈阳:辽宁教育出版社,2004年版,第159页。

② 【美】保罗·福塞尔著,梁丽真、乐涛、石涛译.格调:社会等级与生活品味.南宁:广西人民出版社2002年第2版,第210页。

③ 【美】保罗·福塞尔著,梁丽真、乐涛、石涛译.格调:社会等级与生活品味.南宁:广西人民出版社2002年第2版,第210页。

比较低阶层出身的人受到更好的教育。[①] 尽管如此，如果我们放宽历史的视界，应该说教育在提升人们物质生活水平和精神生活水平方面，发挥了重要的作用。就中产阶级而言，正是教育边界的开放和教育机会的增加，使他们得以崛起。在今天，接受高等教育与否也逐渐成为新中产阶级的衡量标准之一。

教育边界的开放使得来自不同社会背景的家庭平等地（至少是形式上都拥有了相同的教育机会）获得了教育资格，这也意味着来自不同阶级的人拥有一定的文化资本。在社会阶梯上爬升和避免向下流动的斗争中，文化资本和社会资本、政治资本一起，发挥着不亚于经济资本的作用。[②] 因此，中产阶级也就成为社会阶梯上最积极、也最卖力的攀援者。[③] 究其原因，一个是来自社会上层所释放出来的无休止的诱惑，同时也因为社会底层的劳苦不断地唤醒他们对落魄往昔的记忆。所以，中产阶级在拥有一定的财富之后，即将之转化为不动产，将之转化为文化资本以应对未来的竞争。所以，中产阶级在处理自己通过奋斗所拥有的财富的策略上，既有短见的一面，也有远见的一面。中产阶级之所以投资于教育，一个原因是基于对教育的回报的期待，同时也因为这是中产阶级再生产的一个渠道。投资于教育，哪怕不能实现中产阶级在社会阶梯上的突破，但至少维持了原状。毕竟，“劳心者治人，劳力者治于人”的古训，不管在那个时代，大体上还是可以成立的。

那么，在高等教育大众化浪潮中，中国的高等教育也开始从精英教育向大众教育转变。中国在1999年开始大学扩招，2003年研究生开始扩招。到2003年，中国的大学就学率已经开始超过15％，而且

① 【美】查尔斯·赖特·米尔斯著，王崑、许荣译. 权力精英. 南京：南京大学出版社，2004年版，第129页。

② 【法】吉恩·路易斯·罗卡. 政治交叉、社会表征与学术干预：中产阶级在中国的形成. 载于李春玲主编. 比较视野下的中产阶级形成：过程、影响以及社会经济后果. 北京：社会科学文献出版社，2009年版，第63页。

③ 王建平. 社会变迁视野下的韩国新中产阶级. 载于周晓虹主编. 全球中产阶级报告. 北京：社会科学文献出版社，2005年版，第225页。

中国教育的经济回报率在2000年的时候就已经达到了6%到7%，也就是说，你多上一年学，平均而言，你就比少上一年学的人收入多6%到7%。[①] 而根据教育部《2013年全国教育事业发展统计公报》的统计数据，2013年全国各类高等教育在学总规模达到3 460万人，高等教育毛入学率达到34.5%。[②] 不可否认，高等教育的扩张有助于将"人口红利"转化为"人才红利"，但是，速度过快的高等教育大众化也造成教育人力资源过剩。在国外，二战结束之后高等教育急速扩张，使得"60年代后期，新阶级中的失业人数更多，这迫使他们接受了自己并不想做的工作，结果是增加了从业者对工作的不满情绪。新阶级以前的上升流动在40年代至60年代经历了成长期，如今受到了阻碍。"[③]如是之故，教育大众化也诱发了欧美国家在20世纪60年代的学生运动。诸多学生在成为"雅皮士"之前，纷纷走上街头或是摇旗呐喊，或是做一名放浪形骸的"嬉皮士"。在当前中国，也同样如此。自从1999年开始的大学扩招，主要集中在一些普通地方院校，这些高校本身办学条件和师资力量有限，扩招的学生也往往来自基础教育比较薄弱、教育资源比较差的西部农村贫困地区，"在招收的550万大学生中，如果进行排名，地方院校扩招进来的学生处于后50万中，在有限的就业岗位竞争中怎能不处于劣势?"[④]这些毕业生又怎能将有限的文化资本在激烈的就业市场中转换为经济资本进而在社会阶梯中爬升为中产阶级的一员呢?

在中国当前的经济环境中，事实上更为短缺的是掌握了高级技能的工人。为了将人口红利转化为人才红利，国家则开始调整政策，

---

① 魏城.所谓中产：英国〈金融时报〉中文网对中国中产阶层的调查.广州：南方日报出版社，2007年，第78页。

② 2013年全国教育事业发展统计公报.http：//www.ahedu.gov.cn/163/view/12533.shtml，2014年8月24日访问。

③ 【美】艾尔文·古德纳著，顾晓辉、蔡嵘译.知识分子的未来和新阶级的兴起.南京：江苏人民出版社，2002年版，第82页。

④ 魏城.所谓中产：英国〈金融时报〉中文网对中国中产阶层的调查.广州：南方日报出版社，2007年，第77页。

切实把高等教育重点放在提高质量上，鼓励新建地方性升本院校进行转型，开展应用型本科教育。如果应用型本科教育得到成功地推行，那也就意味着工人阶级开始知识化。换言之，仅仅以受教育的程度来认定中产阶级人数的扩张，并不是一个非常审慎的判断。工人阶级知识化使得工人掌握了高级技能，提升了他们的就业能力以及收入水平，但未必就提升了他们的生活品位。按照马尔库塞、阿伦特等当代大学教育批判者的观点，如果大学的教育课程是朝着纯粹的技术和职业训练转移而远离传统的自由艺术和科学，大学教育生产的只是狭隘的专业技术人员而非知识分子。[①] 实际上，“训练某人操作一台机床比之于学会读和写，它更多是关于技巧的教育；唤起人们对其生活中真正想要的东西的理解，或者与他们就禁欲主义的、基督徒式的、人文主义的生活方式进行辩论，那更多的是关于价值的教育。但是帮助人们形成其文化和政治及技术上的情感，使他们觉得是真正的自由公众中的真正一员，这才是真正的技术培训和价值教育。”[②]接受应用型本科教育或职业教育的毕业生，或许可以逐步成为中等收入群体的一员，但要成为严格意义上的中产阶级，还需要生活方式的调整。

第二节　中国中产阶级的生活格调与身份建构

“任何等级的社会都是靠惯例，即生活方式的规则维持其制度的。”[③]就中产阶级而言，中产阶级或者想进入中产阶级的人，应该在拥有一定的经济能力的前提下，在物质生活和文化生活的社会互动

---

① 陈曙红：《美国(上)：中产阶级帝国》，载于周晓虹主编：《全球中产阶级报告》，北京：社会科学文献出版社 2005 年版，第 122 页。

② 【美】查尔斯·赖特·米尔斯：《权力精英》，王崑、许荣译，南京：南京大学出版社 2004 年版，第 400—401 页。

③ 【德】马克斯·韦伯：《经济与社会》(上卷)，林荣远译，北京：商务印书馆 1997 年版，第 339 页。

过程中，通过消费这种操纵符号的系统性行为来建构属于中产阶级的消费文化，形成自身的符号区隔，明确自身的阶级构成，形成自己的阶级意识，呈现自身的自我感觉。简而言之，“阶级经历和阶级意识产生于同一个过程，一个集团在此过程中同时理解和建构它的社会经济实际。”[①]如果仅仅用金钱或地位去划分中产阶级，这显然是将问题简单化。对于中产阶级，我们还更应该通过消费这种语言同等物来展现他们的消费观、人生观和价值观，通过消费这种交流体系来透视他们的身份意识。

中产阶级用以展示自身声望的符号区隔，在有形的方面是以时空区隔来表现的。空间和时间是人类存在的基本范畴。[②] 在汉语世界中，“中”在时间和空间方面存在着丰富的意蕴。从时间的角度来看，“中”可谓不前不后，既非站在最时尚最潮流的前沿，也没有完全为社会所淘汰。用时髦的语言来说，中就意味着不 in 也不 out。从空间的角度来看，“中”可谓不上不下，既没有站在最高点一览众山小，也没有站在最低点仰人鼻息。对于中产阶级的消费行为，也完全可以从“中”看出内在的时间区隔与空间区隔。因为，任何生产活动和消费行为总是发生在特定的时空之中。同样品牌的某个商品，产地不同，价格也截然不同。如果它的上市时间不同，价格也存在天壤之别。实际上，一种商品在被培育成为品牌的同时，其实也是在商品拜物教中被图腾化而超越了其物理效用。更何况“人们从来不消费物的本身（使用价值）——人们总是把物用来当作能够突出你的符号，或让你加入视为理想的团体，或参考一个地位更高的团体来摆脱本团体”。[③] 中产阶级在不同社会时空结构中的消费了存在着差异化

---

① 【美】约翰·斯梅尔：《中产阶级文化的起源》，陈勇译，上海：上海人民出版社 2006 年，第 10 页。

② 【美】戴维·哈维著，阎嘉译. 后现代的状况：对文化变迁之缘起的探究. 北京：商务印书馆，2003 年版，第 252 页。

③ 【法】波德里亚著，刘成富、全志刚译. 消费社会. 南京：南京大学出版社，2000 年版，第 48 页。

的商品(或者符号),在将自己区别于他者(社会上层或者社会底层)的同时达到了使自己更受瞩目的目的,因而也尽可能在作为一种差异化系统的社会空间内占据更高的位置。

一、中国中产阶级的消费空间

在市场经济中,人人都有可能进行消费活动,甚至是不同社会地位的人也会有相同的消费活动。但是,消费同化"并不表明阶级的消失,而是表明那种有利于维持现存制度需要和满足被共同分享的程度"[①]。由此也可以看出,经济学意义上的消费与社会学意义上的消费是存在着差别的。从经济学的角度来看,消费被定义为人们为满足其需求和需要,对终极产品(物品、设施或劳务)的选择、购买、使用过程。[②] 在经济学意义上的消费中,它更关注的是物品的实用功能性意义。然而,从社会学的角度来看,消费却因其消费物品的象征性、标识性意义而演变成为一个"富有社会结构的领域"[③]。在消费活动中,人们不仅在消费物品,而且也是在消费符号,并且在此过程中展现了自我。实际上,每一个个体、群体或者社会阶层都通过消费各种物品来确定自己在某种社会秩序中的位置。"换句话说,人们(在很大程度上)就是他们所消费的东西,人们就是以他们所消费的物品为基础而将自己与其他类型的人相区别。"[④]至于不同阶级的消费活动,尤其是中产阶级的消费活动,西美尔做出过经典的论述,他认为"相比于最低阶层麻木不仁地生活在惯例里,相比于最高阶层有意识地

① 【美】赫伯特·马尔库塞著,刘继译. 单向度的人——发达工业社会意识形态研究. 上海:上海译文出版社,1989 年版,第 9 页。

② 王宁. 从苦行者社会到消费者社会——中国城市消费制度、劳动激励与主体结构转型. 北京:社会科学文献出版社,2009 年版,第 13 页。

③ 【法】波德里亚著,刘成富、全志刚译. 消费社会. 南京:南京大学出版社,2000 年版,第 50 页。

④ 【美】乔治·瑞泽尔著,谢立中等译. 后现代理论. 北京:华夏出版社,2003 年版,第 110 页。

维护惯例,中产阶级就特别显得与生俱来的易变与不安分,对于当某种因素一占上风就要衰败的生活形式来说,它总体上处于合适的位置。要求不断变化的阶级与个人——因为他们的迅速发展使他们比别人更进步——在时尚中发现了(寻找到)可以使他们跟随自己内在冲动的东西。"[①]那么,在现代消费社会中,中产阶级是如何在符号性消费中通过追逐哪些最流行的需求,或者是哪些虚假的需求来呈现出属于自身的"一种生活风格,一套文化系统、行为模式和惯习"[②]呢?

(一) 海外代购:追逐潮流的捷径

海外代购是指由个人或由代购商帮国内消费者买到海外商品。海外代购主要分两种,一种是个人代购,另一种就是专业的代购网站。前者一般在C2C网站上开个网店,为顾客提供代购服务;而后者则多为专业的大型代购网站,他们可以提供更完整的海外代购流程和服务。[③] 按照我国相关法律规定,位列海外代购首位的化妆品要收50%进口税,数码产品、手表类征收30%的进口税,金银首饰及文化用品等商品征收税率最低为10%。事实上,除了进口关税,目前我国进口产品进入流通环节还要收取17%增值税。如此一来,海外商品一旦进入国门,不可避免地会"身价"大涨而成为国际奢侈品。针对海外代购,自2010年9月1日起,个人邮寄入境物品,海关依法征收进口税,应征进口税税额在人民币50元(含50元)以下的,海关予以免征。但是,这依旧无法阻挡海外代购,因为这些费用往往会转嫁到消费者身上。根据国内知名第三方电子商务研究机构——中国电子商务研究中心(100EC. CN)发布的《2013年度中国电子商务市场

---

① 【德】齐奥尔格·西美尔著,费勇等译. 时尚的哲学. 北京:文化艺术出版社,2001年版,第89页。

② Melanie Archer & Judith R. Blau, Class Formation in Nineteenth－Century America: The Case of the Middle Class, Annual Review of Sociology, 1993, vol. 19, p. 30.

③ 中国电子商务研究中心. 2013年度中国电子商务市场数据监测报告. www.100ec.cn//zt/upload_data/down/20140319.pdf,2014年8月21日访问。

数据监测报告》，2013 年中国海外代购市场交易规模达 767 亿元，较上年的 483 亿元涨幅为 58.8%。海外代购未来几年仍然会持续增长。“海淘”同时也向二、三线城市的消费群体延伸。中国电子商务研究中心预计 2014 年海外代购的交易规模将有望达 1 549 亿元。[①]作为海外代购主要消费者的中产阶级，并非不知道跨境贸易存在着诸多风险，例如，售后难以获得保障，维权艰难等问题，但为什么还是如此热衷呢？

第一个原因在于国际品牌在投放市场的时候，往往是优先欧美市场，中国市场往往更新很慢。为了与国际潮流同步，国内的中产消费者只能选择代购。如白领王小姐在《北京商报》记者采访的时候说，某些品牌的衣服“欧洲已经流行得热翻天，国内门店非常少，也鲜有大的折扣，所以只能找代购”。[②] 第二个原因在于海外商品的价格优势。海外代购一般使用外币（一般是美元）支付，而国内的消费者则是使用本币支付。“随着人民币的升值，客户无形中得到了很多实惠。一个在国内最少需要 7 000 元人民币的 LV 女式手提包，在美国打折后只需要不到 700 美元，加上邮费、税金和 5%的服务费，国内客户拿到这款手提包时只需要付大概 5 800 元人民币，比国内便宜将近两成。”[③]此外，海外商品的折扣比国内市场更低。供职于太原市某企业公关部经理沈丽丽，就是一名热衷于海外代购的中产消费者。“我现在在专卖店看到喜欢的，一般都不急着买，到代购网站上订购能打不少折扣，”沈丽丽这么说。通过代购，她以 5 800 元的价格买了一款国内商场价格约为 9 000 余元的 LV 包。[④] 第三个原因则在于国内外的产品标准存在着差异。欧美市场上对产品，尤其是食品的检验

---

① 中国电子商务研究中心. 2013 年度中国电子商务市场数据监测报告. www.100ec.cn//zt/upload_data/down/20140319.pdf，2014 年 8 月 21 日访问。

② 姜琳琳. 2014 海外代购或超千亿元. 北京商报，2014 年 1 月 2 日，第 B03 版。

③ 李云虹. 海外代购人，玫瑰是否依旧诱人. 法律与生活，2010 年 9 月(下)，第15 页。

④ 王佳丽，王蕾. 太原：“海外代购”渐成时尚. 山西经济日报，2009 年 8 月 5 日，第 2 版。

标准更高。这就使得国内中产消费者热衷于在海外代购儿童奶粉和玩具。以儿童奶粉为例，由于西欧国家采取福利国家政策，对婴幼儿食品实行政府补贴，儿童奶粉相对比较便宜。以荷兰为例，超市1罐牛栏奶粉仅售10欧元，加上相关的关税和检验检疫费用，1罐牛栏奶粉折合人民币的成本约为160元。[①] 这个价格，对于国内的中产家庭而言，不仅花得舒心，更是喝得放心。就儿童玩具来看，根据2011年12月底“自然之友”环保组织的一项调查显示，我国市场上7成的塑料玩具含有危害儿童健康的邻苯二甲酸酯，相当一部分色彩玩具含有多种危害健康的超标重金属。而在欧美等国家与地区，邻苯二甲酸酯等环境激素已被禁止在儿童产品中使用。欧盟国家则将DEHP、DBP、BBP三种邻苯二甲酸酯直接列入化学品淘汰名单。所以，尽管通过海外代购的儿童玩具也是Made in China，但是，更高规格的产品检验标准也诱使中产家庭在国外购买儿童玩具。第四个原因则是因为中国社会依旧还存在着某些熟人社会的特质。为了维系人际关系，国内中产阶级在有机会出国公干的时候，也会替亲戚朋友行个举手之劳。例如在一家跨国公关公司工作的白领李惠，每年都有几次出国公干的机会。在中国香港，她给别人买过护肤品和皮包；在加拿大，她帮别人带过深海鱼油丸；在新加坡，她抢购过iPhone手机。因是之故，她的人缘变得“好”起来。[②]

在狂热的海外代购中，也催生了代购行业。有调查显示，目前国内从事代购行业的已经超过万人。[③] 而除了职业代购人外，因公经常出差的人、境外导游、空姐，甚至留学生，都成了“私人代购”行业中的主力军。[④] 海外代购费用一般包括以下几个部分：国外购买货物实

① 黄艳、郭素凡、欧志葵. 奶粉海外代购没有保障的拥趸者. 乳品与人类，2012年第1期，第47页。

② 姜琳琳. 2014海外代购或超千亿元. 北京商报，2014年1月2日，第B03版。

③ 李云虹. 海外代购人，玫瑰是否依旧诱人. 法律与生活，2010年9月(下)，第16页。

④ 王佳丽，王蕾. 太原：“海外代购”渐成时尚. 山西经济日报，2009年8月5日，第2版。

际折扣价、代购费用以及国内运费。而代购费用就是代购人所赚取的利润。这个幅度从8%到15%不等。一般做得不错的职业代购人，一个月的收入能保持在5 000～10 000元之间；而做得好的代购人，月入超过20 000元也没有问题。[①] 由此可以看出，海外代购实际上也造就了另外一个中产群体。

海外代购不仅是一种消费途径，它更体现了符号消费中的时间区隔。从字面上来看，"时"指的是"一半时间，它表示的是质的绵延。作为绵延，不管这种意识形态是永久的还是先后承续的，都是'时'"[②]。"间"则表示这种时间的分割与瞬间的重复，由此形成了过去、现在与未来的区分。按照李大钊在《"今"》这篇文章的观点，"无限的'过去'都以'现在'为归宿，无限的'未来'都以'现在'为渊源。'过去'、'未来'的中间全仗有'现在'以成其连续，以成其永远，以成其无始无终的大实在。一掣现在的铃，无限的过去未来皆遥相呼应。这就是过去未来皆是现在的道理。"[③]然而，从时间的社会意义来看，更为重要的是，时间还包含着一种情景，即一种环境复合的观念。如果事情顺利的话，这种情景便会形成做某件事的机遇。作为动词，"时"意味着使自己适应环境，出现在关键时刻，解决特殊的事"态"，以及在适当时机与外界事物保持和谐。[④] 这就构成了人类生活的时间结构。根据狄尔泰的观点，这种结构包括了"感觉经验、思想、情感、记忆和欲望的人类生活的内在结构"，并形成了人类生活的意义体系。理解和建构人类生活的意义体系也唯有从这个时间结构出发才是可能、可行的，否则将不切实际，因为"人类生活的每一刻承负着

---

① 李云虹. 海外代购人，玫瑰是否依旧诱人. 法律与生活，2010年9月(下)，第16页。

② 【法】克洛德·拉尔. 中国人思维中的时间经验知觉和历史观. 载于【法】路易·加迪等编著，郑乐平、胡建平译，顾晓鸣校. 文化与时间. 杭州：浙江人民出版社，1988年版，第32页。

③ 李大钊. 李大钊全集(第2卷). 北京：人民出版社，2006年版，第192页。

④ 【法】克洛德·拉尔. 中国人思维中的时间经验知觉和历史观. 载于【法】路易·加迪等编者，郑乐平、胡建平译，顾晓鸣校. 文化与时间. 杭州：浙江人民出版社，1988年版，第34页。

对于过去的觉醒和对于未来的参与。”①

“对现代人来说，他们总期望能与时间同步，当然能赶在他人的时间之前则更佳。”②这一点在中产阶级的时尚消费中体现得更为显著。一般来说，中产阶级总是滞后于社会上层，存在着时间上的差距和文化上的差距。然而，全球化使得“在场和缺场纠缠在一起，让远距离的社会事件和社会关系与地方性场景交织在一起”③。如此看来，那怕一款最时尚的衣服或者手提包刚刚在巴黎或者米兰亮相，由于海外代购的存在，中产阶级消费者也能够在最短时间内实现与潮流同步，使得自己因为追赶上了国际时间而在国内的时间结构中显得鹤立鸡群。

（二）奥特莱斯：采购名牌的盛宴

奥特莱斯最初是指由工厂直销的零售商店组成的大型购物场所，其最初的名称为 Factory Outlet Store。工厂直销零售商店的历史在美国已经有 100 多年的历史。但是，在今天中国，奥特莱斯(OUTLETS)已非工厂零售商店，它更多是由销售过季、下架、断码的名牌商品的商店组成，之所以发生这样的变化，或是因为国内一般商场里面国际顶尖品牌的昂贵，又或者是海外代购所存在的隐忧，但更主要的是因为国内的中产消费者已经开始形成了“少花钱，买名牌”的购物守则。在中国的经济环境中，地方政府已经开始将奥特莱斯看作是一种能够提升城市服务业整体水平的新兴商业业态，而不仅仅是“过季、下架”名牌产品的“下水道”。如奥特莱斯就有意在兰州新区投资建设一个包括世界名牌折扣店、大型购物中心、五星级会

---

① 【德】马克斯·韦伯著，韩水法、莫茜译. 社会科学方法论. 北京：中央编译出版社，2008 年版，第 3 页。

② 【瑞典】奥维·洛夫格伦、乔纳森·弗雷克曼著，赵丙祥、罗杨等译. 美好生活：中产阶级的生活史. 北京：北京大学出版社，2011 年版，第 16 页。

③ 【英】安东尼·吉登斯著，赵旭东、方文译. 现代性与自我认同. 北京：生活·读书·新知三联书店，1998 年版，第 23 页。

议度假酒店、商务公寓、影视基地、教育园区等在内的现代服务产业区，以此形成一个集购物、休闲、娱乐、餐饮、住宿、旅游、度假等多功能为一体的复合性大型现代服务中心。[①] 全国各地的奥特莱斯，尤其是二三线城市的奥特莱斯几乎都来了一个华丽转身，成为一个“吃、喝、玩、乐、住、购”的一站式消费天堂。

从专业的角度来看，奥特莱斯的最大变化体现在形态上。根据中国商业地产专业研究机构的调研结果，奥特莱斯从最初的欧美传统街区式奥特莱斯逐渐衍生出了城市版奥特莱斯、奥特莱斯购物中心以及奥特莱斯主题购物公园等。[②] 而从建筑形态上看，中国的奥特莱斯多是以花园式、城堡式、仓库式和百货式的建筑风格出现。欧洲以城堡式居多，美国则以庄园式为主。这些奥特莱斯建筑形态从风格、建筑布局来看，各有千秋，当然也是各有优缺点(表4)。[③] 但是，从消费者的角度来看，多元选择就意味着更多的体验。

表4　奥特莱斯建筑形态对比分析

建筑形态	风　格	建筑布局	优缺点	国内实例
花园式(庄园式)	主要源自美国，带有浓郁的美洲田园文化；拥有清新的空气、便捷的交通，坐落于风景区附近	两至三层的小洋楼，一般配有步行街，每个品牌均有独立的店铺，同时配有餐饮、娱乐、休闲等功能，停车场在周围	优势在于都市假日休闲与购物相结合，每个品牌展示与售卖相对独立；劣势在于对资金要求较高，顾客购物受天气影响	上海青浦奥特莱斯品牌直销广场、上海南汇区狐狸城

① 韩红新. 积极支持奥特莱斯落户兰州新区. 兰州日报，2010年10月25日，第1版。
② 夏凌. 奥特莱斯进入“战国时代”. 中华工商时报，2014年8月1日，第C02版。
③ 白梅，郑楠. 探索中国模式的奥特莱斯建筑设计——燕莎、青浦奥特莱斯对比分析. 沈阳建筑大学学报(社会科学版)，2013年第2期，第160页。

（续表）

建筑形态	风　格	建筑布局	优缺点	国内实例
城堡式	主要源自欧洲，带有浓郁的欧洲贵族城堡文化	整个建筑像一座大城堡，在城堡内设有品牌专厅，并兼有餐饮、茶座等功能型配套设施	优势在于购物环境宽敞明亮，顾客不受天气影响；劣势在于对资金要求较高，投资回报期较长	上海枫泾的FOXTOWN
仓库式（大卖场式）	借鉴家居、大型超市的建筑形态，结合节约投资成本的理念而产生	旧仓库厂房改建或本身设计成类似于麦德龙等大型仓储超市的模式，顶部不做天花吊顶，消防、空调风管裸露作顶	优势在于成本投入较小，节约不必要的开支；劣势在于购物环境相对较差	北京燕莎奥特莱斯、上海金沙江路奥特莱斯折扣商场
百货式	主要源自百货商场的建筑形式转变	一些老的百货店在市场竞争中主动向奥特莱斯转型，或原规划的百货商场改作奥特莱斯	百货商场的烙印较强，规划和建筑等诸多方面沿用百货思路，货物以库存为主	上海飞洲国际狐狸城

但是，不管是何种建筑形态的奥特莱斯，万变不离其宗，它的最终目的都是为中国人，尤其是中产消费群体，提供一种集休闲、旅游、购物于一体的生活方式。奥特莱斯的特色在于品牌折扣。“如果没有好货源（品牌好、价格低或折扣力度大的商品），在电商如此迅猛的当下，消费者不可能跑到位于郊区的奥特莱斯去购物的。”有着多年商业地产工作经验的于浩指出了奥特莱斯的精髓所在。① 以上海青

① 陈红杏. 奥特莱斯“大跃进”. 中华合作时报，2014年4月25日，第B05版。

浦奥特莱斯为例，占地面积16万平方米、总建筑面积约11万平方米的上海青浦奥特莱斯的A区有40多个品牌商铺经营着国际一线服饰品牌的折扣商品；B区有130多个品牌商铺主要经营国际知名运动休闲品牌、国际二线品牌以及国内著名品牌的折扣商品。而从进货渠道来看，为了确保产品质量，上海青浦奥特莱斯的折扣商品均由各品牌生产商或亚太地区的分销商直接供货，从而最大程度地保护了国际知名品牌的知识产权以及消费者的合法权益。①

随着北京、上海等一线城市奥特莱斯的成功铺开，各地纷纷上马奥特莱斯项目。根据中国商业联合会奥特莱斯分会的统计，以奥特莱斯命名的折扣卖场已多达400家，部分地区已出现奥特莱斯扎堆的局面。② 截至2013年底，全国已有400多个奥特莱斯项目。这就让人产生疑问，如此之多的奥特莱斯项目，是否真的有那么多消费者呢？据了解，"养活"一家奥特莱斯店需要30万人的有效消费群。③可见，中国的市场容量很大。有预测表示"今后20—30年中国将有60%的人跑到奥特莱斯去消费"④。由此观之，奥特莱斯成功与否，就取决于中国中产阶级的消费能力和消费意愿了。那么，他们是否愿意到奥特莱斯消费呢？根据有关调研显示，月收入2 000元以上的消费者，都可以在燕莎奥特莱斯买到称心如意的商品。⑤ 由此可见，奥特莱斯这种商业业态在我国还是很有亲和力和吸引力的。"以前只知道Prada、D&G等一些特别有名的品牌，虽然喜欢却消费不起，在奥特莱斯里终于可以一偿心愿了！奥特莱斯让我了解更多品牌，经常来这里逛逛，感觉离时尚更近了一些！"⑥也许，这种声音更多代表

① 李艳.奥特莱斯的中国化进程.纺织服装周刊，2008年第9期，第80—81页。

② 何可.奥特莱斯行业标准即将出台.中国质量报，2014年2月20日，第2版。

③ 夏永辉，王玉华，周虹.武汉，能容几个奥特莱斯.湖北日报，2010年9月29日，第3版。

④ 张艾情.世界名品涌入常熟奥特莱斯.新华日报，2008年9月4日，第A05版。

⑤ 徐晓然、韩叙、秦婷婷.奥特莱斯购物中心卖什么.经济日报，2010年7月26日第8版。

⑥ 徐晓然、韩叙、秦婷婷.奥特莱斯购物中心卖什么.经济日报，2010年7月26日第8版。

了正在兴起的中国中产阶级的声音。因此，在双休日或节假日，那些品牌意识和品牌消费能力强的中产阶级都选择了到奥特莱斯进行消费。毕竟，品牌意味着高附加值、高利润、高市场占有率、高信誉度。

人的行为，包括消费行为在内，都会受到周围的社会环境和参考群体的影响。中产阶级也不例外。中产阶级的消费行为显然受到社会上层优雅的生活方式和高雅的生活品位的影响，同时也会对社会下等阶层及其社会广大成员做出比较，确保自己随时随地"像中产般理解事物，表现得像一位中产阶级，像中产般消费"[①]。因此，中产阶级通过海外代购或者奥特莱斯等各种炫耀性消费，形成一种属于自身阶层的消费文化。这就像斯梅尔所归纳的那样，"只有当阶级被当作一种文化看待时，它的含义才能得到理解。在这种文化中，通过自觉认识他们在生产关系中的地位（深嵌在某种文化环境中的生产关系），一个集团形成了（但不是被认识决定）自己的态度、习惯和对自身世界的独特观念。"[②]对于中产阶级来说，诚哉斯言。

关于空间与社会的关系，台湾学者王志弘先生将之表述为"空间是社会的一个切面，跨越社会的所有领域，是社会存在与运作的展现和结果，凭借和中介。我们无法想象一个子没有空间而能存在的社会。……空间一开始就是社会的空间"[③]。"空间不是社会的反映，而是社会的基本物质向度，如果将空间独立在社会关系之外来考量，乃是割离了自然与文化，并且破坏了社会科学的首要原则：物质和意识及互相关系。"[④]在奥特莱斯营造的由国际名牌构成的物质空间里，

---

① Melanie Archer & Judith R. Blau, *Class Formation in Nineteenth-Century America: The Case of the Middle Class*, Annual Review of Sociology, 1993, vol. 19, p. 20.

② 【美】约翰·斯梅尔著，陈勇译. 中产阶级文化的起源. 上海：上海人民出版社，2006 年，第 262 页。

③ 王志弘：《流动、空间与社会》，台北：田园城市文化事业有限公司 1998 年版，第 11 页。

④ 王志弘：《流动、空间与社会》，台北：田园城市文化事业有限公司 1998 年版，第 5 页。

中产阶级不仅在实存上与位居其下的阶级区隔开来，而且真正经历到梦寐以求的成功人士的感觉：我在消费国际顶级品牌，和世界上最富有的人享有共同的消费对象。中产阶级的成功梦想在这个空间得到了实现。

二、中产阶级的衣食住行

(一)"面子"与"里子"：中产阶级的衣食消费

中产阶级的日常生活消费方式以及身份构建，还外显于中产阶级的衣、食、住、行、乐等方面的物质消费生活和精神文化生活。这种生活，与中产阶级的劳动生活和政治生活息息相关。通过深入描述中产阶级的消费方式、消费目的以及相关产品的文化营销，中产阶级的符号消费背后所隐藏的更复杂的阶层意识及其社会经济基础，将会展现出来。中产阶级通过在衣、食、住、行等物质生活消费中体现出自身与其他阶级在生活机遇上的差别，以此来彰显身份意识。而不断扩张的全球商品市场，不仅在满足中产阶级的这种身份表现意识，而且在不断刺激这种意识增长。早在2006年，世界银行就在其年度全球经济展望报告中指出，"庞大的中产阶级将为国际商品和服务创造快速增长的市场。"[①]作为一个人，不管他属于哪一个阶层，必须通过衣食消费来解决基本的温饱问题。但是，在解决温饱这个问题上，有些阶层采取的是粗放消费，而有些阶层采取的却是精致消费。衣食的消费方式也可以成为判定一个人的社会与经济地位的指标。如服装，它就具有证明支付能力的职能，表明消费者能够在满足物质享受以外对有价值的物品作进一步的消费。"成功的着装无非就是达到中上层阶级的良好趣味和外观。"[②]白领人士对名望的要

---

① 张娅.汽车厂商眼里的中国中产阶层.商务周刊，2008年，第2期，第77页。

② 【美】保罗·福塞尔.梁丽真、乐涛、石涛译.格调：社会等级与生活品味.南宁：广西人民出版社，2002年，第2版，第53页。

求，同他们的名称所显示的那样，是通过穿着的风格体现的。[①]同欧美同类一样，中产阶级多数衣冠楚楚，在衣着打扮上不惜花费时间和金钱。这在奢侈名牌在中国销量的不断攀升得以证明。商务部预计，到 2014 年，中国将成为全球最大的奢侈品市场，占全球总量的 23%左右。统计显示，目前中国奢侈品市场的年销售额占全球市场份额的 18%，是世界第三大奢侈品消费国，仅次于美国和日本。据世界奢侈品协会统计，中国人的奢侈品消费已经达到 80 亿美元，消费人群达到总人口的 13%。中国奢侈品消费额的年增长率在 20%左右。目前，中国奢侈品市场的年销售额为 20 多亿美元，服饰类奢侈品在其中占 70%左右，约有 18 亿美元的市场。预计从现在起年增长率为 20%，之后到 2015 年的年增长率为 10%，届时，销售额将超过 115 亿美元。到 2010 年，中国将有 2.5 亿消费者有能力购买服饰类奢侈品，到 2015 年，中国消费者将像日本消费者一样具有影响力，奢侈品消费总量将占全球的 29%。[②] 其中，中产阶级有一定的知识和品位，追求品质和精致生活，收入较高，有固定的奢侈品消费支出，是中国目前和未来的服装类奢侈品的主要消费群体。

服装是中国人的“面子”，在面子观念强烈的中国，宁可吃得俭省，也要穿着体面时尚。西方奢侈品具有的文化属性和象征让消费者产生心理优越感，正迎合了中国消费者的心理需求。

据对北京中产阶级消费群体的调查显示，中产阶级消费者服装购买场所主要集中在以下几个场所：品牌专卖店，占 56.9%；高档商场，占 67.9%，其次是名品折扣店，占 31.1%。北京中产阶层最感兴趣的促销方式是打折优惠，每月服装消费支出在 1 001 至 1 500 元的占 53.2%，支出在 1 501 元以上占 8.6%。价格不是影响北京中产阶

---

① C. 赖特·米尔斯著，杨小东等译. 白领：美国的中产阶级. 杭州：浙江人民出版社，1987 年，第 276 页。

② 邓艳娟. 中国服装类奢侈品消费现状分析. 经济研究导刊，2010 年，第 7 期，第 168 页。

层消费购买的主导因素。总体来看，北京中产阶层在服装消费心理上建立了较强的时尚意识，通过选用服装品牌来反映个人的身份和地位。体面追求时尚、品位、浪漫、富贵等一系列符合元素，服装的功能性在衰退而让位于时尚。[①] ELLE 等时尚杂志成为许多中产阶级的着装指南。越来越多的人通过大众媒体来寻找中产阶层的身份定位，定期阅读时尚杂志，来引导自己的购物消费。他们密切关注纽约国际时装周的报道，了解目前最新流行时尚，以此作为购买时尚用品时的参考。在购买衣饰时注意流行元素比如印花、蕾丝等变化，唯恐被抛在时尚之后。当然，也有一部分中产阶级从模仿和跟风转向理性消费，注重风格、个性的表达，力求展现自己独特的性格和审美趣味。

在吃的方面，这是“里子”，虽然不像“面子”那么重要，对于讲究生活品质的中产阶级，干净卫生是前提，其次是讲究营养。午餐由于时间限制，一般会选择方便省事的商务餐。食物的独特性与优雅的环境也很重要。消费层次越高，对营养、饮食文化欣赏、满足新奇感的需求也越高。调查显示，外出吃饭消费也体现出阶级阶层差异。绝大多数中产阶级经常上饭馆，仅有 12.9%的中产阶级声称他们“很少外出吃饭”。半中产阶级当中，有 37%的人表示“很少外出吃饭”。接近半数的工人“很少外出吃饭”，农民的这一比例高达 64.70%。中产阶级最青睐的吃饭场所是中档饭店，其他阶层最经常光顾的是小吃店。经常光顾高档饭店的中产阶级并不多，只有不到十分之一的中产阶级(7.70%)经常去高档饭店，但其比例还是明显高于其他阶层，半中产阶级、商业服务业工人、产业工人和农民几乎不会去高档饭店，他们去中档饭店的比例也很低。[②]

讲究情调的中产阶级，是经常光顾西餐馆的群体。多数西餐馆

---

① 宁俊. 北京中产阶层服装消费文化实证研究. 纺织导报，2009 年，第 1 期，第 92—93 页。

② 李春玲. 中产阶级的消费水平和消费方式. 广东社会科学，2011 年，第 4 期，第 217 页。

迎合了这部分客户的需求，餐位设计隐蔽，放着蓝调、萨克斯管音乐，灯光柔和，装饰风格独特，营造出温馨、怀旧的情调，很适合中产阶级群体迷茫、伤感的情绪。在那里，通常有精致的甜点、外观晶莹美丽的杯盘、说话音调很低且会说外语的服务生。“培烘着的面团发出的新鲜的麦香、奶油和糖霜的气味、融化了的巧克力的黏糊糊的强烈的可可气味、没有加牛奶的清冽的尖锐的芳香，还有用糖腌了的各色水果焙烘时散发的酸甜。”[①]在这种精致优雅的氛围里，中产阶级找到了与自身格调最为契合的心灵驿站。

上海新天地是带有浓厚中产阶级消费情趣的消费空间。餐饮店作为“新天地”最大的一块经营项目，在装修风格上力求营造华丽而怀旧的小资情调。各国不同品牌的餐馆或是酒吧，都有一套既定的装饰模板，不同的店家按照各自的模板进行装修和室内布置，就像在上海遍地开花的肯德基和麦当劳一样，以表达出品牌店铺国际化、跨国化和标准化倾向。餐馆利用灯光、水幕墙、舒适的沙发、座位间优雅的隔断作为基本元素任意组合，自由搭配；有的则在餐桌或景观区摆放带有异国特色的装饰物，餐具的选择也十分考究，要与所盛放的食物相匹配；餐馆的服务生态度和蔼体贴入微，令人有宾至如归的感觉，并且大多数懂得外语，能用简单的外语跟客人交流，这当然也是体现“新天地”国际色彩的一个方面。人们在餐馆里享受异国风味的美食和服务，享受着石库门里的西洋风景，果腹之需已经退居其次，将餐饮这一简单的日常行为，变成一场展览的仪式，透过玻璃或者干脆在门外就餐的形式，自我把玩并供他人欣赏，此时炫示的意义超过了品尝食物本身。[②] 而新天地品牌所代表的高贵、国际、时尚以及昂贵、典雅，更衬托出在此消费的中产阶级人士的身份与地位。

---

① 金洁明. 中产阶级“怀旧”话语的空间建构. 作家，2007 年，第 4 期。

② 赵盈. 日常生活审美化与都市消费空间. 上海师范大学硕士论文，2006 年，第 37 页。

(二) 富贵润屋：中产阶级的住房消费

中产阶级追求舒适和物质享受，买房、购车是生活消费热点。显示一个人的消费能力，更为直接的指标莫过于一个家庭所拥有房产的数量、面积和档次，以及一个家庭是否拥有汽车及其档次。在中国逐渐步入小康社会的今天，住房与汽车成为一个家庭社会与经济地位最直接的判定指标。

在中国，有“人因宅而立，宅因人而存，人宅相扶，感通天地”[①]的古训。在中国的家哲学中，核心观念表现为“人的家存在”[②]。家不仅是“人类再生产自身及其文化的基本形式”[③]，也是“人的和自然的基本存在和存在单位”，“我家，故我在”[④]。所以，家对于一个人来说不仅仅是英国诗人艾略特所说的“家就是开始的地方”[⑤]，同时也是一个人的归宿，尤其是对于那些都市夜归人的灵魂来说。住房自然而然地成为了社会分层的重要指标。在蓬勃发展的房地产浪潮中，拥有产权完整的住房与否也就成为一个人或者一个家庭的经济能力和社会地位高低的标志。一个人的经济能力越强，社会地位越高，他就越有能力获得面积更大、质量更好地段更佳的住房。也就是说，如果产权人是处于社会结构的上层，他所拥有的住宅自然也会处于住房市场的上层。中产阶级和社会底层也是如此。私人住房实际上隐藏着产权人的职业能力、经济能力与文化素养。

由于中产阶级自身拥有较高的经济能力，他们往往通过装修风格，室内装饰，如镜子、时钟、油画、塑像等展示自己的经济实力。总的来说，中产阶级的住房与其社会经济地位大致相当。“在当前

① 汤茜草. 从“被中产”到“被消失的中产”：G市高校教师群体的住宅福利与阶层认同. 上海：华东理工大学博士学位论文，2012年，第1页。

② 笑思. 家哲学：一个西方人的盲点. 北京：商务印书馆，2010年版，第411页。

③ 笑思. 家哲学：一个西方人的盲点. 北京：商务印书馆，2010年版，第414页。

④ 笑思. 家哲学：一个西方人的盲点. 北京：商务印书馆，2010年版，第411页。

⑤ 汤茜草. 从“被中产”到“被消失的中产”：G市高校教师群体的住宅福利与阶层认同. 上海：华东理工大学博士学位论文，2012年，第1页。

的中国社会，拥有舒适、宽敞的住房是中产阶级最重要的身份标志。”[①]根据学者胡建国、李春玲的调查，2009年中产阶级家庭的平均居住面积为89.84平方米。而在中产阶级群体内部，不同的群体的住房状况也存在着明显的差别。处于中上层的企业主群体，他们的家庭居住面积高达122.80平方米，而处于中下层的边缘中产阶级，他们的住房面积则低于平均值，为73.08平方米。[②]哪怕如此，他们的住房面积仍然高出我国城镇居民人均居住面积许多。根据国家统计局2009年的统计，2008年我国城镇居民人均居住面积仅为28平方米。如果考虑到居住面积不等同于产权住房面积，以及住房的地段差异，那么，中产阶级在住房领域的优势就更加显著了。

随着单位分配住房制度的终结，商品房市场为更多有经济能力的人提供了一种选择自由。中产阶级有着较高的经济能力，他们可以通过市场去寻找理想的居住和生活环境，譬如配有会所、园林、泳池等高档设施，物业服务优良、商业配套完善的小区。物以类聚、人以群分。住房分配制度的终结使得人们不再一辈子跟同一个单位的人住在一起，从而形成一个小型的熟人社会。商品房市场为人们选择跟自己社会地位相差无几的人在一起居住和生活提供了选择机会。因为，相近的社会地位不仅意味着收入等其他经济指标的类似，更是意味着大家对生活方式、公共秩序存在着共同的价值观，在邻里纠纷出现的时候，小区的居民们更有可能寻求处理问题的共识。吕大乐与刘硕在北京某个中产阶级居住的小区内进行长达三个月的观察印证了这一点。他们发现中产阶级小区的居民之间最热

---

① 李春玲．中国中产阶级的增长及其现状．载于李春玲主编．比较视野下的中产阶级形成：过程、影响以及社会经济后果．北京：社会科学文献出版社，2009年版，第133页。

② 胡建国、李春玲．北京中产阶级的现状与特征．载于李春玲主编．比较视野下的中产阶级形成：过程、影响以及社会经济后果．北京：社会科学文献出版社，2009年版，第274页。

门的话题不是国家大事，而是在有关的生活细节和生活纠纷中间寻找那个属于公共秩序与私人权利之间的平衡点，如宠物的豢养与汽车的停放。[①]

然而，对相当一部分中产阶级来说，房产是一种“甜蜜的负担”。究其原因，就在于中产阶级在居高不下的房价面前成了“房奴”。有数据表明，从2004年以来，购房者的负担在日趋加重，房价与家庭收入之比在增加，中等收入者目前的还贷款已经占到家庭收入的50%。[②] 同时由于担心房价暴跌，有房有贷的中产阶级常常对住房市场的波动感到焦虑。经济压力和精神焦虑使得一部分中产阶级并不认同自己的中产身份，戏称自己“被中产”了。[③] 因此，“一套房子消灭一个中产阶级”绝非是一个简单的媒体命题，它还是一个民生问题。如果这个问题没有得到很好的解决，正在形成的中国中产阶级显然就会被M型社会所撕裂。在日本，M型社会正在摧毁曾经富裕与安定的中产阶级，约有八成人都在向下流动。在M型左侧的低收入阶层在不断扩大，同时，在右侧的高收入阶层也在不断向右、向高收入的方向移动，今后左右两侧贫富之间的差距将会越来越大，中产阶级社会正在崩溃。[④] 当前中国也有必要防范M型社会的风险。

房子不仅是一个物质实体，也是一个表征符号。房子的地段、面积、装修风格、家具等等，都成为房屋主人的经济地位与社会身份的表征。住房商品化改革之后，城市的居住空间也开始出现阶层化。社会地位上升的人搬到了与自己地位匹配的小区居住，而社会地位下降的人只能留在原来的社区，甚至是被拆迁到了更差的社区居住。

---

① 吕大乐，刘硕：《中产小区：阶级构成与道德秩序的建立》，《社会学研究》2010年第6期，第32页。

② 陈方：《中产者的住房问题也是民生问题》，中国商报，2007年9月18日第10版。

③ 汤茜草：《从“被中产”到“被消失的中产”：G市高校教师群体的住宅福利与阶层认同》，上海：华东理工大学博士学位论文，2012年，第96—97页。

④ 【日】大前研一：《M型社会：中产阶级消失的危机与商机》，北京：中信出版社2007年版，第50页。

可以说，房子的位置已经成为社会上层和中产阶级维持群体边界和排斥其他阶层的区隔符号。总体来看，拥有较强经济实力的人一般是逃离了拥堵的市中心。例如，在美国，你家庭住址的邮编会不经意地暴露你的社会经济地位，你和谁在做邻居，你孩子在上什么学校；中产阶级纷纷搬到了郊区居住，而在韩国汉城，住在江南则成了一种身份的标志[①]。从另外一个角度看，之所以出现这种现象，究其原因是在于在社会急剧变迁的过程中不断有人被抛出了现代化快车的轨道而遭遇了社会排斥，贫富不均在空间上引起穷人居住区的隔离和富人居住区的集中。联合国人类住区规划署发表报告称 2007 年就会有半数以上的人口居住在城市中，但 1/3 的人将居住在犯罪活动猖獗、居住面积狭小、服务不完善的贫民窟内。世界上的富人都缩回到戒备森严的居住区内，形成了一种以恐惧为核心的建筑风格。[②] 由此观之，富人住宅区以及中产小区的城堡化成了符号消费中的典型的空间区隔。布迪厄认为统治阶级的"自由品味，是在同生活实际需求的品味的相对关系中，才断言自己是自由品味的，并由此将自己提升到美学秉性的层次，而生活实际需求则被贬低到粗俗的地步"。[③] 然而，在满足住房需求这种消费活动中，到底是统治阶级、中产阶级，还是社会底层更自由一些？这也许并没有一个统一的答案。

(三) 宝马香车：中产阶级的汽车消费

国外汽车社会的发展历程表明，人均 GDP 突破 3 000 美元后会进入小汽车高速发展期。小汽车也如同"旧时王谢堂前燕，飞入寻常百姓家"。2009 年，中国的人均 GDP 突破了 3 000 美元。中国的汽

---

① Lett, Denise Potrzeba. *In Pursuit of Status: The Making of South Korea's "New"Urban Middle Class*, Cambridge: Harvard University Press, 1998, p. 105.

② 魏城：《所谓中产：英国〈金融时报〉中文网对中国中产阶层的调查》，广州：南方日报出版社 2007 年，第 90 页。

③ Bourdieu, Pierre, *Distinction: A Social Critique of the Judgement of Taste*, trans. by Richard Nice, Cambridge, Mass: Harvard University Press, 1984, pp. 55—56.

车保有量也进入了高速增长的快车道。到2013年年末，全国民用汽车保有量达到13 741万辆(包括三轮汽车和低速货车1 058万辆)，比上年末增长13.7%，其中私人汽车保有量10 892万辆，增长17.0%。民用轿车保有量7 126万辆，增长19.0%，其中私人轿车6 410万辆，增长20.8%。汽车保有量大规模的上涨导致了城市交通拥堵，迫使政府大力发展公共交通。特纳指出："公共交通系统的发展带来了地理移动的民主化"[①]。但实际上，小汽车相对于公交车以及行人来说，还是占据了更多的路权资源。所以，汽车成了一种现代性的隐喻。汽车作为一种交通工具，在以其自身的基本使用价值满足人们的功能性需要之外，还作为一种符号表象以一种符号价值来满足人们的社会性需要(见图2)。毋庸置疑，这种意象价值及社会需求也是建构出来的。因此，在列斐伏尔看来，汽车不仅是日常生活中的一种交通工具，也是一种用来表演的道具，甚至成为某种阶层社会地位的领导物(leading object)。[②] 汽车作为一种地位的象征，在"代表着舒适、权

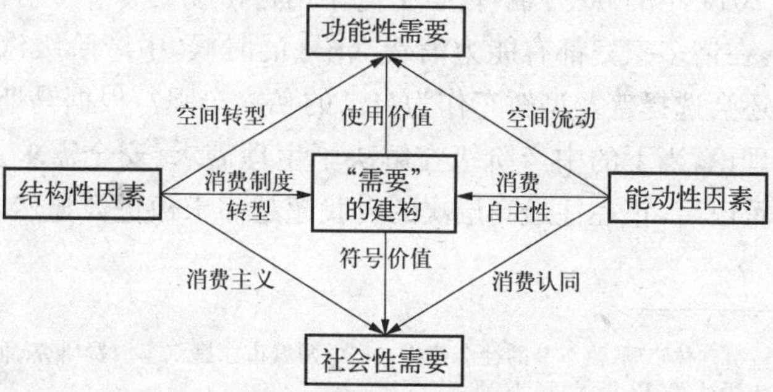

图2　汽车消费需要的社会建构[③]

---

① Turner, B. Orientalism, Postmodernism and Globalism, London: Routledge, 1994, p. 128.

② 林晓珊. 汽车梦的社会建构——中国城市家庭汽车消费研究. 北京：社会科学文献出版社，2012年版，第196页。

③ 林晓珊. 汽车梦的社会建构——中国城市家庭汽车消费研究. 北京：社会科学文献出版社，2012年版，第229页。

力、威信和速度”的同时，也作为一种符号被现代人消费。集诸多领域尖端技术于一身的汽车成了商品拜物教的最极端的表达。所以，巴特认为：“今日之汽车几乎可与宏大的哥特式大教堂相提并论。……汽车是无名艺术家们热情专注的结晶，它被所有的人在想象中消费——如果不是在使用中消费——他们把汽车当做一个纯粹的想象的物体。”[①]汽车之所以从奢侈品变成大众消费品，不仅是市场力量塑造的结果，也是消费者能动地重构生活方式使然。[②]

有观点认为在当前的中国社会，拥有私家车是中产阶级身份的第二个重要标志。[③] 但是，这个判断尚不够精确。为此，还需要进一步明确到底是何种汽车才能成为中产阶级身份的标志。有文章称：如果中国的中产阶级以每年1％的速率增长，到2020年中产阶级就会占到总人口的38％。[④] 而亚洲汽车资源分析师约翰·保奈尔则预测，进口和国产豪华车的销量很有可能从2007年的17.7万辆激增到2014年的80万辆，占整个汽车销售市场的6.5％左右。[⑤] 换而言之，在诸多家庭都有能力消费汽车[⑥]的时候，中产阶级汽车消费者是否还会选择普及型轿车作为自己的私家车呢？根据马斯洛的需求层次理论，当下的中产阶级在解决了生理需求、安全需求、社交需求和尊重以后，正在往最高层次的自我超越需求迈进。显然，普及型

---

① 转引自林晓珊. 汽车梦的社会建构——中国城市家庭汽车消费研究. 北京：社会科学文献出版社，2012年版，第39页。

② 林晓珊. 汽车梦的社会建构——中国城市家庭汽车消费研究. 北京：社会科学文献出版社，2012年版，第14页。

③ 李春玲. 中国中产阶级的增长及其现状. 载于李春玲主编. 比较视野下的中产阶级形成：过程、影响以及社会经济后果. 北京：社会科学文献出版社，2009年版，第134页。

④ 张超. 中产阶级：汽车的中心市场. 招商周刊，2007年，第11期，第33页。

⑤ 张娅. 汽车厂商眼里的中国中产阶层. 商务周刊，2008年，第2期，第78页。

⑥ 汽车消费也体现出中产阶级消费前卫的特征。根据有关访谈报道，家庭月总收入在8 000元以上的被访者更倾向于用贷款的形式买车。几乎可以看出月收入8 000元是贷款买车的分水岭。见吕欣. 汽车信贷消费：要抓牢中产阶层和经销商. 中国经营报，2004年3月29日，第B10版。

轿车已经无法满足中国中产阶级的消费需求。中级轿车势必成为下一阶段中国轿车市场的主流产品。关于这一点，也得到了汽车销售商的认同。“在实际购买时，很少有消费者会详细讨论具体的发动机、变速箱等情况，而在很大程度上源于对品牌内涵的认同”，“品牌的认知往往是豪华车销售的关键所在。”①因此，对于中产阶级而言，“小汽车不是所迷恋的一个具体的对象，而是自我和我的社会地位的象征，是我的权力的扩展。通过购得一辆小汽车，我实际上也就购得了部分新的自我。”②换言之，中产阶级消费者在汽车消费中，不仅仅在进行物质消费，还在进行符号消费。这种符号性消费除了看得见的汽车实体之外，更是深入到了汽车的品牌（进口还是国产）、车型（普通还是越野；两厢还是三厢）、颜色（黑色还是其他颜色，一般而言，黑色非富即贵）以及牌照（是否是个性化车牌）等。中产阶级消费者不仅仅需要一辆体现自己社会地位的汽车，他们更需要的是一个能实现自己生活方式和梦想的伙伴。那么，拥有汽车的中产阶级，他们的生活方式和梦想又是什么呢？在当下中国，购买了同样汽车的人，往往会成立车友会。志同道合的中产阶级车友一起追逐着“人生有界，行者无疆”的意境。此外，一些富有爱心的中产阶级人士也会通过车友会网站发帖，号召进行爱心捐助，帮助贫困地区或者灾区有需要的人。

住房是一个固定的空间，而汽车是一个可以移动的空间，二者都体现出了中产阶级与普罗大众的空间区隔。

日常生活世界是由不同层次的空间组成的。由于城市空间的结构转型，居住在城市的现代人处于一种“家庭与工作地点的分离、商业与工业的分离、商店与城市中心的分离”③的空间错位之中。但是，

---

① 张娅：《汽车厂商眼里的中国中产阶层》，《商务周刊》2008年，第2期，第79页。

② 【美】埃里希·弗洛姆：《占有还是生存：一个新社会的精神基础》，关山译，北京：生活·读书·新知三联书店1989年版，第78页。

③ Featherstone, M. *Automobilities: An Introduction*, Theory, Culture & Society, 2004, 21(4/5) p. 2.

汽车的诞生和普及帮助现代人消除了空间错位带来的烦恼。汽车因其流动性而使得现代人重新对生活世界的空间安排进行规划，这也导致了汽车化空间的形成(见图3)。

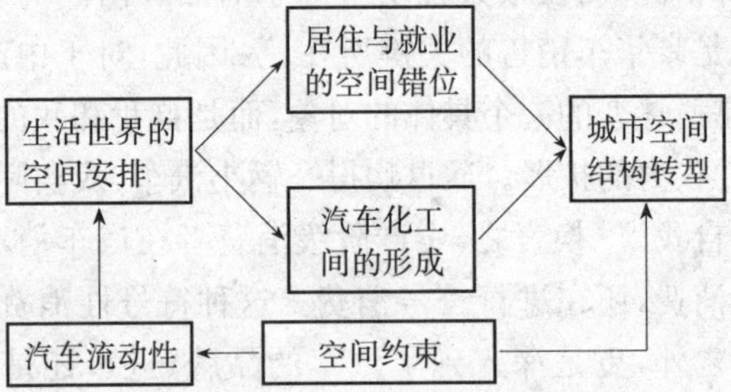

图3 城市空间转型下的汽车消费①

但是，必须指出的是，不同阶级在突破空间约束方面，能力确实大相径庭的。北上广的蚁族们在朝九晚五的上下班高峰中为了搭乘公共交通工具使出了浑身解数。但是，社会中上层的精英们却驾驶或乘坐表征了舒适和权力的小汽车往返于公司和住宅。毫无疑问，不管是公共交通工具还是小汽车，都足以满足人的代步需求。然而，正如凯恩斯所说，人的需要“可以分为两类：第一类是不管其他人的处境如何，对个人来说都是绝对的需要；第二类是相对的需要，也就是满足这些需要后，我们感到会超出其他人，或者说高人一等”。② 具体到代步工具，乘坐着小汽车显然会被人认为优于乘坐公共交通工具，因为它更有效率地解决了空间错位这个问题，尤其是在上下班这个社会情境中。如果是在外出旅行这个社会情境中的话，小汽车更是体现了自由的象征，甚至从某种角度来看，小汽车与身体的流动既实现了空间压缩，也实现了时空延伸，提供了更多的旅游空间体验。

---

① 林晓珊. 汽车梦的社会建构——中国城市家庭汽车消费研究. 北京：社会科学文献出版社，2012年版，第125页。

② 李清富. 中国中产阶层家用汽车符号消费的困境与出路. 中小企业管理与科技(下旬刊)，2012年，第7期，第168页。

自驾游过程中，车主可以根据自己的需要自由安排出行时间和旅游目的地，超越时空的束缚。此外，交通工具还承载着身体，承载着乘客或车主的隐私观。从保护隐私的角度来看，由于小汽车的独立空间避免了公共交通工具的拥挤和混乱，它显然优越于公共交通工具。杨庆堃说，"空间本来是离间人与人的关系的因素。两个地点相离愈远，两地人群的相互关系就愈薄弱，二者之间的组织就愈见散漫。但是空间对于人事的离间作用，是随着交通运输方法而变迁的。两个地方的空间距离可以一样，但两地人群相互关系的密切程度，要视所用的交通运输方法而异。"[①]但是，交通工具在整合日常生活空间的碎片化却体现了符号消费中的空间区隔。

三、中产阶级的休闲娱乐：超越单向度的人

亚里士多德曾经指出"人的本性谋求的不仅是能够胜任劳作，而且是能够安然享有闲暇"，"假如两者都是必须的，那么闲暇也比劳作更为可取，并且是后者的目的"，因为，在他看来，"闲暇是全部人生的唯一本原"。[②] 在现代社会，是否所有的人都有机会有能力在闲暇时间开展属于自己的休闲活动呢？时间对于所有人来说都是平等的，上帝给予了每人一天二十四小时的时间。但实际上，每个人占有的时间都是不一样的。无论是从生活时间的三分法(见表2)还是四分法(见表3)来看，生活时间都包含了工作时间在内。工作时间，无论是对于社会生产还是为了获取个人生活资料，都是必须的，在工作时间被必然占据之后，人们是否还有时间休闲呢？

---

① 杨庆堃：《中国近代空间距离之缩短》，《岭南大学学报》1950年第10卷第1期。转引自林晓珊：《汽车梦的社会建构——中国城市家庭汽车消费研究》，北京：社会科学文献出版社2012年版，第226页。

② 亚里士多德著，廖申白译. 尼各马可伦理学. 北京：商务印书馆，2003年版，第269页。

表 2　生活时间三分法的主要形式①

划分标准	生活时间结构	含　义	组　成
对时间需要的层次	生理时间	维持和延续生命的时间	睡眠，饮食，盥洗等
	义务时间	为家庭和社会尽义务的时间	家务，工作
	自由时间	个人可自由支配的时间	闲暇
主要活动空间	第一时间	在第一空间(工作场所)的时间	工作时间
	第二时间	在第二空间(家庭)的时间	家庭时间
	第三时间	在第三空间(休闲场所)的时间	闲暇时间

表 3　生活时间四分法的主要内容②

生活时间结构	组　成
工作时间	制度内实际工作时间，加班时间，其它工作时间，通勤时间
必需时间	睡眠时间，饮食时间，卫生时间，其它必需时间(如看病等)
家务时间	购物时间，准备食物时间，衣物整理时间，照料家庭成员时间，其它家务时间
闲暇时间	延伸性工作时间，积累人力资本时间，精神活动时间，娱乐休养时间，消极行为时间

在现代社会中，也许每一个人都能够忙里偷闲，能拥有片刻的闲暇，但是他未必就拥有休闲。从时间的角度来看，休闲意味着一个人可以自由支配的一段时间。魏克曼(Vickerman)把闲暇视为“自由时间”，“是在承担了工作责任，满足了像睡眠、饮食、个人卫生这类重要的人类基本生存条件之后所剩余的时间。”③在这种语境中，休闲可以与闲暇等义。而从行为的角度来看，休闲是一种以自身为目的的自

① 李仲广. 闲暇经济论. 大连：东北财经大学博士学位论文，2005 年，第 2 页。
② 李仲广. 闲暇经济论. 大连：东北财经大学博士学位论文，2005 年，第 2 页。
③ 王绍光. 私人时间与政治：中国城市闲暇模式的变化.《中国社会科学辑刊》，1995 年夏季卷。

由活动，是放松、娱乐和个人发展等活动的总和。再从心理角度来看，休闲则是在追求快乐的过程中的一种自由、轻松的心理状态。由此观之，闲暇与休闲是两个既有联系又有差别的概念。可以说，拥有闲暇时间，只是一个人得以开展休闲活动的前提。此外，他还必须仰仗于自己的经济能力。关于休闲与经济能力的关系，凡勃伦明确地指了出来。他说，"在文化演进的过程中，有闲阶级的涌现与所有制的开始是同时发生的。"[①]所以，不同阶级的人的经济能力显然不同，闲暇实际上是对自我、时间和收入的支配过程。

马尔库塞认为，正常社会中的人拥有两个向度，其一是肯定社会现实并与现实社会保持一致的向度；其二是否定、批判、超越现实的向度。在大工业机器生产时代，资本已经超脱了国家与社会的范畴而成为一个独立的力量。资本在其他一些力量的配合之下，已经成功地压制了人内心中否定性、批判性和超越性的向度，因而也使得现代社会成了只能肯定社会现实并与现实社会保持一致的单向度的社会，无论是人还是生活，或者劳动，甚至是休闲，都有可能成为单向度。对此，马尔库塞尖锐地指出："在抑制性总体的统治之下，自由可以成为一个强有力的统治工具。决定人类自由程度的决定性因素，不是可供个人选择的范围，而是个人能够选择的是什么和实际选择的是什么。自由选择的准绳绝不可能是绝对的，但也不完全是相对的。自由选择主人并没有使主人和奴隶归于消失。如果商品和服务设施维护对艰辛和恐惧的生活所进行的社会控制的话，就是说，如果它们维护异化的话，那么，在大量的商品和服务设施中所进行的自由选择就并不意味着自由。何况个人自发地重复所强加的需要并不说明他的意志自由，而只能证明控制的有效性。"[②]就工人阶级而言，生产力的发展与技术的进步使

① 【美】凡勃伦著，蔡受百译. 有闲阶级论——关于制度的经济研究. 北京：商务印书馆，1964 年第 1 版，1984 年第 2 次印刷，第 20 页。

② 【美】赫伯特·马尔库塞著，刘继译. 单向度的人——发达工业社会意识形态研究. 上海：上海译文出版社，1989 年版，第 8—9 页。

得工人阶级步入了知识化的轨道，“工人阶级似乎不再与确立的社会相矛盾”[①]。但事实是，纵使在知识化以后，工人依旧没有摆脱工人的地位，他们只不过是掌握了高级技能的工人而已。资本依旧主导着新的技术工作世界，依旧控制着生产活动，资本必然追逐利润的内在逻辑使得“剩余劳动时间成了对工人精神生活和肉体生活的侵占”[②]。这也使得工人无法支配自己的剩余劳动时间并使之变为自己的休闲时间。工人的剩余劳动时间成为了资本家的休闲时间。工人逐渐异化为劳动的机器，成为单向度的人，休闲生活极度贫困。而资产阶级则拥有雄厚的经济实力和充足的休闲时间去满足其日益增长的精神文化需求。因是之故，马克思评论说，“不劳动的社会部分的自由时间是以剩余劳动或过度劳动为基础的，是以劳动的那部分人的剩余劳动时间为基础的”[③]。当然，总体上看，技术进步提高了工作效率。“节约劳动时间等于增加自由时间，即增加使个人得到充分发展的时间。”[④]在今天，工人比以往任何一个时代都有更多的休闲选择。这是不可否认的，但是这也同时强行削弱了工人阶级的否定地位，因为，制约着劳动时间的标准也在温情脉脉不动声色地制约着休闲时间。

一般而言，“个人怎样表现自己的生活，他们自己就是怎样。因此，他们是什么样的，这同他们的生产是一致的——既和他们生产什么一致，又和他们怎样生产一致。因而，个人是什么样的，这取决于他们进行生产的物质条件。”[⑤]现代生产关系使得企业的所有权与经营权发生分离。企业的管理权从资本主义早期的企业股东中转移到迅速庞大起来的从事行政、管理、销售、财会、公共关系工作的中产阶级手中。凭借着在教育基础上获得的人力资本，中产阶级拥有了较强的经济能力。对于他们来说，“闲暇是花钱的手段，工作则是挣钱

---

① 赫伯特·马尔库塞，第30—31页。
② 马克思恩格斯全集(第47卷). 北京：人民出版社，1995年版，第532页。
③ 马克思恩格斯全集(第47卷). 北京：人民出版社，1995年版，第215页。
④ 马克思恩格斯全集(第46卷下). 北京：人民出版社，1980年版，第225页。
⑤ 马克思恩格斯选集(第1卷). 北京：人民出版社，1995年版，第67—68页。

的手段。”[1]而对于某些人来说，“工作已成为实现某种闲暇活动中的目标的令人感到厌烦的手段。”[2]在快节奏的现代生活当中，“时间实际上是人的积极存在，它不仅是人的生命的尺度，而且是人的发展的空间。”[3]

在传统农业社会，时间的周期是集体性的；人们成长，反复历经那些已建立的并可预知的人生阶段。但是，在现代工业社会，生命成为个体自己攀爬的职业阶梯。[4] 时间就是生命，时间因而也把人塑造成为建构的钟表。在改革开放初期，中国的城市居民的时间结构基本上处于一种“生存压力型”的时间结构，每一天几乎被生存时间（existence time）和维生时间（subsistence time）所占据，闲暇时间（free time）极少。[5] 在具体的工作时间中，因为大锅饭缺乏激励机制，制度工时与有效工时之差形成了大量的“空耗时间”，即“泡”在单位的被浪费掉的时间。大量的空耗时间造成了劳动“轴心时间疲软症”和时间的无意义损耗。浪费式的劳动方式又导致了浪费式的休闲方式，进而导致了人们“干不像干样，玩不像玩样”。[6] 改革开放使得“休闲充裕型”时间结构逐渐取代了 80 年代初的“生存压力型”时间结构和 80 年代后期的“无空耗型”时间结构。[7] 如同前述分析的那样，开展休闲活动除了需要一定的闲暇时间之外，还必须拥有一定的经济能力。因为经济能力的缘故，改革开放

---

① 【美】C. 赖特·米尔斯：《白领：美国的中产阶级》，杨小东等译，杭州：浙江人民出版社 1987 年版，第 273 页。

② 【美】C. 赖特·米尔斯：《白领：美国的中产阶级》，杨小东等译，杭州：浙江人民出版社 1987 年版，第 272 页。

③ 《马克思恩格斯全集》（第 47 卷），北京：人民出版社 1995 年版，第 532 页。

④ 【瑞典】奥维·洛夫格伦、乔纳森·弗雷克曼著，赵丙祥、罗杨等译. 美好生活：中产阶级的生活史. 北京：北京大学出版社，2011 年版，第 23 页。

⑤ 王雅林主编. 城市休闲——上海、天津、哈尔滨城市居民时间分配的考察. 北京：社会科学文献出版社，2003 年版，第 307 页。

⑥ 王雅林主编. 城市休闲——上海、天津、哈尔滨城市居民时间分配的考察. 北京：社会科学文献出版社，2003 年版，第 310 页。

⑦ 王雅林主编. 城市休闲——上海、天津、哈尔滨城市居民时间分配的考察. 北京：社会科学文献出版社，2003 年版，第 314—315 页。

在使得中产阶级有能力享受休闲的同时还造就了休闲弱势群体及其闲置时间的问题。换而言之，在社会变迁所导致的时间结构的转换中，中产阶级在经济实力方面与社会底层拉开差距，也使得自己在休闲时间的支配上与社会底层形成了时间区隔。

实际上，中产阶级不仅在宏观的时间结构中体现出时间区隔的现象，而在具体的炫耀性消费上，为了与社会底层形成时间区隔，也有能力有意愿追赶时间或者让时间“停”下来，甚至是在恢复传统中让时间“倒流”。

(一) 杯中世界：中产阶级的咖啡消费

唐朝诗人王翰在其《凉州词》中写下了“葡萄美酒夜光杯”的佳句。现代作家鲁迅也曾说“有好茶喝，会喝好茶，是一种清福”[①]。但是，在“欲饮琵琶马上催”的现代社会，生活节奏如此之快，一般人是否还有闲情逸致品尝美酒，品茗论道呢？在现代城市社会中，时间就是金钱。能有时间享受杯中世界的，不是那些在手提茶壶安享晚年的长者，就是光着膀子来街边大排档烧烤摊一醉方休的“下里巴人”。对于比上不足比下有余的中产阶级而言，二者都显得过于遥远。著名作家董桥曾经说过，有身份的人不饮无道之茶，茶有茶道，咖啡有自己的道。[②] 咖啡的道就在于契合了现代社会中产阶级的生活节奏。同时，也因为吉登斯的判断，“人一旦喝了一杯咖啡就等于卷入了复杂的世界经济与社会关系。”[③]由此，咖啡不仅展现出中产阶级的杯中世界，也是在复杂的世界经济与社会关系中观察中产阶级的最佳切入点。

---

① 包威.从大碗茶和星巴克看中西饮品文化冲突与融合.农业考古，2014年，第2期，第25页。

② 夏玲芝.星巴克的“第三空间”体验文化.中外企业文化，2014年，第16期，第264页。

③ 方玲玲.跨文化语境下“星巴克”的符号消费与迷文化生产.前沿，2014年3月，第181页。

“咖啡”源自希腊语“Kaweh”，意思是“力量与热情”。早在1650年，英国的牛津大学就出现了欧洲的第一家咖啡馆。咖啡馆迅速成为一个公共空间。因此，在一些人看来，咖啡馆就是健康的圣殿、节制的摇篮、节俭的喜悦、礼仪的学堂以及获得聪明才智的免费学校。① 在当今世界，最著名的咖啡馆莫过于美国的星巴克（Starbucks）。1971年第一家咖啡馆开张，到1995年星巴克就已成为美国最大的咖啡连锁店，2002年它又跻身全球500强企业。当风靡全球的星巴克浓郁的咖啡味道飘向街道时，不仅西雅图苏醒了，世界各地的中产阶级也开始进入了他们的第三空间。对于诸多中产阶级来说，星巴克不只是一个品尝咖啡的地方，星巴克更是作为一种介于家庭和办公室之间的“第三空间”而占据了他们的心灵。星巴克的“既非家庭，亦非工作”的第三生活空间为中产阶级提供了一个休憩地，使他们从繁华都市的快节奏轻松切换到闲暇自在的“慢生活。”

星巴克本来就是赫尔曼·梅尔维尔的名著《白鲸》中主人公的名字。可以说星巴克本身就意味着文化。作为一个国际品牌，全球导向使得星巴克不仅仅是在做咖啡生意，它实际做的也是人的生意。因此，星巴克除了注重品质，融入了母国导向的美国文化之外，还入境随俗、因地制宜地融入了地主国导向的本土文化。这种策略显然有助于星巴克打破作为舶来品的咖啡文化与中国茶文化的隔阂，进而让消费者建立起对星巴克的亲切感和认同感。

从另一个角度看，一方面是星巴克努力迎合中产阶级消费者的口味，另一方面是中产阶级消费者热情地拥抱着西方的小资和浪漫情怀。咖啡，本来就是西方国家的日常消费品，在下午茶时间往往占据了人们的杯中世界。咖啡成了一种具有象征意义的符号，代表了西方中产阶级的生活方式。在星巴克咖啡馆中，往往会看见那些来自高档写字楼的中产阶级们带着笔记本电脑，或是悠然地品尝着充

---

① 张雅丽. 新闲暇空间：现代城市商业会所的组织、消费与重构——以上海L会所为例. 上海：上海大学博士学位论文，2011年，第52—54页。

满异国情调的咖啡，或是用笔记本电脑进行移动办公，这是一种界于工作和闲暇的中间状态，意味着拥有事业，同时又有忙里偷闲的自主性。星巴克总是竭力营造小资情调。比如，在咖啡杯的称谓上，星巴克沿用了意大利语中的 grande 和 vanti 来称呼大杯和超大杯咖啡，而不是英语中的 short 和 tall 来指称小杯和中杯咖啡。这不仅与人们习惯上理解的咖啡规格不一样，与人们对于杯子的称谓也有所区别。这其实就体现了星巴克的文化格调。美国人类学家格尔茨认为，文化是符号的和有意义的。咖啡杯与众不同的称谓本身就是一种符号区隔。了解了这一细节，自然也就了解了星巴克为中产阶级们所编织的意义网。

“咖啡的消费很大程度上是一种文化层次上的消费，文化的沟通需要的就是咖啡店所营造的环境文化能够感染顾客，让顾客享受并形成良好的互动体验。”[①]星巴克的文化营销模式使得每喝一杯咖啡就像一次礼拜。自然而然地，这些星粉们也由大致相同的人生情调、文化意识和社会身份而形成了一个“咖啡宗教”共同体。可见，星巴克其实是一种体验经济，消费者不只是在品尝咖啡，更是在体验咖啡背后的文化。他们只要进入了咖啡馆，就体验到某种格调。对于热衷于大排档、烧烤摊的“下里巴人”而言，他们也投入了时间和精力，但是他们的注意力更分散，因为他们本身就生活在一种市井文化之中。用泰勒·考恩的话来说，前者是一种“精致消费”，而后者属于一种“粗放消费”[②]。精致消费往往花费不菲，显然，中产阶级才有能力或者动机去寻找那份闲情逸致。

有观点将休闲活动区分自我实现型、自我保养型、自我享受型、自我修养型、自我发展型和社会交流型六种。实际上，从休闲的内容来看，无非就是两种，一种是娱乐，另外一种是学习。娱乐是一种消

① 夏玲芝. 星巴克的“第三空间”体验文化. 中外企业文化，2014 年，第 16 期，第 263 页。

② 【美】泰勒·考恩著，王志毅译. 创造性破坏：全球化与文化多样性. 上海：上海人民出版社，2007 年版，第 120 页。

费性闲暇，通过休息、娱乐等活动，人可以获得感官、情感快乐等消费性效用。而学习则是一种生产性闲暇，通过各种文化、智力、交往等高级活动，人可以获得一种声望、创造、智力、社会关系等资本性收益。[①] 因此，中产阶级在闲暇时间或者到免税店进行消费，或者到美容院保养肌肤，或者通过自驾游追求一种行者无疆的意境，或者到风景优美的野外进行观光，或者在各种会所中参加一些社交活动，又或者在家中懒洋洋地看着一本定位于城市中产阶级的杂志，无论哪一种形式，对于中产阶级而言，双休日或者节假日，已经不是一种可以睡到日上三竿的休息时间，而是一种展示更多闲情逸致的休闲时间。他们往往会利用这段时间去寻求精神交流、文化沟通以及圈层归属。而工人则可能将之视为一种连续休息日。总而言之，在现代社会，休闲作为提升生活质量的一种重要手段，不同的休闲方式实际上就是不同生活质量的体现，也是不同社会地位的反映。在单向度社会中，休闲消费也存在单向度的倾向，但是，中产阶级在休闲活动体现出的追求文明、健康生活方式的积极态度，使得他们有可能超越单向度。

在现代社会，“工作和休闲、公众和私人的两极划分依然是我们生活中的基本准则。”[②]但是，不同阶级的人却是生活在不同的时间结构当中，他们的工作和休闲也接受着不同的时间规训。社会底层挥汗之余也许忙里偷闲端起了水壶牛饮一番以补充水分，但是，渗透到他们私人生活领域的理性和效率的观念却促使他们记挂那些尚未完成的工作。而中产阶级在闲暇之余，却是在咖啡馆的柔和的音乐中慢条斯理地翻阅着定位于他们的报纸杂志。相对于他们工作的快节奏来说，咖啡馆的时间在中产阶级私人生活领域停滞了。

---

① 李仲广. 闲暇经济论. 大连：东北财经大学博士学位论文，2005 年，第 40 页。

② 【瑞典】奥维·洛夫格伦、乔纳森·弗雷克曼著，赵丙祥、罗杨等译. 美好生活：中产阶级的生活史. 北京：北京大学出版社，2011 年版，第 33 页。

（二）中产阶级的文化生活格调

有关的调查结果显示，从各消费阶层之间的比较来看，中间阶层把时间用于“娱乐”的家庭比重最低，而用于“学习”、“运动”和“旅游”的家庭比重最高；在“社交”方面，富裕阶层和中间阶层家庭进行这方面闲暇消费最多。学习，运动，社交等成为闲暇消费的主要内容。①

中产阶级的阶层地位主要源于其文化资本。从受教育的角度来看，传统观点一般将取得中专和大学本科及以上教育文凭的人员定义为教育中产，当然，随着高等教育大众化，越来越多的中产阶级都将是本科以上学历的人员；至于取得高中及职高、技校等学历的人员，则被定义为教育中低层，而初中及以下人员，那就处于教育低层了。② 教育中产一般来说都接受过良好的教育，占据着更多的文化资本，往往需要一种比教育中低层或者教育低层的人更高的文化生活方式。中产阶层在文化和精神方面的追求要高于普通大众，“读书看报”、“与朋友聚会”和“到各种餐饮娱乐场所消遣”的比例是最高的；普通大众日常参与的项目如“下棋”、“打牌”在中产阶层群体中的比例很低，反映出了一定的差异。③ 因此读书、看报，或者去参加各种培训班提高技能是中产阶级闲暇消费的重要内容。近些年里教育培训市场火爆，2007 年中国教育培训产业的产值首次超过 1000 亿元人民币，近年来行业规模增速高达每年 30％，大大高于 12％的全球平均增速。在各种培训中，管理培训市场中，高管培训占据着很大的市场份额。高管培训已成为商学院

① 周长城. 经济社会学. 中国人民大学出版社，2003 年版，第 214—216 页。

② 李培林，张翼. 中国中产阶级的规模、认同和社会态度. 载于李春玲主编. 比较视野下的中产阶级形成：过程、影响以及社会经济后果. 北京：社会科学文献出版社，2009 年版，第 104 页。

③ 黄庐进. 转型时期中国中产阶级消费行为研究. 华东理工大学博士论文，2010，第 87 页。

收入的主要来源。业内专家也有相同观点，对商学院而言，收入的主要来源是不授予学位证书的高层经理培训课程，而并非 MBA。最近一项调查显示，全球高层经理培训市场价值达 3 500 亿美元。在美国，来自高层经理培训课程的收入要占学院总收入的 60％至 70％。此外，国内 IT 认证市场以每年 30％的速度递增，远高于全球 12％的增长速度。外语培训一直是培训市场的主力军，据保守估算，中国每年约有 150 亿元的市场空间。仅上海一地，外语培训市场每年的份额就高达 10 亿元人民币。[①] 而北京奥运会、上海世博会的举办，以及出国留学热的不断升温，全球化时代人才跨国流动的加速，都进一步促进外语培训市场的发展。在白领的职业金字塔中，职业资格的获取是重要阶梯。各种中高级职业认证资格培训也就成为白领文化消费的重要内容了。除了致力于自身的人力资本增值，为了维系中产阶级的再生产或者将自己的社会再向上提升，中产阶级必须对下一代的教育进行投资，将经济资本转化为文化资本。学前至中小学各种课外培训班，在全国各地如火如荼发展，充分说明这种需求的市场之大。除了奥数、外语等培训外，在素质教育的旗号下，各种才艺培训如钢琴、绘画、舞蹈课程，也被多数中产阶级列为儿女教育的必要内容。

中产阶级重视生活品质，因此也是各种体育健身消费的主力军。2004 年对长沙中产阶层的调查表明，只有 14.2％的被访者从不运动、健身，而经常去健身的比例为 38.6％。显然，这些白领工作更繁忙、闲暇时间更少，在这种情况下，他们已经给予了健身和锻炼比较高的重视。对比前文中涉及的压力对健康的影响可以看出，多数企业的白领对于健康的关注已经体现在锻炼的行动之中。由于这一群体主要是 35 岁以上的人士，而 20 世纪 60 年代出生的人在童年时接触较多的球类项目是羽毛球，因此羽毛球运动较为流行。室内羽毛

① 马永斌，吴志勇．中国培训行业发展现状分析．继续教育，2005 年 2 月，第 26—27 页。

球在很大程度上是只属于中间阶层以上的健身活动，这与它偏高的价格有很大的关系。长沙市室内羽毛球的消费水平是 25 元至 28 元/小时不等，有的会员价格也高达 17 元—19 元（一次性需购买消费卡2 000元以上才可享受）。按每次打球两小时计算，平均每次的最低消费是 34 元—50 元，如果每周打两次球，每个礼拜花在健身上的费用是 100 元左右。[①] 10 年过去，体育消费的规模与比例都在增长。中间阶层的体育休闲消费额度与居民的总体水平相比明显要高出很多。有体育消费的比例要明显高于总体水平，中间阶层为 96.7%，我国居民总体水平为 72.7%，相差 23.8%；消费额度在 500 元以下的比例要远远低于总体水平，中间阶层为 35.5%，我国居民总体水平为 66.2%，相差 30.7%。年体育消费额度在 1 000—3 000 元之间，以及 3 000 元以上的比例要远远高于我国居民总体水平（为 16.6%），两者相差 18.4%。[②] 在消费方式中，中产阶级则总是倾向于从事那些他们认为更加高雅的运动，如高尔夫、网球、游泳、瑜伽及各类利于健身的舞蹈训练，且这些运动大多是在健身场馆进行的。这些选择同时兼具了流行性与国际性，以及价格高昂的特点。它们更能成为中产身份的标识。照 2006 年“全明星高尔夫大赛”组委会副主任张秦的说法，“高尔夫既不是贵族运动，也不是平民运动，它是一种健康运动，是一种礼仪，一种素质和一种审美、生活准则”。加之打高尔夫是一种很健康的交际，在运动的同时，增进了参与者的社会资本，而被追逐时尚的中产阶级奉为生活需要。大中城市里主要以中产阶级女性群体为主要对象的瑜伽、SPA（Souls Per aquam，拉丁文，意为“用水来达到健康”）等运动休闲也盛行一时。瑜伽以轻柔的音乐、呼吸吐纳以及对形体的塑造备受白领女性的喜爱。SPA 融合健康、精油和水等元素，充分运用水的物理特性、温度及冲击，来达到保养、健身

① 黄琼. 中国城市中间阶层闲暇消费之社会网络互动. 中南大学硕士学位论文，2004 年，第 33 页。

② 邵雪梅. 我国城市中间阶层体育休闲消费特征的实证研究. 2013 年 3 月，第 101 页。

的效果。由于其具有愉悦身心，排解压力的作用，更是中产阶级女性的喜爱。

中产阶级表达自己文化身份的重要方式之一是日常生活的审美倾向。因此培养审美鉴赏能力的各种文化艺术活动也是其身份标识之一。在欧美各国，中产阶级是画廊、音乐厅、剧院、博物馆的主要消费者。在维多利亚时代，中产阶级还是博物馆、图书馆、画廊的主要捐助者和艺术品收藏家。从更宏观的维度来看，“如果一个民族分心于繁杂琐事，如果文化生活被重新定义为娱乐的周而复始，如果严肃的民众对话变成了幼稚的婴儿语言，总之人民蜕化为被动受众，而一切公共事务形同杂耍，那么这个民族就会发现自己危在旦夕，文化灭亡的命运就在劫难逃。”①作为社会的中流砥柱，中产阶级一般会拒绝流行趣味（popular taste）。在闲暇之余，在合法性趣味（legitimate taste）的导引或者驱使下，中产阶级家庭会到博物馆、画廊、剧院等地方参观或者欣赏高雅的音乐，培育属于自己的中产趣味（middle-brow taste）②。

艺术市场与经济发展状况密切相关。20 世纪 50 年代，台湾的艺术品买卖仅限于部分富有阶层、工商阶层及政府要员等。70 年代后期，台湾人均 GDP 达到 3 000—4 000 美元时，以大众为主要消费对象的艺术市场初步形成，以台中为主的城市出现大量的专业画廊。1993 年，人均 GDP 上升到 8 000 美元时，台湾的画廊从七十多家增加到三百多家，这是台湾艺术市场的飞速上升时期。③ 据国家统计局统计，2014 年中国的人均 GDP 已达 7 485 美元，已有 7

---

① 沈瑞英. 转型期中国中产阶层与社会秩序问题研究. 上海：上海社会科学院出版社，2012 年版，第 152 页。

② 在布迪厄看来，文化品味可以区分为属于上层社会的合法性趣味（legitimate taste）、中产趣味（middle-brow taste）和属于市井小民的流行趣味（popular taste）。Bourdieu, Pierre, *Distinction: A Social Critique of the Judgement of Taste*, trans. by Richard Nice, Cambridge, Mass: Harvard University Press, 1984, p. 227.

③ 赵艳婷. 艺术市场与经济发展状况之间的关系. 美术观察，2005 年，第 11 期。

省市破万美元[①],按照世界银行的标准,这些地区已经相当于世界上中等收入国家和地区的水平。按照国际艺术市场的发展规律来看,中国大陆的艺术市场目前正处于启动时期,并将随着经济的高速发展变得更为繁荣与成熟。据调查,2013 年中国演出市场总经济规模为 463 亿元,2012 年演出市场总收入为 355.9 亿元,2013 年演出市场总收入为 323.74 亿元。其中,音乐类演出,总场次 1.65 万场,总票房 43.06 亿元;占演出市场票房总收入的 32.8%,居各类型演出票房收入首位。[②]舞蹈类演出,总场次 0.62 万场,总票房 7.18 亿元;戏剧类演出总场次 1.12 万场,总票房 15.94 亿元;曲艺、杂技类演出总场次 0.85 万场,总票房 6.22 亿元。在所有演出门类中,音乐类演出仍占重头。这些演出类节目,票价从五六十元到七八百元不等,某些演唱会、歌剧最高票价高达上千元。以世界文化遗产保护类剧种昆曲为例,昆曲名小生张军为商务类观众打造的厅堂版《牡丹亭》,票价高达 2 000 元,仍受到市场热棒。可见文化艺术的消费需求有巨大潜力。这些高雅文化活动,不仅需要有钱有闲,还需要较高的文化水平和鉴赏能力,自然也是以中产阶级为主要目标消费者的。不过这类消费与健身旅游相比,还没有成为主流的闲暇消费。据调查显示,“听音乐会”、“看艺术展览”这类文化消费方面,经常从事的比例也不算高,只有 3.2%,偶尔参与的也只有 48.4%。[③] 随着中产阶级实力的增强,这类消费仍有强大的增长空间。

(三) 中产阶级的旅游度假

旅游作为中产阶层休闲生活的一个重要方面,已经成为个人生

---

① 2014 年我国人均 GDP 约为 7485 美元 已有 7 省市破万. 观察者,http://www.guancha.cn/economy/2015_01_20_306931.shtml, 2015 年 1 月 20 日。

② 我国演出市场步入转型升级轨道. 2013 中国演出市场年度报告,中国文化传媒网,http://www.ca001.com/article-492404-1.html ,2014 年 4 月 10 日。

③ 黄庐进. 转型时期中国中产阶级消费行为研究. 华东理工大学博士论文,2010 年,第 87 页。

活甚至社会经济中的必要成分。

在对中产阶级特点的描述中，旅游消费总是他们必不可少的标志，一种生活品位的象征。中产阶级群体选择经常外出旅游的比例是非中产阶级的近两倍，我国中产阶级已经成为旅游市场的消费主力军。[①] 他们一方面是通过消费来享受旅游，另一方面也是对繁忙工作的一种逃离，在紧张的工作压力与都市生活中寻求的短暂放松。中产阶级较之非中产阶级对旅游持更加积极的态度。有85％的中产阶层基本认为旅游是生活的必需品，而只有65.1％的非中产阶层赞同旅游是生活的必需品。[②] 对上海白领的调查显示，上海白领中，每年出游1—2次的，达72.8％，每年出游3—4次达到18.5％，不出游的人只有6.20％。数据表明上海白领每年至少出游1—2次。[③] 研究结果表明，白领们对“自助游”的兴趣最浓（占64.8％），对“与家人一起出游”和“与朋友同事结伴”也非常喜欢，说明白领们青睐自由化的旅游形式，个人游、阖家游、结伴游会越来越成为时尚。不仅如此，白领们对参与性强、兴奋感强的活动与项目表现出较浓的兴趣。[④]

休闲旅游消费也同样具有符号的意义。旅游目的地的选择、旅游住所的选择、以及吃行娱购等方面的消费在消费者心目中的地位和感受是不同的。这些消费服务和消费品都具有符号的涵义。最受中产阶级青睐的旅游目的地是欧洲、北美和澳洲。对发达国家与地区的向往，是人之常情。除了感受异域风情外，现在时髦的旅游是3S，即：sea shore sun（大海、沙滩、阳光）。这些在一个风景如画的海滨度假地区可以一网打尽。斐济、塞班岛、马尔代夫等也因此成为中

---

① 黄庐进. 转型时期中国中产阶级消费行为研究. 华东理工大学博士论文，2010年，第86页。

② 范贞. 中产阶层的旅游消费品味及其对旅游业发展的影响研究. 哈尔滨工业大学，2007年，第37页。

③ 仲红梅. 上海白领旅游消费偏好研究. 华东师范大学，2005年4月，第31页。

④ 仲红梅. 上海白领旅游消费偏好研究. 华东师范大学硕士论文，2005年4月，第116页。

产阶级度假胜地。经济条件稍逊的中产阶级则会选择风光旖旎的丽江、桂林、三亚、新马泰等较近的地区。最近的调查显示，2014 年中国内地公民出境游人数继续增加，总量约有 1.17 亿人次。中国内地公民出境旅游目的地的分布为：亚洲占 89.5%，其中港澳台占 70.4%；欧洲占 3.5%；非洲占 3.0%；美洲占 2.7%；大洋洲占1.1%；其他占 0.2%。在出境游目的地方面，内地公民出境仍以短途目的地为主，其中亚洲目的地占到近 90%，不过前往东南亚的游客人数大幅下滑，超过 34%。欧洲目的地方面，德国去年上升迅速，甚至超过英国、荷兰。内地公民出境旅游消费也出手阔绰，预计全年超过 1 400 亿美元，同比增长 18%。内地游客出境游的主要目的地还是周边短途游，与当前中国公民的经济收入水平一致。① 旅游企业、网络媒介、时尚杂志也根据中产阶级的心理和需求，渲染到这些国家与地区旅游的舒适、惬意与体验。因为对于中产阶级，他们不仅消费旅游产品的使用价值，而且还消费着他们的形象，从形象中获取各种各样的情感体验——快乐、梦想、欲望及其离奇幻想。对这些符号的消费，中产阶级除了认为物有所值外，它的一个巨大的附加值就是对拥有这种经历的中产者社会地位的宣示和确定。② 随着人们日益增长的可支配收入以及拥有的更多休闲时间，消费者对度假型酒店、水疗、养生护理及旅游的需求也在不断升温。度假村多坐落于自然风景区或文化发源地如滨海度假区，还有些度假村建立在城市，提供闹中取静的体验，在奢华养生的水疗服务中增加商务功能。对于入住奢华度假村的客人来说，寻找的不仅仅是在风光优美的地方享用一个房晚或是一餐美食。提供“完美独特的住宿体验”成为奢华度假酒店成功经营的重要标准。③

---

① 2014 年中国公民出境游达 1.17 亿人次 其中亚洲为目的地的占 90%. 中文互联网数据资讯中心，http://www.199it.com/archives/321672.html，2015 年 1 月 14 日。

② 仲红梅. 上海白领旅游消费偏好研究. 华东师范大学硕士论文，2005 年 4 月，第 32 页。

③ 从奢侈品到奢华体验——度假村在中国的发展. 搜狐旅游网，http://travel.sohu.com/20110906/n318545750.shtml，2011 年 9 月 6 日。

第三节　中国中产阶级消费文化的特征

不同国家中产阶级具有共同的，能彼此归属为一类的特征：比如职业、精神品格、行为等。但由于各国经济和社会发展阶段的差异，传统文化和民族性的差异，造成一国中产阶级在不同阶段呈现出某些独特性。同一历史时期不同国家的中产阶级也是如此。在美国，19 世纪的老中产阶级主要由农场主与商人构成。他们一般被看成是一些坚忍不拔的个体——他们是自己的主人，是一些可以和任何人一样强的汉子。这些人勇敢、独立 、朴实、纯真，是新大陆的征服者，是创造力的源泉。而 20 世纪的白领职业者从来就没有过农场主那样的独立性，更谈不上商人式的发财机会。与其前辈相比，白领不可能凭借自己的力量提高自身地位。他们受雇的处境决定了他们具备着小人物应具备的一切优点和长处。①

在中国，“小资”而非中产，更为人们熟悉。这一方面是由于意识形态的原因，阶级斗争时代在人们头脑中留下的遗迹，使中产阶级与“政治正确”似乎有着距离，而“小资”则代表知识、格调，其阶层性质非政治化得多。另一方面，中国的中产阶级作为一个阶层，其经济实力比起欧美同类还有很大差距，阶层地位也更低，称为“小资”也更贴切。

一、在消费目标上，崇洋与怀古交织

与美国中产阶级对欧州尤其是英国的向往不同，中国的中产阶级崇尚一切与发达国家相连的商品及服务。房产广告中充斥的欧

---

① C. 赖特·米尔斯著，杨小东等译. 白领：美国的中产阶级. 杭州：浙江人民出版社，1987 年版，第 4 页。

式、美式、意大利式、日式、维多利亚式、英国皇家、温莎城堡、香榭丽舍、泰晤士小镇等字样，文化想象在地产广告文案里占据着重要的分量，就连事实描述也斟酌着包装成精英姿态，乌托邦般让人梦寐以求的情景浓缩在这些词句上，饱含着人们具体而切实的欲望。

根据不同的情境，“传统的”、“现代的”或“西方的”质量可以用来表征社会地位（Depending on the circumstances, the quality of “traditional” or “modern” or “western” could confer status.）[①]。在现代化浪潮的冲击下，传统的服饰、住宅以及家具在某个阶段可能会被社会的主流所遗忘，但是，随着公寓的出现重新确立起了私人生活的物理边界，现代化工业流水线生产的物品尽管也足以满足人们的使用需求，但是它又不可避免地被取而代之。当然，传统与现代的元素往往也有可能糅合在一起。这一点，在个人住宅上体现得最为明显。在韩国，中产阶级的民族自豪感随着收入的增长不断强化，他们以传统形式而非现代或者西方的形式来展示其社会地位，如穿着民族服饰，或者将住房装修成传统风格。[②] 从线性的时间观看来，这些行为实际上是让时光倒流。中产阶级的怀旧情绪，也使古典、传统等字样对他们能够产生吸引力。与欧式住宅、地中海风格家具等欧风并存的，是传统元素的回归，典型的表现为：各种宫廷护肤和养生秘籍、红木家具、园林住宅以及旗袍、对襟等传统服饰的长盛不衰。中产阶级学京剧昆曲等国粹艺术，也看歌剧、听交响乐。中产阶级的孩子学钢琴也学古筝，习书法也练习芭蕾。无论是拥抱现代，还是回归传统，都是为了让自己与众不同。

二、在消费风格上，奢侈与节俭并存

中国新中产阶级根基并不稳固。除了少数上层中产承担得起一

---

① Lett, Denise Potrzeba. *In Pursuit of Status: The Making of South Korea's "New" Urban Middle Class*, Cambridge: Harvard University Press, 1998, p. 98.

② Lett, Denise Potrzeba. *In Pursuit of Status: The Making of South Korea's "New" Urban Middle Class*, Cambridge: Harvard University Press, 1998, p. 99.

掷千金的炫耀性消费，绝大多数中产阶级成员是俭奢并存：虽然住在高档社区的宽敞而现代的房子里，但在具体生活的细节消费中他们仍然会精打细算；身着名牌的职业中产女性，会不惜代价购买她们自己中意的衣饰，但同时，她们也会经常在商品打折的时候赶场式地去购买各种商品；他们在子女教育上不惜花费多年的积蓄，但他们自己本身则可能仍然非常节俭。这种俭奢并存的表现事实上并不仅仅局限以上所列，甚至就是他们消费生活的一种逻辑。[①] 就中产阶级文化而言，节俭是一种美德，是理性和节制的表现。对欧美的中产阶级而言，节俭不仅由于其前辈的清教传统文化，也是由于经济实力的限制。对于中国的中产阶级，多数是刚从社会底层挣扎奋斗而来，因其出身养成的生活习性，还坚固地存留在其生活方式中，这种节俭也就不足为奇了。

中国中产阶级的地位由于社会保障制度、社会转型等因素更为不稳定，加之物价的不断上涨，房价的高居不下，中产阶级的焦虑表现得更为突出。这在儿女教育上表现得尤为明显。几乎所有中产阶级的父母都会让孩子接受各种课外补习和才艺培训，在沉重的课业外给孩子加上更重的负担。上层阶级的孩子没有地位忧虑，下层阶级无力在学校教育之外为孩子进行人力资本的投资，唯有中层，不甘心没落到下层，但也没有保障孩子留在中层的坚固保障。高考扩招后，中产父母的目标从考上大学提高到考上名校，是对“毕业即失业或被就业”的严酷现实的自然反应。

三、在消费内容上，物质与感官享受的内容更突出

欧美中产阶级经历了资本主义的漫长发展历程，在此过程中他们构建了18、19世纪兴盛的资本主义公共领域，推动了民主的发展，

---

① 王建平. 浪漫伦理与现实理性：中产阶级的消费伦理及其两面性. 国外社会科学，2006年5期，第24页。

促进了福利国家的诞生，也为自身的生存提供了较为稳固的根基。在消费社会来到之前，中产阶级曾经是公共事务的积极参与者，他们通过各种方式塑造自己高尚、有责任感、理性、勤奋等形象，并获得了社会公众的认同。在构建公共领域的过程中，他们也在塑造私人领域的价值观，对于家庭的热爱与责任感。这些品质在消费社会和大众传媒的时代，不可避免地削弱了，但那已成为传统文化的一部分，其根基仍然稳固。而中国的中产阶级被喻为生长在沙漠上的花朵，贫瘠的土壤和先天不足的制度环境使这朵花开得不甚健康。中国历史上缺乏公共生活，传统文化经历各种政治运动后一息犹存，但影响有限。市场经济的发展，使拜金主义甚嚣尘上。中国的中产阶级出生于大众传媒的时代，历史上多年的经济匮乏与欲望禁锢，使人的享乐欲望如决堤之水泛滥而出。中国中产阶级的职业生涯与日常生活的隔离与联系，表现为工作是为了攫取，在制度化不完善的体制下争夺更多的权力、金钱，——这必然与职位相连；获得了这些物质资源后即可在生活中尽情享受。成功即是能抓夺更多资源以供自己挥霍的生活。以明星、高级白领、外籍人士、文艺界人士为代表的所谓中产阶级的日常起居、一日三餐、购物地点、休闲方式都一并在报纸上公开出来，图文并茂地宣传，并刺激、加强大众的眼球和欲望，各种媒体包括报纸、电视、网络纷纷参与到宣传阵营中，与消费构成了同谋关系，并力求在最短的时间内突破大众的消费心理防线。幸福是以能购买这些消费为基础的。

由于中产阶级表现舞台的缺乏，消费中的地位炫耀尤为明显。网络社交媒体的推陈出新推动了中产阶级的“晒文化”。吃饭前餐桌上食物的拍照、与重要人物的留影、刚获得的证书、新买的名牌鞋包、甜蜜的家庭合影、外出旅游的照片，这种唯恐被人遗忘的“晒”，通过博客、微博、facebook 或微信，广泛展示着，隐而未现的广告语是：瞧！我活得多精彩，我多么成功！如果背 LV 包却没有人羡慕，那为了购买附着于品牌标签的身份价值而支付的昂贵价格就太浪费了。“活出最好的自我”成为众多 80 后 90 后有为青年的口头禅，改为“展示最好的自我”也许更为恰当。因为在这里，只有展示的自我，生活表演的自我，没有真实生活体验的自我。更不要说，如何界定“最好的自我”？高贵的品格、美好的情操、丰富的内涵，这些传统时代用以界定一个人价值的内容，在消费社会里早已被雪藏在古董箱。福赛尔先生在对阶层品味的现实冷嘲热讽之后，寄望于能够超越阶层局限的“另类”的出现，这些人是美好社会的希望。但几十年的历史过去了，当“另类”、“叛逆”被当成追求目标的时候，“另类”也成为了阶层文化标签，“另类人”并非能够表现出超越阶层局限的真实个性，而仍然是“表现的自我”。“穿着另类”、“生活方式另类”是新新人类的同义词，是小资情调的新时代特征，是获得更多关注与尊重的表征。当这些标榜“另类”的中产阶级，在否定规范的同时，并没有呈现确定的观念与价值，这个标签也就不再那么受人追捧，也不那么时髦了。

缩回到狭窄的私人生活空间的中产阶级，并没有据以构建私人生活的真正价值。因为公共领域的构建与私人领域是相互补充的。人们进行的很多公共活动是在私人背景下发生的，而许多私人活动就从事的领域和主题而言，具有公共性。英国 17、18 世纪的公共领域与私人领域的构建就是在这种情形下展开的。在作为私人社交场所的咖啡厅、酒吧、俱乐部聚会中，聚集的集团就公共事务进行争辩、商讨，达成共识，使之具有了公共性质。而贵妇人的沙龙也起着近似的作用。他们通过捐献成为流动图书馆成员，与本郡议员吃饭，参与教区自愿团体会议，来提升自己的身份，显示自己在价值观与行为方式方面与下层的区别。[①] 对于中国的中产阶级而言，其私人生活要彰显的价值如何体现呢？通过审美、品味标榜的消费的价值是空洞的。“没有错，金钱是一种力量，但学识、公共精神和道德操守同样是力量，而且是高贵得多的力量。”[②]

---

① 约翰·斯梅尔著，陈勇译. 中产阶级文化的起源. 上海人民出版社，2006 年，第 164—182 页。

② (美)彼得. 盖伊(Peter Gay). 施尼兹勒的世纪——中产阶级文化的形成，1815—1914. 北京大学出版社，2006 年，第 256 页。

在当下中国，由于消费主义的盛行、政治参与渠道的匮乏，中产阶级表现出一定程度的政治冷漠，对公民权利和公共议题缺乏关注。他们对于公共领域的重大问题视而不见，沉浸在自己的日常生活中。大家在日常生活的审美和品味里麻醉自己，深感现实存在的问题，却没有勇气、不愿付出精力去改变，在对身体美化和家居装饰的过多关注中消磨了意志。在虚幻的情感游戏中，在琐碎的个人得失中迷失了自己，却忘记了我们还有很多的责任和义务。刚刚摆脱了政治话语霸权的中国社会不能又一头扎进消费话语霸权的陷阱里。① 米尔斯批判大众媒体腐蚀下的新中产阶级："他不清楚自己的过去，他的历史单纯得根本就谈不上有什么英雄业绩可言；在他的生活中从未发生过那种可以让他在困难的时刻加以留恋和回味的黄金时代。可能正是由于他根本就不清楚自己将向何处去，他的行为才表现得狂乱而匆忙；可能正是由于他不知道威胁着他的东西是什么，他对恐惧的反应才是麻木的。这在政治生活中表现得格外明显，而这种政治上的冷淡则是现代社会中意义最为深远的东西。"②这对中国的中产阶级而言更为适用。

公共领域的开放程度局限，使中国中产阶级的意识形成更为迟滞。中产阶级的社会责任感和影响力受到限制。缩回到私人生活的狭窄圈子里的中产阶级也更为物质化。"任何财产都是个人人格的扩展，我的财产就是听从我的意志的东西，也就是说，其中表现着我的自我，并且在外在上得到实现。"③那么如何表现自我呢？消费，尤其是炫耀性消费，则是最好的一个途径。消费，已经被定义为一种文化实践，也许，消费也是一种自我实现的方式。但是这种自我实现方

---

① 赵盈. 日常生活审美化与都市消费空间. 上海师范大学硕士论文，2006 年，第 43 页。

② C. 赖特·米尔斯著，杨小东等译. 白领：美国的中产阶级. 杭州：浙江人民出版社，1987 年版，第 9 页。

③ 【德】盖奥尔格·西美尔著，林荣远译. 社会学——关于社会形式化的研究. 北京：华夏出版社，2002 年版，第 269 页。

式中，我们到底是支配了消费还是被消费所支配呢？对于中产阶级而言，这是一个无法回避的问题。也许，波德里亚这一段话就是最好的答案："今天，在我们的周围，存在着一种由不断增长的物、服务和物质财富所构成的惊人的消费和丰富现象，它构成了人类自然环境中的一种根本变化。恰当地说，富裕的人们不再像过去那样受到人的包围，而是受到物的包围……我们生活在物的时代；我是说，我们根据它们的节奏和不断替代的现实而生活着，在以往所有的文明中，能够在一代一代人之后遗存的是物，是经久不衰的工具或建筑物，而今天，看到物的产生、完善和消亡的却是我们自己。"①

---

① 【法】波德里亚著，刘成富、全志刚译. 消费社会. 南京：南京大学出版社，2000 年版，第 1—2 页。

第三章　政治后卫抑或改革先锋：中产阶级的政治参与

关心中国政治的人，往往也关心以下问题：中国中产阶级到底是保守的还是期待改革的？中产阶级仅仅是经济动物吗？中产阶级如何进行利益表达和政治参与？中产阶级的崛起会不会导致新社会运动的兴起？

李成发现，早期的研究大多认为中产阶级是有利于政治稳定的。无论是西方的亚里士多德，还是中国的孟子，都警惕极端贫穷和极端富有所造成的社会矛盾，并且强调中间阶层的缓和作用。改革开放后的中国，先富阶层自然更加倾向于拥护现存体制。

近年来，研究者们却得出了截然相反的结论：随着西方消费文化、自由思想的传播，中国的中产阶级比其他阶层更偏离主流意识，更倾向于质疑官员的承诺，更可能对时局表达不满。大量的腐败现象、政策实施过程中的错误，都是中产阶级批评的焦点。权利意识的上升，加上新媒体的推波助澜，中产阶级开始对政府的某些政策或行为说“不”。

2007 年开始，厦门、上海、广州、大连、宁波等沿海发达城市陆续出现了以中产阶级为主体的抗议活动，成功地阻止了当地政府建造 PX 化工项目、磁悬浮和垃圾焚烧厂的计划。还有研究发现，大城市的体制外中产阶级比其他阶层更乐于参与基层选举，相当一部分独立候选人就来自于中产阶级；[①]他们也更懂得用法律保护自己的权益。

一方面，随着市场化改革的推进，越来越多的中产阶级与体制的关系较为松散，他们的收入和地位不依赖于公共财政或公共投资，相比体制内的公务员或事业单位人员，他们可以更加自主地表达自身的利益诉求和政治观点；另一方面，与底层的民众相比，中产阶级对生活质量和公共服务的要求相对较高，他们对政府的低效、腐败、不透明的容忍度较低。

日本学者园田茂人则对此提出质疑，他的大样本调查显示：新兴城市中产阶级的政治参与意愿非常有限，表示自己可能会参加合法请愿、抗议、示威活动的受访者分别只占总样本数量的2%、3%和5%——这种比例不仅远远低于西方国家，也远远低于日、韩等同属东亚儒家文化圈的国家。当政府不能满足其要求时，中产阶级虽然不会消极等待，但并非诉诸公共参与，而是更倾向于通过私人渠道解决问题。他将中产阶级的心态归结为“求稳怕乱”。与韩国和台湾地区相比，中国大陆的中产阶级对技术官僚的信任程度不仅较高，而且比较稳定。当面临暴力拆迁、非法收费、贪污腐败和破坏环境等社会问题时，来自这个阶级的社会成员更可能对地方政府而非中央政府失去信任。同时，调查显示，有超过六成的中产阶级受访者表示，“维护社会稳定”比“控制物价上涨”、“扩大言论自由”和“加强政治影响”等政策议题更为重要。园田认为，中国的中产阶级之所以政治态度趋于保守，主要是因为该阶级成员一般都是经济改革的受益者，他们不仅有动机拥护现行经济体制，并且倾向于希望社会保持稳定。[②]

李路路指出，中产阶级到底是社会的稳定器还是改革的催化剂，

① He Junzhi, “Independent Candidates in China’s Local People’s Congresses: A Typology”, Journal of Contemporary China(2010), 19(64), March, 311—333.

② Sonoda, Shigeto. 2010. “Emergence of Middle Classes in Today’s Urban China: Will They Contribute to Democratization in China?” International Journal of China Studies 1(2), 351—369.

关键并不在于他们自身，而取决于他们所处的政治环境。在宽松自由的环境下，中产阶级很可能成为稳定的因素。在权力高度集中、中产阶级相对独立于统治阶层的国家，中产阶级与政府发生利益冲突的可能性很大。胡鞍钢和胡联合两位学者干脆指出，如果要中国的中产阶级暂缓"思变"的趋势、起到稳定的作用，政府必须采取一系列措施，例如防止经济动荡、保护财产权、维护中产的社会地位、允许更多的政治参与。

本书以上海J镇中产阶级移民的政治参与为案例，来揭示中产阶级的政治态度与政治行为模式。之所以选择中产阶级中的新移民作为样本，是因为这一群体不仅拥有较高的社会经济地位，而且由于移民身份而在城市社会中处于相对不利位置，与一般的中产阶级相比，他们有更强的动机去表达利益诉求，采取一定的政治行动。

第一节　作为"中产阶级"的外来人口

最近二十年，"流动人口"和"中产阶级"先后成为中国社会科学界的研究热点。回顾以往的研究文献，不难发现，这两个领域几乎是风马牛不相及的。学界对流动人口的研究主要集中于农民工、农民工子女，他们因为流动而丧失了部分依附于户籍的权利，成为所谓的"弱势群体"；[①]而对中产阶级的研究主要聚焦于城市社会的管理人员、专业技术人员和企业白领，这些社会阶层在很大程度上是中国改

---

① 蔡禾、刘林平、万向东. 城市化进程中的农民工：来自珠江三角洲的研究. 北京：社会科学文献出版社，2009年。李强. 农民工与中国社会分层. 北京：社会科学文献出版社，2004年。钱文荣、黄祖辉. 转型时期的中国农民工——长江三角洲十六城市农民工市民化问题调查. 北京：中国社会科学出版社，2007年。王春光. 农村流动人口的"半城市化"问题研究. 社会学研究，2006年，第5期；王春光. 社会流动和社会重构——京城"浙江村"研究. 杭州：浙江人民出版社，1995年。熊易寒. 城市化的孩子：农民工子女的身份生产与政治社会化. 上海：上海人民出版社，2010年。

革开放的受益者，属于社会的精英群体。[①] 以往关于外来人口政治参与的研究指出，户籍制度限制了流动人口/新移民的政治权利和政治参与机会。[②] 但这些研究要么以社会经济地位较低的农民工代替流动人口的整体，要么侧重移民与本地居民在政治参与方面的差异，[③] 都忽视了流动人口/移民的内部多样性。而关于中产阶级政治倾向的研究，虽对中产阶级进行了分类，但大多关注中产阶级的职业差异及其与体制的关系，譬如将中国的中产阶级分为以个体户为主的老中产阶级和由知识分子、技术人员、管理人员等组成的以领取薪酬为主的新中产阶级两类，后者又包括以传统体制内职工为主的内源型中产阶级和以私企、外企白领为主的市场化中产阶级，[④]而鲜有研究者专门探讨户籍或流动对于中产阶级政治参与的影响。

事实上，外来人口与中产阶级是存在交集的。在中国的流动人口中，不仅有社会经济地位较低的劳动力移民（农民工），还有中高收入、受过良好教育的技术移民和投资移民。由于北京、上海、广州等大城市的户籍门槛较高，[⑤]导致一部分高学历、高收入群体虽然在当地就业、购房、定居，但无法获得本地户籍。从社会分层的角度看，他们属于典型的中产阶级，拥有稳定职业、体面收入和较高的社会地位；从社会融入的角度看，他们又受到一定的制度性排斥，在子女的教育问题上与农民工面临类似的困境。那么，这样一个特殊的中产

---

① 张翼. 当前中国中产阶层的政治态度. 中国社会科学，2008 年，第 2 期；周晓虹. 中国中产阶级：虚幻抑或现实. 天津社会科学，2006 年，第 3 期；李友梅. 社会结构中的“白领”及其社会功能——以 20 世纪 90 年代以来的上海为例. 社会学研究，2005 年第 6 期；李路路、李升. 殊途异类：当代中国城镇中产阶级的类型化分析. 社会学研究，2007 年，第 6 期；李春玲主编. 比较视野下的中产阶级形成. 北京：中国社会科学文献出版社，2009 年。

② 李景治、熊光清. 中国城市新移民的政治排斥问题分析. 文史哲，2009 年。第 4 期；苏黛瑞著，王春光、单丽卿译. 在中国城市中争取公民权. 杭州：浙江人民出版社，2009 年。Cf. Solinger, Dorothy J. 1999, “Citizenship Issues in China’s Internal Migration: Comparisons with Germany and Japan,” Political Science Quarterly 144, 3: 455—78.

③ 孙秀林. 城市移民的政治参与：一个社会网络的分析视角. 社会，2010 年，第1 期。

④ 齐杏发. 当前中国中产阶级政治态度的实证研究. 社会科学，2010 年，第 8 期。

⑤ 吴开亚、张力. 发展主义政府与城市落户门槛：关于户籍制度改革的反思. 社会学研究，2010 年，第 6 期。

阶级群体，在政治参与方面会有什么样的独特性？财富能否突破户籍制度为流动人口政治参与设置的障碍？当这样一个移民群体聚居在一起的时候，会产生什么样的“集群效应”？[①]

为了回答上述问题，笔者选取了上海市城乡结合部的J镇A花园小区作为个案。J镇位于上海市的西部，S区的东北部，为三个郊区的交汇处。最近十年来，由于J镇离市区较近，又开通了地铁，交通便利，受到众多房地产开发商的青睐，楼盘开发迅猛，常住人口迅速由两三万人增至三十余万人。截至2012年7月，该镇户籍人口4.06万人，而登记在册的外来人口多达20.69万人，境外人员0.47万人。据镇人口管理部门估计，J镇的实有人口接近35万。

A花园小区是由体育系统某国企开发的，在J镇属于高档小区，第一期于2002年开盘，“运动就在家门口”、“科学运动，健康生活”的中产阶级生活理念吸引了大批年轻人入住，目前房价在1.7万—2万/平方米。A居委会于2005年6月正式成立，管辖范围是A花园小区，规划面积1 000亩，分为一期、二期、三期，总户数6 000户，现已交房入住5 300户，楼栋310个，小区入住居民12 000人左右。小区居民一部分来自徐汇、黄浦、长宁、静安等中心城区，以中老年为主，为了改善居住条件而移居A花园小区，更多的业主则是来自外地的年轻人，大多属于首次购房，看中的是J镇的地理位置、小区的优雅环境以及相对适中的房价。

截至2011年年底，A小区有常住人口12 409人，5 309户居民，其中户籍人口2 273人（户籍所在地为J镇），户籍在上海其他地区的人口3 255人，外来人口6 535人，境外人员346人。从人口结构来

---

① 项飚.跨越边界的社区——北京“浙江村”的生活史.北京：三联书店，2000年；魏立华、阎小培.中国经济发达地区城市非正式移民聚居区：“城中村”的形成与演进——以珠江三角洲诸城市为例.管理世界，2005年，第8期；赵晔琴.农民工：日常生活中的身份建构与空间型构.社会，2007年，第6期。国云丹.国家嵌入与治理结构内部的摩擦——一个浦东国际社区的社区治理.复旦大学社会学系硕士论文，2004年。

看，小区的外来人口已经超过了本地人口，是一个移民社区；从社会结构来看，小区居民大多属于有房有车的中等收入群体（小区有2 000多辆私家车，平均两个家庭拥有一辆小车）。因此，我们将A花园小区界定为一个“中产阶级移民社区”（政府文件称之为“导入人口居委会”）。A小区的案例可以有效地联结“流动人口”与“中产阶级”两个研究领域，弥补以往研究的不足之处，即忽视了流动人口的内部分层。在城市外来人口当中，既有社会经济地位较低的农民工，他们在市场体系和再分配体系当中都处于不利地位；也有社会经济地位较高的中产阶级移民，他们是市场体系中的成功者，同时又在以户籍制度为基础的再分配体系中处于劣势。而学界对于中产阶级移民的政治态度和政治参与缺乏专门细致的研究。

2012年3月中旬，笔者开始进入J镇调研，在分管副镇长的协调下，与教育、城市管理、派出所、交警中队、社区管理、人口管理、社会事业管理等相关职能部门负责人进行了座谈或个别访谈，并到A小区和另一个“村改居”居委会进行调研。2012年6月到9月初，笔者的团队对A小区居委会换届选举工作进行了跟踪调查，研究助理每周在J镇选举工作办公室实习一天，了解J镇选举工作推进的总体状况；同时根据选举工作进度，笔者和研究助理对A小区选举工作的各个环节（如候选人提名、选举委员会会议等）进行了参与式观察，对小区的居委会和业委会成员、楼组长、党员积极分子、业主论坛版主、不满现任居委会的上访者以及普通居民进行了正式或非正式的访谈。在7月15日选举结束之后，课题组一方面对新一届居委会的工作进行了跟踪调查，另一方面也通过对部分居民的深度访谈，以“口述史”的方式重构A小区近十年来的政治参与图景。在笔者看来，A小区当前的政治参与必须置于这样一个时空背景中才能被真正理解：在时间上，它是A小区以往公共生活的延续和发展，社区参与是一种互动、学习的过程，行动者会基于以往的经验不断地调整行动策略；在空间上，它是J镇基层政治生活的一个组成部分，社区不是一个孤立、封闭的空间，一方面居委会作为基层政府的神经末梢，嵌入在基层治理网络之中,[1]另一方面小区居民的消费、出行、就学、就医等需求只有在镇一级的市场和公共服务体系中才能得到满足。

第二节 静悄悄的选举:中产阶级真的政治冷漠吗

在进入A小区进行田野观察之前,笔者的研究设想是:在这样一座"睡城"(大部分居民都在市区工作,晚上才回到小区),选举委员会/居委会如何对选民进行动员?外来人口有动力参与选举吗?选举动机是什么?以何种方式参与?居委会如何在这样一个大规模的陌生人社区贯彻组织意图?

然而,当笔者真正进入社区,近距离观察选举工作的各个环节时,才发现原先的设想不切实际。与中心城区的高登记率(通常在70%以上)不同,[2]A小区的选民登记率低得出奇,1.2万人的小区,规模数倍于中心城区的居民区,却仅仅登记了400名选民,也就是说只有3%的居民参与了换届选举,即使只考虑户籍人口,18周岁以上、户籍在小区的居民也有1 848人,远多于登记的选民数。况且,根据上海市居委会换届选举的政策,对本市"人户分离"的选民,实行以居住地登记为主的原则;对持有上海市居住证、在本居住地连续居住满一年、有稳定居住和稳定工作的来沪人员,如本人提出申请,经居民选举委员会同意,可登记参选。保守估计,A小区具备选民资格的居民至少在4千人以上。

2012年7月15日上午,A小区举行了居委会换届选举大会,采取选民直接选举的方式,设一个中心会场,两个投票站。中心会场设

① 桂勇.邻里政治:城市基层的权力操作策略与国家—社会的粘连模式.社会,2007年,第6期。

② 刘春荣.国家介入与邻里社会资本的生成.社会学研究,2007年,第2期;熊易寒.社区选举:在政治冷漠与高投票率之间.社会,2008年,第3期。

在居委会二楼的居民活动中心，前来投票的居民几乎清一色是 50—80 岁的老年人。主任候选人 2 名，副主任候选人 3 人，委员候选人 6 人，11 个人竞争 8 个职位。经过两小时的选举，产生了新一届居委会。登记选民 400 人，有效选票 352 张，投票率为 88%，其中亲自到中心会场投票的选民 134 人，投出选票 217 张。最后，居委会主任以 314 票的高票获得连任，同时产生了 2 名副主任和 5 名委员，其中 3 名委员是小区居民。有趣的是，3 名属地化的委员均为退休老人，而其余的居委会成员都是“80 后”的年轻人。

笔者问选举委员会主任、支部书记韦女士：“为什么小区这么大，登记的选民只有 400 人？”韦书记解释说：“400 人已经不少了，这是我们小区第一次直接选举，我们挨家挨户都送达了书面通知。我们小区虽然人多，但参加选举的还是以户籍人口为主，能来这么多人就不错了。”

纵观选举过程，A 小区的选举完全是一场“静悄悄的选举”，没有发动积极分子进行广泛动员，选民人数无论是绝对数量还是相对数量都远远少于中心城区的居委会，投票时间也更短。那么，这是不是意味着：这里的中产阶级居民对政治或者社区公共事务不感兴趣呢？

答案是否定的。进入小区调研之后，我们便发现，支书和主任对选举事务高度紧张，生怕有什么意外发生。在投票现场，有几位居民见我是新面孔，便询问我的身份，当得知我是受市民政局委托前来观察社区选举时，居民顾先生开始低声地向我反映问题，譬如：A 小区已经成了培养后备干部的跳板，十年间换了六任书记，镇政府多名正科级干部都是在小区短暂任职即获升迁，导致社区公共事务决策缺乏连续性；小区公共事业收费不透明，上千万的巨额资金被物业管理公司截留；物业服务质量欠佳，业主委员会不能有效监督，等等。

顺着顾先生提供的线索，笔者在网上找到了 A 小区的业主论坛，发现小区业主在网上非常活跃，就如何改善社区管理、妥善使用公共维修资金等公共事务进行讨论和协商。通过业主论坛，笔者进而发现了 J 镇的志愿者联合会。这是一个由热心业主组成的志愿者团队，也是一个跨社区的网络平台，有自己的博客、微博和 QQ 群。

笔者发现，包括A小区在内的J镇中产阶级并非对政治事务漠不关心，相反，他们曾经积极参与居委会换届选举，筹划业主委员会的成立，并通过各种方式影响基层政府的公共决策。

在A小区实际上存在两个政治参与平台。一个是传统的居民委员会，老年居民主要通过居委会参与，社区积极分子在党支部的组织下完成了“静悄悄的选举”(李辉，2008)，但老年居民也并非是消极被动的“动员对象”，2006年小区首次居委会选举曾出现过一次选举风波，居民强烈要求居委会成员“属地化”，为此到区政府、市政府上访，当时上访的骨干人员都是老年人。值得注意的是，有一部分外来人口也参与到居委会的选举和日常治理。在2012年的换届选举中，有十几名外地户籍的居民登记为选民。他们也都是清一色的老人，在小区居住时间较长，不少人都是积极分子，担任舞蹈队队长、合唱队教师、楼组长等职务，对小区的认同度较高，选举时就打电话回老家，让亲友代办选举资格转移手续，再用挂号信将相关证明寄来，就可以参加居委会选举了。

另一个则是新兴的网络平台，年轻人通过业主论坛和跨社区的网络平台“J镇志愿者联合会”，积极影响基层政府的公共决策与公共服务，并参加基层人大代表的选举，颇有“网络问政”的味道。在这些版主和网民中，既有上海人，也有外地人，大约各占一半，版主们说：“大家平时也不在意你的户口是哪儿的，志同道合就可以了。不论是哪里来的，作为新J镇人，共同推动社会的发展。”

由此可见，年龄是比户籍更为重要的分野：无论本地居民还是外来人口，老年人更倾向于通过居委会参与公共生活，而年轻人更倾向于通过网络平台影响政府决策。

第三节　政治参与：公共服务的洼地效应

关于J镇尴尬的地理区位，志愿者联合会的版主们有一个经典的概括：“S区是上海的郊区，J镇是S区的郊区。”J镇虽然隶属于S区，但处于近郊与远郊的结合地带，实际上更加接近市区，而不是区政府所在地S新城。市区的公共服务设施是成熟、完善的，而S新城作为上海的卫星城，本身就是一座功能完整的中等城市，基础设施相对完备。这样一来，从公共服务设施的配套来看，J镇就成了市区与郊区之间的一块“洼地”，一方面远远落后于市区，另一方面又超出了S新城公共服务体系的辐射范围。近年来J镇人口的迅猛增长，更加大了公共管理和公共服务的难度。

首先是公共资源的配置与分配问题。虽然外来人口已经占城乡结合部地区的多数，但地方政府对于该地区公共物品的提供，却是以户籍人口为依据的，譬如，警力的配备、公务员的数量、学校、医院等公共设施、公共财政的投入，都是与户籍人口挂钩的。大量人口的涌入导致了公共资源的紧张：一是教育资源短缺。截至2012年3月，J镇只有3所公办幼儿园和6个办学点，可接纳2 350名儿童，民办幼儿园11所，在园儿童3 000人，无证的学前幼儿教育点多达41所，接纳了4 000多名儿童。预计到2012年9月，至少有1 100名儿童无法就地入园。面对无证幼儿教学点，教育行政部门陷入两难处境，若贸然取缔，会导致大量儿童无法入园，若听之任之，又存在火灾、食物中毒等安全隐患。中小学的教育资源也同样紧张，当前公办和民办小学各3所，中学各1所，均已人满为患；二是社区医疗资源不足。根据上海市的规定，人口超过10万人的镇，每新增5—10万人口就应增设1所社区卫生服务中心，但人口超过30万人的J镇，虽然实际规模接近一座中等城市，却只有1所二级乙等医院和1所社区卫生服务中心；三是公共交通设施配套滞后。公交站点到居民小区的“最后一公里”交通配套无法满足社会需求，车辆非法经营问题严重；通往中心城区的道路经常发生交通拥堵，此外还存在大量低等级公路，无证摊贩占道经营，给市民出行造成了极大不便。

其次是城市管理问题。一是市容环境脏乱差。由于制造业企业、来沪人口大量聚集，原有的生活废弃物收集、垃圾处理设施难以满足需求。城市管理人员也存在巨大缺口，S区常住人口约35万人，面积32.92平方公里，而城市管理在编执法人员仅有25人，其中队员19人，平均每名执法人员需要负责1.7平方公里的地区。二是违章建筑泛滥。城乡结合部的村民几乎每家都有违章搭建，少则十几间，多则四五十间，大多用于出租，出租房约占实有房屋的50%左右。

最后是公共安全问题。一是社会治安问题突出。城乡结合部地区的治安案件和刑事案件总量往往在所属区名列前茅。J镇平均每天110报警电话约120—130个，其中大多为违法犯罪类案件；仅该镇一年的社会治安案件就相当于某些远郊区县一年的案件。然而，J镇派出所仅有106人，其中社区民警47人，警民比例远远低于中心城区；二是安全隐患较多。城乡结合部的不少农民私房对外群租，天然气、液化气罐违规合用，存在爆炸隐患；违章建筑间距太小，消防车无法进入；无证诊所、"黑车"、地下食品加工厂、无证幼儿园等，都构成了公共安全隐患；三是群体性突发事件频发。仅2011年就发生两起大规模堵路事件：4月13日下午一名骑摩托车的男子与同方向行驶的城管执法车上人员发生口角和肢体冲突，后骑车男子躺在路中央并且拒绝就医，迅速引起人群围堵，导致J镇两条主干道拥堵近6小时。11月13日晚上6点多，J镇一辆电瓶车与小汽车碰撞，由于小车司机的不当处理导致双方产生肢体冲突，有人谣传小车司机为政府工作人员，引发近千人围堵公路，交通瘫痪达两个多小时。

这些社会问题都令J镇居民，尤其是中产阶级心生不满，有居民在业主论坛撰文称：

> J镇地区原本有许多优秀的高档楼盘，均价都在两万左右，各小区入驻的居民也多为文化素养较高的群体，但是这种道路偶发事件为何可以迅速变成群体堵路事件并多次出现，实在值得思考！J镇已经是上海最大的人口流入地，外来人口达到六位数，各种人口的综合素质参差不齐，管理上更可谓现代文明遇到

丛林法则。仅仅夜间沿街设摊就已经是顽症难除，每当夜幕降临，各种地摊、排挡将主干道人行道全部挤满，各种商贩无惧各类执法人员，居民无数次呼吁政府职能部门清理乱设摊等具有安全隐患的违法行为但是收效甚微。各类抢夺案件时有发生，小区群租现象更是让人一筹莫展，此类报道多次见诸各大媒体。作为J镇居民，需要的是稳定的生活环境和可靠的出入安全……①

另一方面，J镇公共服务的现状也激发了居民的参与热情。A小区党支部韦书记过去长期在村委会任职，她认为："A社区居民自我管理意识强，参与社区管理的意愿强烈，而村改居居民注重个人利益和福利，对公共事务不太关心。由于A社区的居民自身素质高，提的要求也高，不但对环境、卫生、治安有要求，对我们居委会干部素质的要求也高。我们现在有些力不从心，居民对居委会干部素质期望高，拿市区的水平跟这里比，很容易形成落差，产生矛盾。"（2012年8月2日访谈记录）

在城乡结合部，中产阶级的参与热情要高于中心城区，这在很大程度上是由于该地区公共服务体系发展滞后，为中产阶级提供了跨社区的公共议题，激发了他们的参与积极性。由于社区公共服务的水平，不仅关系到中产阶级的生活质量，也影响到他们的房产价值，因此，中产阶级试图通过政治参与来改善公共服务供给不足的状况。笔者将这种现象称之为"公共服务的洼地效应"。与来自市区和外地的中产阶级形成鲜明对比的是，J镇"村改居"居民的参与积极性较低，这一方面是他们所居住的J镇南部地区属于老城区，公共服务设施相对完善；另一方面则是因为他们是城市化的显著受益者，也没有为房产支付高昂的价格。

---

① http://hubinguojijc.soufun.com/bbs/1210094120～-1～3506/137161106_137161106.htm。

第四节 “属地化”风波：老年业主的依法抗争

在J镇，各导入人口居委会的主任通常由当地村委会或“村改居”居委会的副职或委员调任，委员则多是当地户籍的大学毕业生。A小区也不例外，第一届（2006—2009年）的居委会全体成员、第二届（2009—2012年）的全职委员（坐班委员）都不是本小区的，“属地化”的程度很低。而根据民政部和上海市的有关规定，居委会成员应在本居住地区有选举权和被选举权的居民中产生。这就引发了居民与居委会的矛盾。A小区的相当一部分居民（尤其是老年人）是从市区搬迁过来的，他们不自觉地会用市区的标准来衡量居委会的工作。须知，上海市区的不少居委会干部，原系纺织系统、冶金系统的政工干部（工会主席、组织部长、宣传部长、妇联主任等），因国企改革而“下岗分流”；市委将这批干部派往社区，担任居民区支书、居委会主任等职务，他们的文化素养、工作能力远胜老一辈的“婆婆妈妈”，为上海的社区建设注入了一股新鲜力量。而郊区的J镇，最近十余年才开始进入城市化的快车道，社区干部多是“洗脚上岸”的农民，在文化程度、工作方法上与市区的社区自是存在一定差距。有居民告诉笔者：“我们的居委会干部是‘乡下人’，水平太差，差到不能理解，开会也讲不出个名堂，做事没有方法，但是对上面有一套。”有的居民跟居委会发生矛盾，甚至会说：“你们这帮乡下人凭什么管我们上海人！”矛盾的尖锐性可见一斑。2006年的选举风波就是在这种背景下发生的。居民赵先生退休前是冶金系统某国有企业的党委书记，后因企业倒闭赋闲在家。2004年镇政府向社会招聘居委会干部，他被聘为坐班委员。他回忆说：

2006年是我们小区第一次居委会选举，之前的居委会干部都是镇政府聘任的，我当时也是居委会干部，看到选举文件很高兴，因为市里的政策是居委会干部属地化。聘任的干部都住在别的小区，朝九晚五，晚上有事也找不到人。属地化就方便了。我就自告奋勇，做居委会筹备组成员，在会上解释文件，提出属地化的问题。居委会干部感觉(职位)受威胁，与我们针锋相对，就导致了一场风波。小区的一批骨干分子到镇政府上访，到市政府信访办上访，强烈要求属地化(2012 年 7 月 25 日访谈记录)。

具有法律工作背景的龙先生是要求属地化的核心人物之一。2006 年选举期间，以龙先生为首的几位居民先后给 S 区区长、上海市民政局、市人大法工委写信，并到市政府信访办上访。围绕属地化问题，龙等人质疑居委会换届选举的程序合法性：

1. 违法剥夺居民的选举权。本小区选民登记、选民资格认定于法不合，有效选民和有效推选票不符合本次应登记确认选民的实际情况。以采样的 77—82 号居民小组为例：该小组住户为 60 户，推选票上打勾同意指定小组长名单的仅 4 户，自荐的 1 户；同意指定居民代表名单的仅 3 户，自荐的 3 户，对此推选结果尚有 90％的居民是自愿放弃还是被剥夺了选举权利？

2. 违法产生居民代表。依据《中华人民共和国城市居民委员会组织法》规定，居民代表应由每个居民小组选举产生。任何组织和个人不得指定、委派或随意更换、取消居民代表。本次选举居民代表采取指定代表名单上门要求打勾签名的方式，从未召开一次居民小组会议选举；……在居民代表法定人数经公布未达到法律规定、居民代表名单尚未正式确认并公布的情况下，“选举”产生了居委会班子，严重违法了法律规定和选举程序。

3. 违法指定居委会成员。上级 J 镇有关领导指派了 3 名农村选民任职居委会干部不符合“本居住地区居民”和“自治组织”的法律规定，不具备属地条件又无特殊原因和相关手续，从未被居民认可并推选为居民代表，受到居民代表的质疑。由于镇有关领导的指派人选并违规操纵，选举结果在5人组成的居委会中占据了一正二副的主任要职，居民群众担心的“村委会”终成现实。

4. 违法选举居委会成员候选人。根据选举程序规定，居民代表选举(注：2006年采用间接选举)，应先由过半数的有选举权的居民代表(3人以上)联合提名候选人。本次选举未按法规程序民主协商和民主选举的方式产生候选人，而是按照事先制定名单，事先印好简历，事先划分编组，事先认定对象的程序，由支部书记一手指定5名候选人和预先指定陪衬的差额候选人，通过“指定人选，等额提名”的方式产生。(摘自《致市人大法工委领导的申诉信》，2006年8月27日)

信中的四个“违法”表明居民的抗争带有“依法抗争”的性质，[①]即以中央政府的政策或国家的法律法规向基层政府施加压力。在写给市人大法工委主任的这封申诉信中，龙先生等人还明确地指出“区民政局对认定选举结果应承担主要责任”，“敷衍塞责、监督不力，无法实现依法‘推到重选’的结果”，并呼吁“依法重新选举”。龙先生等人去市政府上访之后，市民政局派了三名处级干部一行六人跟上访居民进行对话。民政局官员解释：属地化是方向，但A小区的条件还不成熟，居民要听从当地政府的安排。

经过选举风波之后，龙、赵等人由“呼吁”转向“退出”，不再参与居委会事务，龙先生说：“居委会没啥意思，我现在主要关心业委会。业委会掌握经济资源，关系到我们大家的切身利益。当务之急是把业委会工作落到实处，让业委会有效监督物业公司，管理好公共资金。”但多数老年业主选择了“忠诚”，继续参与居委会的各项活动。[②]社区积极分子邵女士表示：“居委会的工作是不太令人满意，不过呢，

---

① Kevin J. O'Brien and Lianjiang Li, 2006, Rightful Resistance in Rural China, New York: Cambridge University Press.

② Albert O. Hirschman, 1970, Exit, Voice, and Loyalty: Responses to Decline in Firms, Organizations, and States, Cambridge, Mass.: Harvard University Press.

我们都是老年人，如果不参加居委会组织的活动，我们上哪儿参加活动去？J镇不比市区，可以上老年大学什么的。再说，在居委会当志愿者，做个楼组长什么的，还可以服务社会，同时也锻炼身体。何乐而不为呢？”

2006年的“属地化”诉求虽然没有实现，但也并非完全没有成果。J镇领导开始考虑逐步推进属地化进程。2009年换届选举，各个“导入人口”小区首次有了属地化的兼职委员，A小区有3位居民进入居委会。2012年，依然是3位属地化委员，但由兼职变成了全职。如此一来，属地化委员与非属地化委员的磨合问题便成了社区政治的新焦点。属地化委员之一的郭先生这样描述自己与“80后”同事的区别：

> 他们（指非属地化的委员）做居委会工作，8点半上班，4点半回家，就是上班而已。我们属地化的不一样，我早上5点半在小区跑步，以前每天7000步，现在不行了，因为居民们都拉着你说话，反映情况。晚上也可以来找我。我觉得，他们J镇的小青年不懂得珍惜，大学刚毕业，二十几岁的年纪，不是主任就是副主任，每个月好几千的收入，在社区干了两年就是党员。这些都是谁给你的？都是我们“导入人口”捧你出来的。J镇本地居民才2万人啊，现在是2万人领导28万人，所以他们才能这么好啊（2012年8月18日访谈记录）。

第五节 志愿者联合会：青年业主的理性维权

2008年初，为解决“出行难”问题，J镇北面多个小区的热心业主（多为40岁以下的年轻人）聚集在一起，自发成立了“镇北联席会议”，不断向各级领导政府部门反映问题。2008年4月，“镇北联席会议"的论坛版主和热心业主们联合签名向市政府发了《J镇居民致人民政府的求助信》。2008年7月,沈骏副市长在信访办会见了联席会议版主强先生、薛先生。2008年秋,薛先生又参加了由市长韩正主持的网民代表见面会,再次反映了J镇城乡接合部的管理问题。

2008年底,副镇长华女士调到J镇,分管社区事务,上任之初,她感觉压力不小,因为2006年A小区的"选举风波"在市里面"挂了号",成了区里的"典型";青年业主的"镇北联席会议"更是让她头疼。以省道为界,J镇被划分为南北两个区域,"镇南"是老城区,公共设施配套较为完善,"镇北"则是新开发的房产区,高层建筑居多,人口密度大,道路狭窄拥挤,商场、医院、学校等生活服务设施远不能满足居民需求。如果说J镇是一个公共服务的"洼地",那么镇北地区就是这个"洼地"的底部。在这种情况下,镇北地区居民的参与意识越来越强烈,各小区纷纷要求成立业委会。

上任之初,华镇长感觉就像一个救火员一样,疲于奔命,但群众的意见依然很大。有一天晚上,华镇长和另一位分管信访的镇领导到社区接待群众,来了两百多个居民,你一言我一语,镇长说一句,群众会说十句。两位镇领导有参加批斗会的感觉,十分狼狈。但华镇长同时也很感动:

> 这说明他们对自己的小区非常关心,但关心他们的人太少了,听他们说话的人太少了……我个人特别不喜欢一个字,就是"被"字,当时他们北面的老百姓都说,我们"被"骗了,"被"代表了,"被"怎么样了。他们始终处在一个间接、被动的位置,不能听到政府的声音,也没办法让政府听到他们的声音。老百姓想参与,愿望很强烈,但不知道怎么去参与,该怎么去做,建立什么样的渠道去沟通。我觉得必须改变这种状况(2012年8月15日访谈记录)。

华镇长让居委会将各自小区业主论坛的网址和主要的版主信息上报给她,安排社区办两名工作人员每天关注网上动态,并要求居委会成员进入论坛，多与网民接触，提供信息，引导舆论；与此同时，她也开始邀请网民参与公共事务的讨论。2009年，在涉及公建配套等主要事项时，华镇长开始邀请相关的网民、版主，听取他们的意见，一周以内给予答复。此时这种见面会是不定期的，也没有固定的人员。经过一年的磨合，华镇长和70后、80后的网民代表逐渐打破隔阂，相互信任。

2010年，J镇的网民见面会步入正轨，定期举行，讨论的时间、主题和议事规则逐步成型，版主和网民采用罗伯特议事规则，自发维持会议秩序，规定每人发言时间不超过5分钟，内容不能重复，简明扼要。与此同时，见面会不再由社区办唱独角戏，华镇长只负责召集，根据会议主题邀请相关职能部门负责人与网民见面，现场答复。

2011年，镇政府不再被动地听网民讲，而是主动将政府未来的工作计划告知网民。每次开会之前，镇政府都会通过电话、短信和网络发布“召集令”，征集业主网民报名参加会议，每次人数控制在15—20人。J镇志愿者联合会的成员是每次会议的主力。沟通会议基本保持每月一次，遇特殊情况就两个月开一次。主题围绕J镇的卫生、治安、交通道路建设等公共服务。开会之前，社区办先通过居委会的网管员对社区论坛热点问题进行分析，了解网民关心的话题；而网民也会事先搜集资料，酝酿想法。双方提前做好“功课”，在沟通会上进行讨论。以下是近两年网民见面会的议题：

表1　网民见面会的讨论主题(2011年至今)

会议时间	会　议　主　题
2011年3月	电价暴涨、向市民宣传政府官方微博、业委会、公交线路
2011年4月	交通管理、村镇建设、城市管理执法
2011年5月	道路交通管理
2011年6月	城市综合管理“大联动”、动拆迁、城市管理执法、交通管理
2011年7月	派出所工作、治安
2011年8月	交警体验日活动(志愿者当一天交通警察，体验交警的生活)

（续表）

会议时间	会 议 主 题
2011 年 9 月	居委会建设
2011 年 10 月	公交车与地铁对接问题、社区巴士、地沟油、黑车
2011 年 12 月	回顾全年工作、城管与派出所负责人汇报工作
2012 年 3 月	村镇道路建设问题、社区管理、城市管理执法、交通管理、治安
2012 年 4 月	交通管理、治安管理
2012 年 6 月	物业管理及业主大会相关知识的培训交流
2012 年 8 月	教育与城市管理

2011 年华镇长调到邻镇任职，镇里安排党委宣传委员和社区办主任继续负责这一平台的工作。社区办尤主任这样评价网民见面会的效果：

虽然很多问题是网民见面会解决不了的，但是，这一机制改变了网民对政府的态度。网民一开始跟政府是对立的，等他们真正参与进来，就认识到，与其指责政府，不如群策群力，出谋划策。现在通过网民见面会，他们开始理解政府的难处、问题的复杂性(2012 年 7 月 26 日访谈记录)。

2012 年 5 月，“镇北联席会议”的版主们富有智慧地将联席会议更名为“志愿者联合会”，“志愿者”显然是官方更能接受的名称，并打破“镇北”与“镇南”的藩篱，吸收一部分镇南地区的热心业主加入，成立代表性更加广泛的“J 镇志愿者联合会”。4 年间，志愿者联合会定期召开政府和网民圆桌会议，87 条有效建议和意见中有 63 条得到解决。

不难发现，镇政府与青年网民之间已经形成了一种良性互动关系。这种关系的形成，除了得益于开明的领导华镇长，在很大程度上是由于中产阶级的“政治成熟”。志愿者联合会的三位骨干成员强先生(40多岁，民营企业家)、容女士(30多岁，法学硕士，司法系统事业单位干部)和武先生(30来岁，IT从业人员)这样总结他们的成功经验：

> 一是政绩。我们也在推动你们(政府)的政绩；二是守法。我们不做触动法律的事情，有的业主堵马路、砸物业，我们不做这样的事情；三是遇到了开明的领导华镇长；四是老百姓一直在坚持，上面的领导也给了压力，市领导多次接见了我们的代表，我们也同时听两方面的意见，既说出老百姓的心声，也听政府的声音；五是不只提意见，而且提专业的意见，我们强调"理性沟通"的理念。我们跟沈骏副市长见面的时候，做了详细的PPT，让市长大吃一惊，说是第一次见到这么"专业"的(上访者)，跟我们详谈了2个小时(2012年7月29日访谈记录)。

在笔者看来，志愿者联合会的真正成功之道在于，他们采取了具有妥协性和灵活性的结盟策略。志愿者联合会的版主们与镇政府建立了一种非正式的结盟关系：一是针对网上的激进言论，版主们坚决进行抵制。在J镇的业主论坛上，曾有一些网民为了物业管理的事情，要组织业主"集体散步"，约定了游行时间和路线。版主主动与华镇长联系，询问如何处理。华镇长让版主删帖，版主答应了，但表示要增加一个说明，解释删帖的原因，以避免网民的误解和谩骂。版主的说明在经过华镇长审核之后发布。武先生说："我们在网络上与言论过激者进行斗争、辩论，有些ID在我们论坛上挑不起事，就只能跑到别的论坛去了。我们特别反感那些一味抱怨，却从不提建设性意见的人。"华镇长高度评价版主的工作："版主们很有社会责任感，他们提出网上要有规矩，什么话不能说，碰到什么事情怎么处理。正是因为他们的工作，网络才能做到风清气正。"

二是共同向上级政府呼吁，争取政策倾斜或资源投放。譬如通往市区的公交线路超出了镇政府的能力范围，需要市级政府职能部门的介入。在这种情况下，志愿者联合会可以发挥整合民意、代表民意的功能，从外部向上级政府施加适当的压力。2012年5月，志愿者联合会发起“一条路,一条线,齐签名,畅J镇”的签名活动,希望可以开辟J镇连接虹桥交通枢纽和地铁9号线的三条公交线。之前志愿者曾与镇政府协商此事,但镇政府感到为难,因为这是跨区的交通规划。当志愿者提出在线下组织签名活动,镇政府没有表示反对意见。签名活动得到15个居委会和物业公司的全力支持,物业公司在显著位置张贴活动海报,居委会周末在小区门口设摊,组织居民现场签名,在短短的两周时间里征集到5 698个居民签名。一个月后,上海市交通运输和港口管理局对居民的建议给予了积极回应,公布了改善J镇交通状况的具体工作计划。

在志愿者联合会的运作中,版主们刻意淡化“组织”色彩,强调大家是一个团队,没有领导人,也没有具体分工,彼此以网名相称;他们在行动中也不针对任何特定组织和个人,“不是向后看,而是往前看”,从建设性的角度探讨如何改变现状。此外,志愿者联合会内部的讨论和决策也力求民主,每一个重大事项的决议,都采用民主投票,一人一票,少数服从多数。2009年,镇内公交线路设置问题,各小区的业主代表都希望对自己的小区有利,最后以民主投票方式妥善解决了内部分歧。为了维系团队的凝聚力,志愿者联合会还经常在线下组织聚餐、自驾游等活动。

笔者问志愿者联合会的负责人:为什么青年网民不愿意参加居委会的选举和治理?他们的答复是:年轻人认为选举结果都是内定的,是“居委会干部和老头老太的游戏”,自己的参与对结果毫无影响,与其关心选举,不如关心公共服务和公共事业。

第六节 “选个邻居当代表”:业主公民意识的发轫

不得不承认,虽然网民见面会取得了不俗的成绩,但这种对话平台的非制度化特征也蕴含了一定的不确定性。譬如,在华镇长调离之后,网民见面会的频率有所下降,从一个月一次变成两个月一次。

更让网民代表不快的是，由于缺乏镇级领导的直接协调，见面会的沟通效果似乎在下降。今后是不是还存在其他的变数？如果将来主政的领导对这种沟通方式不认可，见面会很可能会流于形式。有网民代表在沟通会上表示："假如政府能对民众的合理建议采纳并改进，那么才是良性的互动。如果总是议而不决，那么只能另辟蹊径。"志愿者联合会开始寻求进入体制内来直接参与政策的重大决策。

2011年，上海市基层人大换届选举，志愿者联合会积极宣传并参与了区、镇两级人大代表选举。以下是志愿者联合会写给居民的选举动员信《选个邻居当代表！登记选民了么？》。

各位J镇邻居：

想不想有连通9号线和2号线公交？想不想小又挤的社区巴士优惠换乘？想不想肠梗阻的公路畅通无阻？……

改善的机会来了！2011年11月16日，我们一起参加S区和J镇人大代表换届选举吧！我们希望：用我们的一张张选票在J镇选区选出代表居民利益的11位S区人大代表和53位J镇人大代表，为我们说话，为我们争取权益！

我们是镇北联谊会！我们居住在J镇；我们是60后、70后和80后；我们走路、骑车、搭公交、乘地铁、驾私车；我们在八号桥买菜，我们孩子在J镇上学，我们父母在J镇医院看病！……

J镇需要改善。我们真正行动：我们和镇政府月月座谈，苦口婆心提建议，直言不讳道不足。或许有些改善，我们期望更多。所以，我们要参选S区和J镇人大代表！

我们向大家呼吁：请在10月25日前登记为S区选民！我们将在11月揭晓推荐的人大代表候选人。请在11月16日投票给我们的候选人！选个邻居当代表！我们需要大家的支持！……

去登记！去投票！选个邻居当代表！[①]

---

① http://blog.sina.com.cn/s/blog_8f93e7860100wsg1.html。

这份热情洋溢的动员信大大激发了J镇居民尤其是中青年业主的参与积极性，“我们希望有自己的代表，不希望总是被代表”。一部分外地户籍的业主甚至专门回到老家办理选民资格转移手续，以获得J镇人大代表选举资格。当时镇北地区一共有8位代表候选人，其中2位居委会干部，其余的候选人都是自主参选，版主强先生、容小姐和薛先生名列其中。最后，在网民和居委会的全力支持下，曾经被市长韩正接见的版主薛先生(40岁，硕士学历，跨国企业高层管理人员)成功当选J镇人大代表。网民在业主论坛上兴奋地表示，这是“居民担任镇人大代表0的突破”!

当选镇人大代表之后，薛先生认真履职，通过网络随时向网民汇报工作进展，并向网民公开了自己的工作手机、电子邮箱和接待时间。薛先生大学毕业之后，曾在上海市委机关报工作多年，后在多家跨国企业任职，负责公共关系事务。他认为：“中国政府的服务意识和服务水准是有的，最主要的问题是沟通。政府习惯于单向沟通，老百姓则诉求无门，应该更多地构建与社区民情沟通的渠道。现在我们很多老百姓完全不了解政府的运作，还是有拦轿喊冤的想法，希望碰到一个一言九鼎的好领导，毕其功于一役。我觉得，作为老百姓跟政府沟通，或者作为人大代表干好工作，道理都是一样的，关键有三点：一是要提前做好homework(功课)，诉求要正当、合理、合法；二是要了解政府运作的模式、规则和特点，把我们想要干的事情变成政府要干的事情；三是有全局的观点，不能抱着对抗的心理，有理有据有节，既要对政府进行监督和批评，也要对政府表示认可、提出建议。”(2012年9月4日访谈记录)

虽然在担任人大代表期间，薛先生提出的两个涉及市容卫生的提案都不了了之，但他依然对镇政府的工作表示了理解：

有些想法想和大家说一下，也许大家觉得政府速度慢等，我沟通接触的感觉是，政府其实一直在推进，而且有很多信息非常让人鼓舞，关键是沟通不够，书记要求下阶段要加强沟通，比如我们的抢救性规划，如果规划部门同意，应该尽快公开。此外，我希望大家不要说风凉话，不要不信任，因为我们除了政府，我们没有任何别的路可以走；此外说风凉话、不信任，在这里发发牢骚，不解决我们的任何问题，真正如果大家觉得有问题，就拿起手中的电话，甚至包括法律武器，维护自己的利益，恳请大家不要在网上发牢骚，没用。此外，政府公务员一直在努力，只是很多事很多困难我们不知道而已，他们也都上网，都在看，所以我在这里呼吁，我们提出的，一定是有建设性意见和建议，而不是谩骂，谩骂和牢骚对我们社区的建设没有直接好处，我们一起努力！

2012年7月，薛先生购置了新的房产，搬离了J镇，他的人大代表之路也戛然而止。但是，J镇青年的公民意识和公共精神已经悄然扎根，笔者接触的多名年轻业主都表示未来要参加区镇两级人大代表的竞选。可以预计，在下一届基层人大代表选举中，将会有更多的“邻居”脱颖而出。

第七节 结论与讨论

与我们的理论预期不同，户籍并没有对中产阶级的政治参与造成显著的影响。年龄是比户籍更为重要的分野：无论本地居民还是外来人口，老年人更倾向于通过居委会参与公共生活，而年轻人更倾向于通过网络平台影响政府决策。由于在居委会选举当中，外来人口要获得选民资格需要办理一定的手续，其参与积极性在一定程度上受到户籍的制约；而在网络空间中，中产阶级移民完全突破了户籍的限制，他们的参与行为与本地居民并无二致。

中产阶级在进行政治参与的过程中，其首要的身份是业主，其政治参与具有“业主能动主义”的特征，即主要围绕物业管理、公共设施和公共服务等“业主福利”而展开。只不过老年业主所关心的议题主要是小区的物业管理、居委会属地化程度、业委会运作等，而青年业主除了关心小区事务之外，将更多的精力用于关注交通、医院、学校、幼儿园等公共设施。正是由于J镇地处城乡结合部，公共服务体系远远落后于市区和郊区中心镇，从而为中产阶级的政治参与提供了一个跨社区的公共议题，激发了他们的参与热情，笔者将这种现象概括为公共服务的“洼地效应”。李骏认为：在中国城市基层社会，住房产权对政治积极性的促进作用目前仅局限于特定的社区情境，即新型商品房住宅小区；住房所有者在社区政治事务中所具有的积极性很难外溢出特定的社区边界。① 而本研究则发现，在Web2.0时代，存在共同利益的相邻社区，借助网络传播工具，是可能实现跨社区联合的。J镇志愿者联合会就是由“线上”交流发展为“线下”的政治参与，并形成长期稳定的跨社区集体行动。由于公共服务的改善并非一朝一夕的事情，而是一个系统的工程，长期存在的“焦点问题”为中产阶级的参与提供了持续的动力。而在中心城区，中产阶级业主的社区参与往往具有“一事一议”的特征，譬如为了保护小区的绿地、为了不在小区附近建造变电站或垃圾站，一旦事情得到解决，集体行动即告终止。②

有学者提出，当下中国城市基层社会中大量的业主集体维权行动事件，不但是基层社会成员自治力的体现，也是其“民主意识”觉醒的征兆。③ 笔者认为这种判断从长远来看是成立的，就当下的现实而言则有“拔高”之嫌。至少在现阶段，无论是老年人还是年轻人，业主意识都要强于公民意识，其参与的首要动机是改善城乡结合部的公

① 李骏.住房产权与政治参与：中国城市的基层社区民主.社会学研究，2009年，第5期。

② 石发勇.关系网络与当代中国基层社会运动——以一个街区环保运动个案为例.学海，2005年，第3期；朱健刚.以理抗争：都市集体行动的策略——以广州南园的业主维权为例.社会，2011年，第3期。

③ 王星.利益分化与居民参与——转型期中国城市基层社会管理的困境及其理论转向.社会学研究，2012年，第2期。

共服务，是为了争取业主福利而不是行使民主权利。为维护业主福利，老年业主以社区为基础、采取了回旋余地较小的“依法抗争”，就选举中的程序性问题向基层政府和职能部门问责，以失败告终；而年轻一代则以网络为平台、采取了更具妥协性的“结盟策略”，与政府达成了合作默契，就事论事，提出建设性意见，不针对具体的组织和个人，政府与网民的对话机制得以建立，并取得一定的合作成果。

老年业主的参与渠道是传统的，但由于诉诸法律和程序的武器，一定要区分是非曲直，对基层政府而言，其方式显得激进。正如刘子曦（2010）所言：法律在业主维权运动中具有两重属性，它既是“维权的武器”又是“维权的瓶颈”。①

年轻业主的参与渠道是新潮的，但方式更富策略性和妥协性，避免了直接冲突，政治技巧更加成熟。基层政府出于维护街居体制的需要，不愿让居民的“属地化”诉求影响自己的人事安排和政治权威；而网络参与作为一种新生事物，并未直接冲击基层政府的治理架构，因而政府采取了相对开明的策略，通过对话机制将网民吸纳到政府决策过程之中。

以往关于虚拟社区的研究，更多是考察“基于互联网的抗争”，②而J镇网民见面会的案例则揭示了“基于互联网的官民合作”。在当代中国，网络不仅仅可以作为一种抗争手法，在一定的条件下也可以发展成为网络公民社会或虚拟公共空间，推动国家与社会的良性互动。需要说明的是，老年业主和青年业主在参与渠道上的差异并不是绝对的，两者是存在交叉的，以2012年8月的网民沟通会为例，一共有11名代表出席，年轻人占大多数，但也有4位50岁以上老人出

① 刘子曦. 激励与扩展：B市业主维权运动中的法律与社会关系. 社会学研究，2010年，第5期。

② 桂勇、黄荣桂. 互联网与业主集体抗争：一项基于定性比较分析方法的研究. 社会学研究，2009年，第5期；张磊. 业主维权运动：产生原因及动员机制——对北京市几个小区个案的考查. 社会学研究，2005年，第6期；Cf. Tomba，Luigi. 2005，“Residential Space and Collective Interest Formation in Beijing's Housing Disputes”，The China Quarterly，184(Dec.)，934—51.

席，其中就有A小区的居委会委员郭先生。

青年网民发起“选个邻居当代表”运动，标志着他们的诉求由业主福利向公民权利拓展。他们意识到不仅要关注自己的直接利益，还要通过制度化的方式进入决策体系。这是值得关注的转变，表明青年业主在政治上更加成熟，同时也给基层人大工作带来机遇和挑战。一方面，青年人的加入给基层人大注入了新鲜血液；另一方面，如何改善基层人大的议事方式和工作机制，使其适应社会发展的要求。

在以往对于业主维权的研究中，沈原为代表的“权利模式”、李静君为代表的“阶级模式”和裴宜理为代表“规则模式”被认为是三种相互冲突的解释框架。[①]

沈原、陈鹏、郭于华将业主维权视为一种公民运动，是一个从产权走向公民权的实践过程，在维权过程中，业主重建了自身与国家的关系，从而变成了公民；[②]

李静君则认为中国民众的维权行动只是在表面上与公民权话语相契合，本质上缘于日益扩大的阶级分化；[③]

裴宜理指出，中国以“权利”语言构建起来的道义经济式抗议，往往要求撤换不受欢迎的低级官员，极少质疑党和国家及其意识形态的权威，并按照国家的规则采取行动，她将这种倾向称为“规则意识”（rules consciousness），区别于西方的“权利意识”（rights consciousness）。[④]

---

① 陈鹏. 当代中国城市业主的法权抗争——关于业主维权活动的一个分析框架. 社会学研究，2010年，第1期。

② 沈原. 走向公民权——业主维权作为当代中国的一种公民运动. 市场、阶级与社会：转型社会学的关键议题，北京：社会科学文献出版社，2007年；陈鹏. 从“产权”走向“公民权”——当前中国城市业主维权研究. 开放时代，2009年第4期；郭于华、沈原. 居住的政治——B市业主维权与社区建设的实证研究. 开放时代，2012年，第2期。

③ Lee, Ching Kwan(2007). Against the Law: Labor Protests in China's Rustbelt and Sunbelt, University of California Press.

④ Perry, Elizabeth J. (2009). A new Rights Consciousness? Journal of Democracy, Vol. 20, No. 3.

实际上，这三种研究取向并非不可调和。马歇尔的研究已经揭示了公民权与工人运动/阶级斗争的内在关联性。一方面，公民权的广度和深度取决于阶级力量的对比；另一方面，公民权可以在一定程度上降低阶级差异的显著性。

本书发现中产阶级移民的财富在很大程度上突破了户籍制度对于外来人口政治参与的限制。这说明阶级的作用要大于有关权利的制度安排（户籍本质上是地方性的公民权）。社会经济地位越高，越有可能克服基于户籍的制度性歧视；权利意识的增长与中产阶级的形成密不可分。正如沈原所言，业主维权运动的实质是中产阶级缔造公民权的运动。公民权利的实践在很大程度上是阶级政治的后果。[①] 权利意识与规则意识也并非是截然对立的，尤其是在年轻的中产阶级网民身上，既有对西方意义上公民权利的追求，又有基于国情的规则意识，他们在规则设定的框架内策略性地争取权利。

上述研究发现弥补了以往研究的不足，即忽视了外来人口内部的分层。结合笔者之前对新生代农民工的研究，似乎可以得出这样一个结论：户籍对于中产阶级移民（技术移民、投资移民）和底层移民（劳动力移民）的影响是不同的。农民工的政治参与更多地受到户籍制度的抑制，[②]根据笔者 2011 年在上海的抽样调查，大部分农民工未参加过各种形式和层次的选举。95％的受访者未参加过居住地居委会选举，98％的受访者未参加过人大代表选举，86％的受访者未参加过企业内部选举，85％的人未在家乡参加过村委会选举。[③] 而中产阶级可以基于财产权进行政治参与，较高的社会经济地位、文化程

---

① 沈原. 走向公民权——业主维权作为当代中国的一种公民运动. 市场、阶级与社会：转型社会学的关键议题，北京：社会科学文献出版社，2007 年。

② Wu，Jieh-min，2010，"Rural Migrant Workers and China's Differential Citizenship：A Comparative-Institutional Analysis，" in Martin King Whyte ed.，One Country，Two Societies：Rural-Urban Inequality in Contemporary China. Cambridge，MA：Harvard University Press.

③ 熊易寒. 新生代农民工的权利意识. 文化纵横，2012 年，第 1 期。

度也赋予了他们更多的话语权，具有比较强的行动能力，拥有较丰富的可动员资源，[①]可以更有效地影响基层政府的决策和治理。

不同于以往的研究，本书提供了一幅中产阶级移民政治参与的全景图：居委会与业委会、社区选举与业主维权、现实世界与虚拟社区、本地居民与外来人口，这些主体和过程原本就是高度相关并且互动的，而在以往的学术文献中，由于学科和研究主题的限制，这些主体却被人为地隔离了，“只见树木，不见森林”。不过本研究的局限性也是显而易见的，由于本书仅仅基于一个社区及其所在城镇，户籍和年龄对于中产阶级政治参与的影响还有待定量研究的进一步检验。

① 陈映芳. 行动力与制度限制：都市运动中的中产阶级. 社会学研究，2006 年，第 4 期。

第四章　私性与公共性之间：中产阶级的利益诉求

很明显，最好的政治团体必须由中产阶级执掌政权，凡邦内中产阶级强大，足以抗衡其它两个部分而有余，或至少要比任何其它单独一个部分为强大——那么中产阶级在邦内占有举足轻重的地位，其它两个相对立的部分就谁都不能主治政权——这就可能组成优良的政体。……凡是平民政体中存在着较多的中产阶级，分享着较大的政权，显示着中间的性格，就比寡头政体较为安定而持久。凡是平民政体中没有中产阶级，穷人为数特多，占了绝对的优势，内乱就很快会发生，邦国也就不久归于毁灭。

早在两千多年前，古希腊思想家亚里士多德就这样告诫人们。

与古希腊时期相比，现代社会的“中产阶级”更是一个充满“正能量”的词汇。在经济学家看来，中产阶级的规模可以用来衡量一个国家或地区的现代化程度，中产阶级意味着强劲的私人消费、充盈的财政收入和良好的公共服务；在社会学家眼中，中产阶级是一个社会的稳定器，“有恒产者有恒心”，以中产阶级为主体的橄榄型社会才是真正的“超稳定结构”；对政治学家而言，中产阶级不仅是成熟民主国家政治运作的中流砥柱，也是威权国家推动民主转型的先驱力量，没有中产阶级就没有民主政治。

虽然在学术文献中，中产阶级是一个举足轻重的群体；但在日常生活中，作为个体，中产阶级又都是一些再平凡不过的普通人，他们是公司白领、普通公务员、知识分子、律师、医生，受过良好的教育、拥有体面的收入，有房有车，喜欢在星巴克喝咖啡，看进口原声电影，热爱旅游和购物，对奥特莱斯的名牌打折商品趋之若鹜。在文化批评者的眼中，中产阶级甚至是“一个最谨小慎微、了无生气的阶层。他们是企业的螺丝钉，‘可替换的零件’。”那么，这些平凡人如何汇聚成一股不同凡响的力量？

美国政治学家李普塞特高度评价中产阶级的作用：“从亚里士多德到当今，不少人都曾论证，只有在一个富庶的社会里，当很少有人生活在赤贫状态时，大众才可能理性地参与政治，自我节制以避免成为不负责任的煽动家的俘虏。”

而亨廷顿则认为：中产阶级并不一定是保守力量，在大多数处于现代化之中的社会，真正的革命阶级当属中产阶级。但他同时指出，中产阶级的角色是随着时间而变化的，“首批出现的中产阶级分子是最革命的；但随着中产阶级队伍的壮大，它也就变得较为保守。”

社会学家米尔斯认为，不能将中产阶级视为铁板一块的整体。他主张将美国的中产阶级分为老中产阶级与新中产阶级，他们的政治态度和社会心理也有所不同。所谓老中产阶级是农场、商店和办公室里独立的小业主，他们拥有私人资产，有独立的地位，不必对任何人负责，在政治上非常独立。而新中产阶级即所谓的“白领”，他们没有固定资产，靠知识技能谋生、有相对稳定的薪水，依附于科层制体系，从事非直接生产性的管理或技术工作。新中产阶级成分复杂，被职业、族群、行业等因素分割，往往缺乏明确的阶级认同和团结意识，表现出明显的“政治冷漠”(political apathy)，不可能形成政治性很强的社会集团或独立的政党。米尔斯将新中产阶级称为“政治后卫”。

那么，在中国，中产阶级处于什么样的社会境况，他们又在扮演什么样的社会角色呢？

周晓虹认为，中国的新兴中产阶级主要兴趣在于经济财富，而不是政治权利，他将中国中产阶级的特点概括为“消费前卫，政治后卫”。德国学者皮特·赫费勒 (Peter Hefele)和安德烈·迪特里希

(Andreas Dittrich)持类似观点，他们认为中产阶级是中国30多年改革开放最大的受益者。中产阶级的经济成就和社会地位依赖于现行政治体制的稳定，因此他们很可能将任何激进的政治改革视为威胁。不少中产阶级成员拥有体制内身份，任职于国有企事业单位或与政治精英关系密切。

而李培林主持的调查则发现：与其他阶层相比，中产阶级对当今社会政治形势批评更多，对政府行为更加缺乏信任。与其他阶层相比，中产阶级更容易获取信息，所以更了解尚待解决的社会政治问题，经常质疑中央和地方政府的决策。城市中产阶级对环境保护和食品安全的意识也日益增强。伴随个人财富的增加，中产阶级的权利意识也在提高。相对于官方媒体，他们更相信来自社交网络媒体的信息。

作为一个社会阶层，中产阶级是通过业主维权和环境运动进入公众视野的。20世纪90年代末以来，随着住房商品化改革，步入中产的城市居民刚刚共享“业主”这样一个称号。全国第五次人口普查的结果表明，城镇居民中私有产权住房的比例已达到45.2%。第六次人口普查资料显示，2010年上海常住人口人均住房建筑面积27.25平方米，比“五普”提高3.25平方米；自有房屋比例为57.9%。他们要求优美的生活环境，良好的社区服务，并希望亲自参与社区管理和社区建设。随着经济收入和生活水平的提高，人们开始越来越关注环境问题，因为环境不仅关系到自己的身体健康和生活质量，也关系到房产的商业价值。

在北京、上海、广州等一线城市，中产阶级业主们开始为保护小区的绿地、驱赶不受欢迎的物业公司、阻止“磁悬浮”从小区旁边经过，或者成立自治的业主委员会而采取集体行动，向基层政府、开发商或物业管理展现自己的智慧和力量。这些行动被学术界统称为“业主维权”。有学者提出，当下中国城市基层社会中大量的业主集体维权行动事件，不但是基层社会成员自治力的体现，也是其“民主意识”觉醒的征兆。笔者认为这种判断从长远来看是成立的，就当下的现实而言则有“拔高”之嫌。至少在现阶段，维权活动参与者的业主意识都要强于公民意识，其参与的首要动机是改善社区管理和公共服务，是为了争取业主福利而不是行使民主权利。

2008 年的厦门反 PX 运动就是一个典型案例。就其本质而言，反 PX 运动并不是一场环境运动，而是“邻避政治”（NIMBY Politics），NIMBY 即“不要在我家后院”（not in my backyard）的缩写，也就是说，那些可能造成环境公害、影响居民生活质量和身体健康的公共设施（如机场、垃圾处理厂、变电站）不要建在我家附近，否则我就要出来抗争。对于厦门的中产阶级而言，重要的不是 PX 项目本身是否达到环境评估的要求，而是 PX 项目不能建在我的家门口，其本质是对业主福利的捍卫。最终的结果，PX 项目落户漳州，因为那里没有组织起来的中产阶级。不过，值得肯定的是，厦门人创造性地发明了“集体散步”，用一种温和理性的方式表达自己的权利诉求；而厦门市政府也采取了相对宽容克制的回应措施。这种国家与社会的良性互动对于转型期的中国是难能可贵的。大连、宁波、茂名等地的反 PX 运动，从积极的一面来看，是中产阶级权利意识的拓展；从消极的一面来看，则是中产阶级的“PX 恐慌”压倒了公共利益，毕竟整个中国是不可能抵制 PX 的，中国是世界上最主要的 PX 进口国，而日本则是世界上最大的 PX 出口国——真正的问题不是“要不要 PX”，而是如何让 PX 项目更安全。

2009 年的“番禺垃圾焚烧厂”事件则是一个可喜的转变。从最初的区域环境维权逐步演变为全国范围内对垃圾处理方案的讨论，不再纠缠于选址的问题，而是质疑垃圾焚烧发电的合理性，主张先推行垃圾分类，然后再考虑垃圾发电的问题。业主们声称：“广州的环保问题被人为分割成几个小区域内的问题！……番禺被孤立甚至被对立了！番禺 30 万人抵制垃圾电厂的声音显得如此苍白而自私！……所以我们不是反对在番禺建垃圾电厂，而是反对在广州任何地方建电厂，反对已经建成的李坑电厂，反对以后要建的花都、萝岗电厂！”如此一来，这场运动就由社区维权转向了政策倡议，由“邻避政治”转向了环保运动。从这个意义上讲，我认为番禺的反垃圾焚烧运动要比厦门的反 PX 运动更加具有里程碑的意义。后者对于社会运动的意义大于环境保护，因为它创造了“集体散步”这样一种理性的、温和的社会运动样式；而前者对于环境保护的意义大于社会运动，因为它超越了自私的地方狭隘主义（local parochialism），转向了更加具有公共利益取向的环境运动。

笔者对上海地区多个公益组织的观察还发现，中产阶级（以青年白领为主）和在校大学生已经成为志愿者的主要来源。较之前途尚不明朗的在校学生，中产阶级有稳定的工作和收入，更有可能发展为长期志愿者乃至“终身志愿者”，而这对于第三部门的成长壮大至关重要。这种公益形象也打破了人们将白领等同于“小资情怀”的刻板印象。

第一节　中产阶级的私性：我们需要临终关怀，但不要在我家门口！

2012 年 2 月 27 日，上海市民秦岭在微博上给时任上海市委书记的俞正声写了一封公开信，诉说自己癌症晚期的父亲在求医过程中屡次遭拒的经历。两天后，俞正声给秦岭回信，并授权“上海发布”公开发表回信内容。回信中说：“我们大家会尽力帮助你……特别要在癌症晚期病人的关怀上，争取在制度上有所前进。”

之后，上海将推广临终关怀进社区列为政府实事工程，率先在全国城市社区卫生服务中心设置临终关怀科（病房），开展居家和社区舒缓疗护。2013 年 8 月的数据显示，上海在 92 个社区卫生服务中心设置了临终关怀科，有 1 000 多张病床。

2014 年 2 月 27 日下午，上海市浦东新区新场镇万科清林径小区。小区旁的马路边，两名挎着菜篮的中年妇女正在闲聊，她们议论的话题源自其中一人手里拿着的传单，上面的标题是“临终医院？你反对建在你们小区附近吗?”当天上午约100名业主进行了无声的抗议。他们抗议的“临终医院”,选址在万科清林径小区正东,与小区的围墙只隔着一条双向二车道的众安路,“按环评报告说的,最近的地方离小区只有32米”。

上述“环评报告”,是引发这次抗议的导火索。一年半以前,作为最早入住小区的一批业主之一,徐女士被告知这块总计73 400平方米的地块是规划用于建设社区卫生中心、妇幼保健所、急救中心、疾控中心等卫生综合体,当时她认为这是一件好事,因为新场镇的医疗力量薄弱,居民需要驱车30多公里赶到浦东城区的大医院去看病。

不久前,小区里有业主偶然在网上发现了一份《浦东新区新场综合医疗卫生中心(暂定名)工程环境影响报告书第二次信息发布文本》,让徐女士没有想到的是,“卫生综合体”的组成部分里赫然新增了“浦东新区老年医院”,这家医院现在的位置是张家桥路119号,规划中医院将搬迁到徐女士所住小区旁边并扩建,所占面积达到67 520平方米。

业主们上网查询,新区卫计委官方网站上介绍:“浦东新区老年医院……为全国首家临终关怀医院”。医院“主要收治身患多种慢性病、心脑血管疾病后遗症、癌症晚期、丧失生活自理能力的病人”。看了介绍,业主们更坚信了自己的判断:这就是一家“临终医院”。根据网站介绍和环评报告,老年医院搬迁后,床位将从现有的400张增加到1 000张。瞬间,他们陷入了巨大的恐惧之中。

多名业主向前来采访记者表示,他们不反对建设临终关怀医院,但坚决抵制建在如此靠近小区的地方,“这不符合中国的民俗”。徐女士说,万科清林径有约1 200户人家,邻近的另一个小区东方冠郡的住户更是高达2 000多户。“临终关怀医院不该建在人口密度如此高的地方;而且,医院规划地块不仅紧邻居民小区,还挨着幼儿园和在建的小学,将来我们的孩子们每天上下学都要经过这样的地方,真的难以想象……”

徐女士称,该小区的入住居民大多是年龄在30岁左右的新上海人，学历较高，多在张江高科等地工作，选择在这里买房就是看中了周边的良好环境，特别是为自己孩子的成长着想。一想到孩子将来“每天要与死亡为伴”，她就不禁悲愤交加：“我们靠自己的努力好不容易在上海安家落脚，没想到却要面临这样的处境！”还有业主称，要建“临终医院”的消息已经影响到了周边商圈的建设，对自己房屋将来的价格也肯定有影响。尤为令他们气愤的是，最近看到的这份环评报告已经是“第二次”公示了，而就连第一次环评，他们作为利益密切相关的群体，也没有一人知情，“从来没有业主接到任何调查问卷、情况咨询、听证会邀请”。①

透过上述报道，我们不难发现，当前中国的中产阶级有自私和狭隘的一面，虽然他们对个人利益的关注无可厚非，但他们也常常将个人利益置于一种“神圣不可侵犯”、“不可妥协”的地位。当个人利益与公共利益发生冲突时，他们往往不愿意做出任何妥协和让步。林毓生尝言：中国传统的“私性社会”很难转化为西方意义上的公民社会。至少在现阶段，中产阶级身上更多地体现出“私性社会”的特征。

当然，邻避运动在当下中国日益盛行，也不能全部归咎于中产阶级的“私性”；其更重要的制度性根源在于：选址过程的程序正义缺失。有研究者发现，美国也曾经经历过一个“邻避时代”。1980 年以后，美国的邻避运动愈演愈烈，所反对的设施也从垃圾填埋场、焚化炉等传统邻避设施延伸到机场、监狱、收容所、精神康复中心、戒毒服务中心甚至公共房屋。尽管居民都认为这些设施对城市发展不可或缺，却希望能够远离自己，落址他处，这种观念一度成为美国“1980 年代的大众政治哲学”。

1990 年 12 月，纽约市规划局颁布了《城市设施选址标准》(Criteria for the Location of City Facilities)，即所谓“平等共享选址程序”(Fair Share Sitting Process)。标准已于 1991 年 7 月生效。“平等共享选址程序”主要包括如下几个步骤：

---

① 王煜. 临终关怀医院为何难建. 新民周刊，2014 年，第 9 期。

第一，每年11月15日，市长要公布一份城市设施需求文书，列出未来两年内城市计划新建、扩建、关闭或缩减的设施，同时配备一整套包含现有设施地址、规模及使用情况的城市地图。文书要求对所有计划内的市政设施项目进行投资预算和选址可行性论证，并举行市长发布会。

第二，报告发布后，每一个社区董事会拥有90天的时间做出反应，包括将报告通知社区居民、举办听证会和向城市规划局提交意见。

第三，城市规划局将社区董事会的意见转给相关建设机构，这些机构必须在设施计划里面充分考虑和论证社区董事会的意见。值得说明的是，如果市长文书已初步遴选设施选址，则机构代表应参与社区听证会；如果文书没有提到选址，则一旦地址选定后机构代表也应立即通知社区董事会并参与听证。

第四，各社区董事会将意见呈至相应的区行政长官，区行政长官汇总后向上提议设施备选地址。

第五，一旦设施地址选定后，社区董事会有权设立一个设施监督委员会，全程监督设施的建设和运行。[①]

此后纽约的邻避运动逐渐平息。这说明合宜的制度设计是可以将中产阶级的"私性"转化为"公共性"的。

第二节　中产阶级的公共担当

不过，中国的中产阶级也有敢于担当，积极参与的一面。

长期以来，中国的环保部门只检测空气中的PM10，按照这一标准，北京等地的空气质量尚可，北京环保局公布的每日空气质量报告中，严重时也仅为"轻度污染"。PM10检测往往遗漏了更可怕的"空气杀手"——PM2.5，也就是大气中直径小于或等于2.5微米的颗粒

① 陈佛保、郝前进. 纽约的垃圾设施选址. 东方早报，2012年12月18日。

物，粒径小，富含大量有毒、有害物质。

在2008年北京奥运会之前，美国大使馆在其院内架设了一台监测仪，每天记录PM2.5的浓度，并在Twitter网站上实时发布。严重时，美国大使馆用了“crazy bad”（糟得一塌糊涂）这一骇人词汇来形容。尽管民间呼声甚高，但中国尚未将PM2.5列入空气质量体系，通行的仍是PM10监测。直至2011年7月，环保组织达尔问自然求知社在北京发起“我为祖国测空气”的活动，之后不断地向各地扩展，上海等地区的PM2.5自测团队纷纷建立。一石激起千层浪，环保NGO和不少市民自发拿起空气检测仪器，走上街头，开始自测空气质量，一场民间自救行动开始推而广之。[①]

城市新兴中产阶级就是这场环境保护运动的主力军。正是在“我为祖国测空气”运动的倒逼下，2012年12月，环保部部长周生贤公布了PM2.5和臭氧监测时间表，PM2.5监测全国将分“四步走”。具体来说就是：2012年，将在京津冀、长三角、珠三角等重点区域以及直辖市和省会城市开展PM2.5和臭氧监测；2013年在113个环境保护重点城市和环保模范城市开展监测；2015年在所有地级以上城市开展监测，而2016年则是新标准在全国实施的关门期限，届时全国各地都要按照该标准监测和评价环境空气质量状况，并向社会发布监测结果。

在一定程度上，正是中产阶级的环保意识和参与意识，促成了公共政策的改变，使政府更加关注空气质量的改善和大气污染的治理，提升了城市社会的总体福利。

2013年1月，广州市环卫工人因为恶劣的工作环境和工资待遇问题而罢工，以城市中产阶级为主体的广州市民给予了有力的支持，通过公共舆论和现场声援等方式，使得地方政府迅速介入，承诺大幅度提高环卫工人的工资水平。

上述案例均表明，中产阶级在特定的情况下，也会超越自身的狭

---

① 冯洁、吕宗恕．我为祖国测空气．南方周末，2011年10月28日。

隘利益,参与公共事务,服务于公共利益。

第三节　从私性到公共性的转变:以业主维权为例

2000 年以来,社会抗争逐步取代乡村选举成为中国研究的一个热点。[①] 欧博文和李连江提出的"依法抗争"(rightful resistance)成为理解当代中国社会抗争的主流理论范式。[②] "依法抗争"也可以理解为"以政策为依据的抗争"(policy-based resistance),是一种发生于官方认可渠道的边缘地带的民众争议(popular contention)方式,运用当权者的话语和承诺去制约权力的运行,发现和利用国家内部的分化(divisions),并向更广大的公众动员资源和寻求支持。值得注意的是,依法抗争通过创造性地利用(innovative use)法律、政策和其他官方倡导的价值去公开挑战违背中央的(disloyal)的政治经济精英;这在一定程度上是获得批准的抗争(partially sanctioned protest),通过有影响力的盟友和公认的原则对那些无法达到典范标准或不执行有利政策的官员施加压力。[③]

---

① Kevin J. O'Brien and Lianjiang Li, *Rightful Resistance in Rural China*. Cambridge and New York: Cambridge University Press, 2006; Cai, Yongshun. 2010. *Collective Resistance in China: Why Popular Protests Succeed or Fail*. Stanford: Stanford University Press; Michelson, Ethan. 2007. "Climbing the Dispute Pagoda: Grievances and Appeals to the Official Justice System in Rural China." American Sociological Review 72 (June 2007): 459—85; Thornton, Patricia. 2002. "Framing Dissent in Contemporary China: Irony, Ambiguity and Metonymy." China Quarterly 171: 661—81; Chen Feng, "Privatization and its discontents in Chinese Factories", The China Quarterly, No. 185, March 2006, 42—60; Lee, Ching Kwan, 2007, *Against the Law: Labor Protests in China's Rustbelt and Sunbelt*, University of California Press.

② 吴长青.从"策略"到"伦理"——对"依法抗争"的批评性讨论.社会,2010 年第 2 期。

③ Kevin J. O'brien & Lianjiang Li, *Rightful Resistance In Rural China*, Cambridge: Cambridge University Press, 2006.

欧博文和李连江最初用依法抗争来解释中国农民尤其是上访者的维权行为。但随后这一分析框架在当代中国的其他抗争领域也得到了广泛应用。研究者在对业主维权的研究中，也发现了“依法抗争”的模式。沈原指出，业主主要通过“依法诉讼”与“依法信访”的方式进行维权。① 陈鹏指出“法律几乎成为业主们的抗争实践中不可或缺的有机组成部分”，业主群体通过法律不仅界定和明确了政府的行为边界和权力范围，而且重建了自己作为公民与国家权力之间的法律契约关系。② 施芸卿、毕向阳的研究发现，法律是业主维权的核心策略，行动者不断学习法律、以法界定权利，在维权过程中成为具有权利意识和公民意识的“公民”。③ 基层政府官员常常以自己的身份结合“政策的话语”彰显其言行的权威性和正确性，质疑业主维权的合法性；业主则以法律作为话语资源，以法律对权利的肯定来赋予维权行动合法性，降低其政治风险。④

然而，笔者在上海J镇的实证研究发现，中产阶级更倾向于采用协商的方式而非依法抗争进行维权。以“70后”、“80后”为主的中产阶级在维护自身权益，或者要求地方政府提供更加优质的公共服务时，往往采取温和、理性的方式进行沟通与协商，极力避免和基层政府发生正面冲突，力图在地方政府的政绩与自身的权益之间寻找“最大公约数”，建立一种共赢而非对抗的关系。对他们而言，法律不是首选的“武器”，而是最后的手段；他们更倾向于将政绩作为双方合作的前提，既改善自身的生活质量，又提升地方政府的治理绩效。为什么中产阶级偏好缺乏法律依据和约束力（实际上，它是基于法律条文

① 沈原. 走向公民权——业主维权作为当代中国的一种公民运动. 沈原著，市场、阶级与社会：转型社会学的关键议题，北京：社会科学文献出版社，2007年。

② 陈鹏. 从“产权”走向“公民权”——当前中国城市业主维权研究. 开放时代，2009年第4期。

③ 施芸卿. 机会空间的营造——以B市被拆迁居民集团行政诉讼为例. 社会学研究，2007年第2期。

④ 刘子曦. 激励与扩展：B市业主维权运动中的法律与社会关系. 社会学研究，2010年第5期。

和法治精神的）的协商？这是一种例外，还是一种新的国家与社会互动模式？

为了更好地理解中产阶级的社会属性，我们将中产阶级与底层群体（包括城市底层群体和农民工）做一个简单的比较。

1. 权利意识和政治信任

Perry指出，中国以“权利”语言构建起来的道义经济式抗议，往往要求撤换不受欢迎的低级官员，极少质疑党和国家及其意识形态的权威，并按照国家的规则采取行动，她将这种倾向称为“规则意识”（rules consciousness），区别于西方的“权利意识”（rights consciousness）。然而，对于年轻一代的中产阶级而言，这一论断是否仍然成立？

J镇的案例显示：业主维权运动的实质是中产阶级要求公民权的运动。权利意识与规则意识也并非是截然对立的，尤其是在年轻的中产阶级移民和农民工身上，既有对西方意义上公民权利的追求，又有基于国情的规则意识，他们在规则设定的框架内策略性地争取权利。

总体上中国农民倾向于把国家“一分为二”：一方是威信较高的“上级”，另一方是威信较低的“下级”。他们对“上级”（中央、省）的信任和对“下级”（县、乡镇和村）的信任存在明显的差别。正是因为这种政治信任的“差序格局”，农民才会选择通过上访来解决问题，通过正确的上级来纠正下级的错误。而中产阶级并不接受这种黑白分明的二分法，在他们看来，中央政府和地方政府有时立场一致，有时存在一定差异，但不存在绝对的好坏之分。中产阶级对各级政府的信任程度不是逐级递减的，他们并不认为存在“好”的上级政府与“坏”的基层政府的二元对立，基层治理中出现的问题表面上是基层干部的素质问题，深层次的原因则是政府管理体制的问题。

2. 选举参与

根据笔者2011年在上海的抽样调查，大部分农民工未参加过各种形式和层次的选举。而中产阶级可以基于财产权进行政治参与，较高的社会经济地位和文化程度也赋予了他们更多的话语权，具有比较强的行动能力，拥有较丰富的可动员资源，可以更有效地影响基层政府的决策和治理。中产阶级对社区选举缺乏兴趣，但对基层人大选举有较强的参与意愿，一部分人甚至成为独立候选人。

邱家军对全国 2011—2012 年出现的 130 多位“独立候选人”的分析发现，“独立候选人”的来源可分为三大阵营：第一阵营中从业前三位的独立候选人分别是学生（包括大中专学生和高中学生）、从事法律工作的人（律师及法学家）、媒体工作人士（记者、编辑、网站主管、网络达人），维权人士和企业主、商人同样排在第三名。排在第二阵营的是教师（包括大学教师和中学教师）、作家、诗人、书法家、企事业单位职工、下岗工人等人士，参选人数位于 4—6 名之间。属于第三阵营的人士包括基督徒、农民、民间组织成员、业委会主任、独立学者、工程师、富二代和法官等。除下岗工人及学生之外的所有独立候选人，均属于中产阶级。独立候选人的主体（约 80%左右）均属于中产阶级，这说明，一小部分觉醒的中产阶级是推动选举民主发展的主要力量。①

3. 维权行为

中产阶级的维权行为具有理性、非暴力的特征，而农民工更容易卷入群体性事件（包括具有暴力性的骚乱）。其原因主要在于：中产阶级移民的受教育程度更高，职业更稳定，与体制内的联系更紧密。典型的个案就是“异地高考”，上海、北京等地的流动儿童家长主要通过上访、上诉、“上网”（微博、“我要高考网”、QQ 群）等方式推动政策变迁，在上访过程中始终保持理性、克制，坚持“非暴力”、“弱组织”的抗争。

而农民工的抗争更多暴力元素，这跟他们身处的社会环境有很大关系。譬如在一些行业，雇主对农民工的人身控制较多，容易引发农民工与保安或管理层的肢体冲突；相当一部分农民工居住在集体宿舍，同乡网络较为发达，倾向于“抱团”，精神生活较为苦闷、单调，

---

① http：//www. world－china. org/newsdetail. asp？ newsid＝3814。

更容易被动员，常常会卷入群体性事件。在不少骚乱事件中，青年农民工都是由最初的“围观”转为积极介入。

笔者的研究发现，农民工更有可能采取依法抗争（rightful resistance）的模式维权，中产阶级移民更有可能采取忠诚呼吁（loyal appealing）的模式进行维权。“依法抗争”也可以理解为“以政策为依据的抗争”（policy-based resistance），是一种发生于官方认可渠道的边缘地带的民众争议（popular contention）方式，运用当权者的话语和承诺去制约权力的运行，发现和利用国家内部的分化（divisions），并向更广大的公众动员资源和寻求支持。值得注意的是，依法抗争通过创造性地利用（innovative use）法律、政策和其他官方倡导的价值去公开挑战违背中央的（disloyal）的政治经济精英；这在一定程度上是获得批准的抗争（partially sanctioned protest），通过有影响力的盟友和公认的原则对那些无法达到典范标准或不执行有利政策的官员施加压力（O'Brien & Li，2006）。

以前文提及的上海市 J 镇志愿者联合会为例，中产阶级采取了一种不同于依法抗争的维权模式，本书称之为“忠诚呼吁”。与“依法抗争”相比，“忠诚呼吁”具有以下特点：

首先，依法抗争以中央政府作为忠诚对象，而忠诚呼吁以基层政府作为忠诚对象。欧博文和李连江等人的研究显示，依法抗争者通常把国家分为值得信任的中央与不堪信任的基层政府，[①]或者更笼统地分为值得信任的“上级”和不值得信任的“下级”，“中央政策好是好，一到下面就走样”这种说法便反映了这种态度。[②] 总体上中国农民倾向于把国家“一分为二”：一方是威信较高“上级”，另一方是威

---

① Elizabeth J. Perry, "Trends in the Study of Chinese Politics: State-society Relations," *The China Quarterly*, Vol. 138, No. 4, 1994; Kevin J. O' Brien and Lianjiang Li, "The Politics of Lodging Complaints in Rural China," *The China Quarterly*, Vol. 143, No. 3, 1995.

② 曹锦清. 黄河边的中国：一个学者对乡村社会的观察与思考. 上海文艺出版社，2000 年。

信较低的“下级”。他们对“上级”（中央、省）的信任和对“下级”（县、乡镇和村）的信任存在明显的差别。正是因为这种政治信任的“差序格局”，农民才会选择通过上访来解决问题，通过正确的上级来纠正下级的错误。而J镇中产阶级并不接受这种黑白分明的二分法，在他们看来，中央政府和地方政府有时立场一致，有时存在一定差异，但不存在绝对的好坏之分。薛斌强调：“老百姓要克服官与民对立的想法，公务员也是老百姓。基层官员有时会有多做多错、少做少错的心理，但并不意味着他们都是坏人。很多老百姓都有拦轿喊冤的想法，完全不了解政府怎么运作，没有人一言九鼎，领导也不敢瞎指挥，更不会轻易推翻下级的做法。”（2012年9月4日访谈记录）另一名志愿者钟鹤也表达了类似的观点：“政府公务员其实也和我们一样，也是一个上班族，多一事不如少一事。但从老百姓角度来说，你做得不好就需要我去鞭策你，我们去协助你，让你把事情做好。你没有想法我们可以帮你去想，帮你集思广益，给你想法。”（2013年4月13日访谈记录）副镇长华琳高度评价志愿者联合会，认为他们是一群关心公共利益、理性维护自身权益的“好公民”。

志愿者联合会的成员大多具有比较好的风险控制意识，不仅尽量避免成为一个正式组织，而且尽可能不与敏感的人物或组织来往。当宋晓天提出，联合会目前的议事规则还不够完善，而上海某NGO正在致力于推广罗伯特议事规则，是否可以邀请该NGO开设讲座或进行培训时，容雯立刻予以否决，指出罗伯特议事规则的推广可能有美国基金会的背景，如果贸然与NGO进行接洽，可能对联合会有负面影响。志愿者联合会还积极参评2012年度“S区青年五四奖章”的评选，试图进一步获得体制内的认可。与依法抗争相比，“忠诚呼吁”的抗争性质更弱，不是用中央政策、国家法律或上级政府来“压”基层政府，而是在承认基层政府合法性和有效性的前提下，对其进行游说和协商。

其次，依法抗争以基层政府作为抗争对象，而忠诚呼吁以基层政府作为潜在的结盟对象。一是针对网上的激进言论，版主们坚决进行抵制。二是共同向上级政府呼吁，争取政策倾斜或资源投放。譬如通往市区的公交线路超出了镇政府的能力范围，需要市级政府职能部门的介入。在这种情况下，志愿者联合会可以发挥整合民意、代表民意的功能，从外部向上级政府施加适当的压力。2012 年 5 月，志愿者联合会发起“一条路，一条线，齐签名，畅 J 镇”的签名活动，成功地帮助政府开辟了 J 镇连接虹桥交通枢纽和地铁 9 号线的三条公交线。交通运输局还规划了地铁 12 号线开通后新辟 J 镇至 12 号线七莘路站公交短驳线路，以方便 J 镇居民搭乘 12 号线。在网民见面会上，志愿者联合会成员经常对与会官员说：“你们有什么难处跟我们说，我们去向你们的上级呼吁。”

最后，依法抗争以中央政策作为武器，忠诚呼吁以地方政府的政绩作为谈判筹码。依法抗争者倾向于否定基层政府的政绩，认为基层政府违背了中央政府的政策和意志，他们会利用中央政策来制约、纠正基层政府的某些不当行为，譬如湖南农村的上访代表通过学习和宣传中央“减负”政策及红头文件，制止基层政府的“乱摊派”行为。[①] 忠诚呼吁的策略则努力在自身利益与基层政府的政绩之间寻求最佳结合点。志愿者的核心人物容雯和宋晓天都特别强调要帮助基层政府创造“政绩”。2013 年 4 月的网民见面会上，容雯告知镇社区办公室主任尤爱华，上海市依法治市办公室正在开展第四届（2012 年度）上海依法治理优秀案例的征评工作，她建议镇政府将“网民见面会”作为优秀案例报上去，“我们老领导在负责这个评选工作，他听了我对网民见面会的介绍，表示很好，很有竞争力。这个荣誉是市级的，拿到了就是你们的政绩啊！”容雯担心镇司法所不够专业，案例总结不到位，希望笔者出面撰写。2013 年初，志愿者联合会还分别给市信访办、市交通运输和港口管理局、镇政府赠送锦旗、写感谢信，充分肯定上述政府机构的工作成绩。

---

① 于建嵘. 当代农民维权抗争活动的一个解释框架. 社会学研究，2004 年，第2 期。

表 1　忠诚呼吁与依法抗争的比较

	忠诚呼吁	依法抗争
忠诚的对象	基层政府	中央政府
对基层政府的态度	潜在的结盟者	抗争对象
维权的手段	地方政府的政绩	法律和中央政策

不过，忠诚呼吁与依法抗争并不是截然对立的。首先，正是因为之前频繁发生的依法抗争，使得 J 镇政府主动以网民见面会的形式与中产阶级业主进行沟通。世博会的召开也为基层政府的妥协创造了时机。网民见面会始于 2009 年，当时正是上海世博会的前夕。上海作为 2010 年世界博览会的主办城市，对城市安全的要求非常高，"稳定压倒一切"成为各级政府的共识。分管社区工作的副镇长华琳面对权利意识日益高涨的中产阶级，决定因势利导，将其纳入体制化的渠道，建立一个相对正式的政治沟通平台。

宋晓天认为，志愿者联合会忠诚呼吁的策略之所以能够成功，其实得益于依法抗争。通过依法抗争，使得基层政府不得不重视维权业主的呼吁。

> 我们并不是没有用"依法抗争"的办法，恰恰是通过积极引用相关法律法规，同时伴随发生了多起大规模群体事件，及在与镇政府沟通无效的情况下，直接找到其上级主管及信访部门不间断投诉，包括发动大家不间断拨打上级办公电话，直至瘫痪，使其受到来自上级的压力而不得不为之，才发展到今天这样的局面的。（2013 年 4 月 22 日访谈记录）……当获得平等对话权的时候，才可以运用我们目前使用的多赢法则，引导政府以正确的方式"创造政绩"，并渐渐地改造风气，改造社会。（2013 年 4 月 13 日访谈记录）

其次，中产阶级并没有完全放弃"依法抗争"，而是将其作为备选方案来保证"忠诚呼吁"的有效性。对于他们而言，依法抗争作为杀手锏(lastresolution),不可轻易使用。在“威慑”基层政府同时,中产阶级也竭力使自己和基层政府的利益趋于一致,二者的结合点就是政绩——中产阶级希望改善公共设施和公共服务,从而提高自己的生活质量,而这正好也是基层政府需要的政绩之一。正如宋晓天所言:

> 镇政府愿意和我们合作,一方面是我们始终手握向上级投诉这个核武器。经过这几年,我们也积累了一些区、市级的关系;一方面,我们在解决共同的问题,也就是把我们面临的问题以他们头痛的、不得不面对问题的方式提出来,帮助他们想办法、提方案,他们怎么会拒绝呢?(2013年4月22日)

4. 社会关系网络

中产阶级主要是基于业缘关系和学缘关系,与本地居民有更频繁和更深入的社会交往。农民工主要是基于血缘关系和地缘关系,除了建筑业以外,其他行业的新生代农民工的同乡网络有所弱化,但仍然是最重要的社会支持网络。农民工的社会关系网络可以帮助他们在城市求职、定居、借款,克服生活中的一些困难,但他们的社会网络同质性非常强,成员的社会经济地位大体相同,很难帮助他们实现向上的社会流动;而中产阶级的社会网络相对异质化,有更多的“弱关系”(weak ties)可以为他们的事业发展助力。[①]

5. 线上政治参与

中产阶级倾向于在网络上进行利益表达,譬如通过业主论坛和微博发出自己的声音,表明自己的政治态度和立场;而新生代农民工主要通过网络进行娱乐和聊天(手机是最主要的上网平台),主要是通过QQ与朋友联络或者玩电脑游戏。相同之处在于,中产阶级和农民工都有可能通过网络动员组织集体行动,只不过中产阶级更容

---

① 格兰诺维特著,张文宏译. 找工作:关系人与职业生涯的研究. 格致出版社,2008年。

易被民主的话语和业主的利益动员起来，而农民工更容易被民族主义的话语和平等的价值观动员起来。

当前中国社会的贫富差距日益拉大，“官二代”、“富二代”、“农二代”等阶层固化现象正在撕裂社会的肌体，从“郭美美事件”到“高富帅”、“屌丝”这样一些新词汇，都体现了由社会断裂所带来的心理扭曲。在这样一个背景下，一个成熟、壮大的中产阶级显得尤为重要。富人不炫富，穷人不仇富，贫富之间相互尊重，这才是一个健康的社会。

中产阶级必须意识到：富有意味着对社会负有更大的责任；在一个严重不平等的社会里，做一个心安理得的精英是一种耻辱。“政治成熟”的中产阶级既是社会的稳定器，坚持中道理性，不偏激、不冒进，又是改革的推动者，以积极的心态、稳健的方式推动社会进步，并愿意为社会正义分摊成本。

“政治成熟”的中产阶级，既崇尚规则的力量，致力于推动制度的变革，又笃信道德的价值，勇于担当，不以“体制”作为个人责任的挡箭牌。他们是思想者，擅长自觉的反思和乐观的自嘲；他们更是行动派，积极面对生活世界、介入公共事务。

第四节　为什么中产阶级偏好协商而非依法抗争[①]

基于对上海市J镇中产阶级的实证研究，我们提出了“忠诚呼吁”的概念。与“依法抗争”相比，这一概念能够更加准确地把握中产阶级维权行为的主要特征。在对J镇中产阶级进行深描的基础上，我们进一步挖掘了阶层地位影响抗争方式的因果机制：与以往单变

① 关于案例的详情参见：熊易寒.忠诚呼吁：为什么中间阶层偏好协商而非依法抗争.中国社会科学内部文稿，2013年，第6期。

量的因果解释不同，我们试图整合阶层特征、政治互动和政治机会结构等不同的解释路径，将阶层特性分解为社会经济地位和政治信任，将政治互动具体化为学习机制，来解释为什么中产阶级倾向于采取忠诚呼吁的策略，而底层群体倾向于采取依法抗争的策略。

1. 社会经济地位高的群体掌握更多的资源，包括与权力人物的社会关系网络、灵通的信息渠道，更有可能通过理性、温和的行动达成目标；而底层群体由于缺乏各类行动资源，往往不得不通过“闹”的方式来寻求解决之道。[①] 而地方政府回应他们诉求的方式，更让他们笃信“大闹大解决，小闹小解决”。

2. 中产阶级与底层群体的政治信任有所不同。如前文所述，底层群体对各级政府的信任是逐级降低的；而中产阶级不会将中央政府与基层政府简单化、脸谱化，他们更有可能信任基层政府，与基层政府建立相对良好的关系。而基层政府对中产阶级的态度也相对友好。

3. 无论是基层政府，还是不同阶层的民众，都具有一定的学习能力。他们会根据环境的变化和其他行动者的反应，有意识地调整自身的行动策略，从而实现自身利益的最大化。J镇的中产阶级从以往的抗议行动当中吸取了教训，基层政府则疲于应付层出不穷的突发性事件，这是双方从对抗走向协商的重要背景。

4. 政治机会结构对行动者的策略有着不容忽视的影响。J镇志愿者联合会之所以能够取得一定的成功，很大程度上是借助上海世博会的时机，基层政府出于“稳定”的需求，主动向志愿者联合会这一民间组织释放善意。

软权威主义（soft authoritarianism）的概念揭示了国家层面的改变，而忠诚呼吁则显示了社会层面（中产阶级）的改变，有助于我们理解当代中国的国家与社会关系的变迁。以往的研究认为，威权国家之所以允许讨价还价，是与民众建立一种社会契约，民众放弃政治权

---

① 应星.大河移民上访的故事：从“讨个说法”到“摆平理顺”.北京：三联书店，2001年。

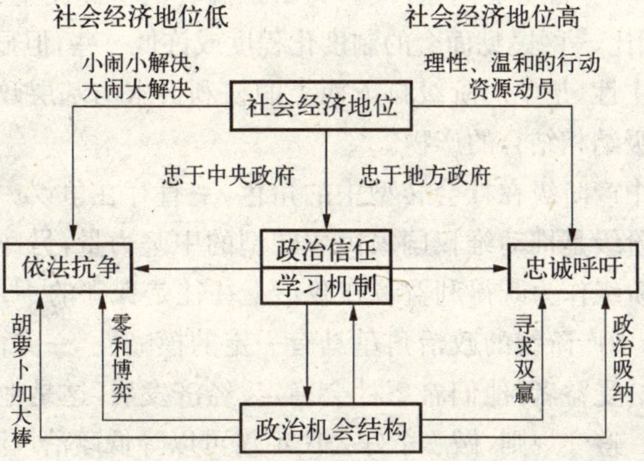

图 3　忠诚呼吁与依法抗争的因果机制

利交换经济保障(economic security)。[①] 而 J 镇的案例则显示：民众为了经济利益(包括生活质量)而寻求政治权利。

虽然以往的研究也发现了中国地方政府与民众的协商行为，但 J 镇案例仍然表现出非同一般的特性：

一是公开透明。不同于一些地方政府与民众的秘密协商，J 镇的网民见面会是面向全体市民开放的，而且会提前发布会议信息。

二是以公共利益为目标。大多数民众在与地方政府协商时往往只是追求本人的私有或本小区的局部利益，而 J 镇志愿者联合会在一定程度上超越了狭隘的私人利益。

三是一定程度的制度化。在当前中国，大多数的协商都带有一事一议的特征，甚至高度依赖参与者与基层官员和媒体记者的社会关系网络，[②]没有形成制度化的机制，而网民见面会建立的谈判机制在一定程度上对双方都具有约束力，这种约束力不是法律意义上，而

① Raj M. Desai Anders Olofsgård Tarik M. Yousef, The logic of authoritarian bargains, *Economics & Politics*, Vol. 21, No. 1, p93－125, March 2009；张永宏、李静君. 制造同意：基层政府怎样吸纳民众的抗争. 开放时代，2012 年，第 7 期。

② Shi, Fayong & Yongshun Cai, 2006. Disaggregating the State: Networks and Collective Resistance in Shanghai. The China Quarterly, 186: 314—332.

是具有一定的“社会契约”性质。与浙江温岭的协商民主实践（民主恳谈会）相比，[①]网民见面会的制度化程度或许低一些，但显示了更强的社会自主性，是中产阶级自下而上的权利诉求与基层政府自上而下的体制吸纳相结合的产物。

关于中产阶级在社会转型中的角色，一直存在争议。有的学者认为中产阶级是推动维权国家民主转型的中坚力量，另一些学者则认为中产阶级作为既得利益者在政治上往往是保守的。[②] 我们的研究则表明，中产阶级的政治角色具有一定的模糊性，一方面，他们是现行体制的受益者，他们希望社会稳定、经济发展，这是他们规则意识的来源。遵守规则，做一个好公民不仅可以降低政治风险，也符合他们的现实利益；另一方面，他们具有一定的权利意识，对威权体制有一定的不满，他们希望在社会稳定的前提下，推行渐进式的改革，使自己的利益得到法律和制度的保障。中产阶级对公民权利的追求是维护经济利益过程中的非预期后果。

最后，需要特别说明两点：第一，我们说中产阶级偏好忠诚呼吁而非依法抗争，并不意味着中产阶级不会采取依法抗争的策略，而是说他们在维权时会首选协商的方式，在协商无效的情况下才会选择依法抗争；第二，忠诚呼吁在不同的议题上可能具有不同的效果，在公共服务、公共设施建设等不具有政治敏感性或零和博弈性质的议题上更有可能成功，而在地方政府大力推动的重大政绩工程（譬如影响地方经济发展的重大建设项目、市政动迁）面前则难以奏效，因为忠诚呼吁的成功不仅有赖于中产阶级的行动策略，也取决于基层政府的回应方式，只有当双方都有一定的妥协意愿，才可能建立非正式的同盟关系。

---

① 何包钢、王春光. 中国乡村协商民主：个案研究. 社会学研究，2007 年第 3 期。

② Goodman, David. “The new middle class”. In The paradox of China’s post-Mao reforms, Merle Goldman & Roderick MacFarquhar (ed.), Cambridge: Harvard University Press, pp241 - 261. Tang, Min, 2011,“Political Behavior of the Chinese Middle Class,” Journal of Chinese Political Science, 16(4): 373—387.

第五章　他者之镜：西方中产阶级的发展历程

第一节　欧美中产阶级的形成与发展历程

中产阶级(Middle class)最早出现在近代以来的欧洲。在现代化的社会变迁中，社会组织、生产和生活方式，社会阶级结构都发生了翻天覆地的变化。中产阶级的兴起是这些变化中最引人注目的事件之一。虽然各国迈入现代化的时段有早有迟，但中产阶级在欧美国家的发展还是呈现出明显的阶段性特征：第一阶段为 17 世纪后半期至 19 世纪下半期，在工业革命推动下逐渐萌芽；第二阶段为 19 世纪末期至第一次世界大战，中产阶级正式形成；第三阶段为第二次世界大战后，新中产阶级的大量涌现；第四阶段是 20 世纪 70 年代以来欧美中产阶级的受到挤压。

中产阶级是欧洲城市共和国和资本主义大工业生产发展的产物。中产阶级的兴起与发展意味着中世纪封建关系的基本解体和资本主义生产方式的逐步确立，民族国家体系逐步形成。

一、19 世纪前欧美中产阶级的孕育

西欧现代化进程中的“中产阶级”是一个特定的类型，它最初大

体上指在17世纪到19世纪中期以前的时期内，存在于大土地贵族和雇佣工人之间的一个人数不多的城市企业家集团。这个集团包括小商人、城市工匠、少数自由职业者。工业革命前后英国社会等级结构逐渐演化为贵族、劳工阶级和市民阶级（burghers class）。这个被称为“布尔乔亚”的阶级，正是现代中产阶级的前身。欧洲大陆的中产阶级则起源于17世纪以后西欧商品经济的发展与发达，第三等级即商人市民阶层开始作为独立的政治与经济力量分离出来，他们以其经济实力与贵族抗衡，作为一个集团发挥的影响越来越大。

19世纪中期以前，欧洲大陆的中产阶级身上至少有这样几样东西：一是他们是在资本主义的财产关系、市民社会中成长与发育起来，他们不是无产者，他们是拥有一定的财产资格、中等收入的人；二是受过教育、具有自由主义的精神气质；三是有良好的道德感；四是有一种独立的体面的生活方式。

值得一提的是，在当代许多西方学者的著述中，“中产阶级”被赋予了上升时期新兴资产阶级的古典气质。① 这个阶级的产生与西方启蒙运动有着密切联系，被看作是启蒙思想的代表者。

“18世纪法国的政治讨论的源头在于城市中产阶级的文学沙龙。在这种优雅精致的环境中，政治、哲学和文学很容易水乳交融。”“启蒙时期就带上了日益强大的中产阶级的进步的乐观主义的特征；一种新近苏醒的对理性和人类的信赖。”②而法国大革命中的第三等级，成分复杂，包括富有的商人、银行家、干练的工业家、作家、学者同小农场主、城市小店主以及耕作土地的农民。

美国则天然是中产阶级国度。在工业化之前，美国的老式中产阶级，包括自由农场主，店主和小企业主，曾占到过总人口的80%。

---

① 扈海鹂.关于中产阶级“类型”的比较与思考.江海学刊，2005年第6期。

② ［挪］G·希尔贝克、N·伊耶.西方哲学史.上海译文出版社，2004年版，第319、320页。

这与美国广袤的土地资源，没有封建贵族压迫的历史有关。①

德国由于现代化开始得较晚，中产阶级要到19世纪末期普法战争后，在工业化与城市化的进程才逐渐产生。

二、19世纪末期至20世纪中产阶级的初步发展

中产阶级群体并不是一成不变的，在一定程度上，中产阶级仍然是一个未定型的群体。因为从严格意义上讲，中产阶级不是“阶级”，而是“中间阶层”。中产阶级的成分复杂，其中既有占有少量生产资料的小业主，也有专业技术管理人员和普通白领。中产阶级没有清晰的社会边界，其成员资格因时因地而异。19世纪中期以后，整个欧洲大陆工业化基本完成，资产阶级与无产阶级成为社会经济与政治生活中两大主要阶级以后，中产阶级这个概念的内涵随之发生了变化。这以后的近半个世纪，中产阶级主要不是指资产阶级，而是指小资产阶级。马克思在1848年《共产党宣言》中，把中产阶级看成介于资产者与无产者之间的第三种人。对资产者，马克思没有用Middle class，而是用了Bourgeois。马克思的名言是，“我们的时代，资产阶级时代，却有一个特点：它使阶级对立简单化了。整个社会日益分裂为两大敌对的阵营，分裂为两大相互直接对立的阶级：资产阶级和无产阶级。”②这个中产阶级指的是小企业主、小商人、小食利者、手工业者和小自由农、医生、律师、牧师、学者和为数不多的管理者。

19世纪末期到20世纪初，由于自由资本主义向垄断资本主义过渡，大规模的资本集中产生的管理的复杂化与社会分工细化，工商业领域里股份公司出现在各个行业中，资本所有权与管理权的分化，促使薪金雇员的人数迅速增加。从事行政、管理、销售、财会和公共关

---

① 周晓虹. 再论中产阶级：理论、历史与类型学兼及一种全球化的视野. 社会，2005年，第4期，第7页。

② 马克思恩格斯选集. 第1卷，人民出版社，1972年版，第252页。

系工作的白领群体迅速扩大。

与此同时，现代民族国家的发展造成了官僚科层制的组织结构，造就了大批文职公务人员。这些受雇佣于政府的公职人员与受雇于私人组织的管理者和职员共同构成了白领的主体。

欧美国家19世纪中产阶级的出现促成了现代民族国家的制度形态成型，而新的民族国家被称为是中产阶级的国家——中产阶级无论在数量上还是政治影响、社会文化塑造方面都发挥了重要影响。19世纪末期创立的民族国家得益于这个阶级对中央集权国家的忠心耿耿。①

虽然各国中产阶级构成与特征各有差异，但其主要构成群体可被分为新中产阶级和老中产阶级。

米尔斯对这两个类别进行了区分：由自由农场主和小企业家构成的老式中产阶级大多拥有自己的财产，而新中产阶级则大多没有能独立经营的财产，他们作为高级雇员为拥有大型资本的人工作。从老中产阶级向新中产阶级的转变，是从有产到无产的转变，也是社会分层轴线的转变：从财产到职业。老中产阶级常常参与部分体力劳动，但新中产阶级则从事处理信息以及提供服务等专业技术性的脑力劳动。②

托马斯·曼把生产关系分为资本家的财产所有权、统治集团尤其是资本家的公司和现代国家的官僚政治、国家特许的权威职业。根据这三者把中产阶级的构成分为三个构成部分：小资产阶级、流动职业者和专业人员。③

在曼的分类里，小资产阶级大致相当于米尔斯所言的老资产阶级，主要是小家庭企业的业主，他们拥有和控制自己的生存方式和劳动力，并雇佣自由的工资劳动者，常常使用廉价的家庭劳动力，自己也参与劳动过程。

---

① 迈克尔·曼著，陈海宏等译.社会权力的来源(第二卷·下).上海世纪出版集团，2007年，第604页。

② 周晓虹.再论中产阶级：理论、历史与类型学兼及一种全球化的视野.社会，2005年，第4期，第13页。

③ 迈克尔·曼，同上书，第608页。

在19世纪中期的欧美国家，小业主、商贩是中产阶级的主要构成部分。他们享有中等水平的财富和地位，不能进入最富有者的圈子，但他们与资本家合作，为他们供应原材料或生产利润不高的商品，通过这种方式分享资本主义扩展带来的繁荣。这部分中产阶级也被称为老中产阶级。

托马斯·曼根据职业类型差异，把新资产阶级划分为流动职业者和专业人员。

流动职业者也即白领雇员，指在政府或企业的科层官僚体制里被雇佣，从事非体力劳动并能自由流动的雇员。包括白领工人、经理、公务员、售货员、较高层次的技术人员等等。与按小时付费的体力工人不同，他们领取周薪或月薪等，并体现出某种集体一致性，比如统一的工作制服，有相近的生活方式。他们的生存依赖于获得职业。[①]

专业人员指接受过特殊教育，具备专业知识和技术，从事必须经过任职资格认定的职业的中产阶级。这个类型的典型群体包括医生、律师、教师、建筑师等。专业人员的权力依据其获取专业技术职务的等级决定。专业人员是现代社会的产物。社会管理的复杂化、各种社会服务的需求促使专业人员规模不断扩大。随着资本主义企业中科学与技术的转化能力提高，专业人员队伍不断扩大，吸收了内燃机工程师、市政工程师、化学家等。专业人员主要为政府、资本主义企业或资本家和中产阶级个人提供服务。但消费者对其服务很难控制和评价，这就使专业人员能发展其专业权力。[②] 在托马斯·曼看来，基于职业自由度与价值观，这三个群体的主要差异体现在：

（1）独立性有别：小资产阶级拥有较大独立性和自由精神，因为他们自己拥有生产资料，并自由雇佣劳动力，常常自己也参与劳作。白领雇员依赖于权威等级制度，对等级制度的尊重是晋升的前提。

① 迈克尔·曼著，陈海宏等译.社会权力的来源（第二卷·下）.上海世纪出版集团，2007年，第6218页。

② 迈克尔·曼，同上书，第626页。

他们获得权力主要靠他们上级的提拔。"取得白领职业者的工作不仅需要出卖时间和精力，还要出卖人格。这些人以周或以月为单位出售自己的微笑和友好的表示，他们必须对自己的愤激和冒犯倾向采取即时性的约束。"[1]与白领雇员不同的是，专业人员在专业领域里往往有一定自主性，任职资格等级往往由该领域自己控制，对"生产过程"有不同程度的自主权。专业人员的生产关系与其他阶级集团不同，他们决定服务收取的费用，较少受到雇佣的上级部门约束。而这种任职资格认定权力是和官方谈判和协商的结果。

(2) 权力基础的差异：小资产阶级拥有自己的产业，财富是其地位基础。但没有自由的工资劳动者，依赖家庭成员与非正式雇员生产。白领雇员依赖于其市场能力，其全部生产机会与经济地位取决于获得一项职业。而中产阶级的权力依赖于教育，其权力基础明显与资产阶级不同。因为对教育的依赖，使他们的专业权力和地位不能像财产那样直接继承。中产阶级子女必须通过竞争维系地位。

(3) 教育程度的差异：中产阶级的财富越来越依赖正式的教育，老中产阶级的依赖少些。专业人士往往站在最顶端，受过最好的教育，他们所受的高等教育使他们有资格参与到精英文化中。

(4) 价值观与生活方式的差异：老中产阶级政治上的消极与感伤的理想主义结合，形成了中产阶级的浪漫文化："小资产阶级起居室里的画面描绘了国内的安详、中世纪和苏格兰高地的浪漫主义以及孩子们的天真"。老中产阶级转向舒适温馨的家庭和私人生活，通过生活方式分隔与下层的界限。白领受雇者常常受到晋升压力，科层体制异化，精神压抑、个人野心的受挫、孤独沉闷被描述为白领的精神特质。他们的外表干净、整洁、礼貌，对上级谨慎、尊重，效仿上层社会生活风格和价值。而住在市郊是他们自我隔离的方式。由此，他们投入到家庭生活中，"家庭强烈的爱、小的花园和装饰的别墅以及对孩子们的希望"成

① [美]C·赖特·米尔斯. 白领——美国的中产阶级. 浙江人民出版社，1987年版，第11页。

为他们标榜的生活方式。专业人士往往有较强的独立和自由精神，有学问、有技术、有协作精神、服务于调节社会道德、服务于国家。

虽然存在这些差异，但中产阶级的这三个组成部分有共同的特征：都参与到经济等级制度中，表现出相似的消费特征，并把收入转变为小的投资资本。[①] 还可以增加第四条共同的特征，即对于资本主义与民族国家的忠诚与妥协，“对上层统治阶级的效忠，与在资本主义和民族国家的等级制度中居于中间地位是这三个群体的共同特征。”[②]老资产阶级成员大多数是保守的，而非反动的。由于对资本的依赖，他们不会发起反对大资本的激进行为。受雇佣的流动职业者依赖于科层管理制度的存在，这是其获得职业和晋升的基础，因此，他们现在是未来也是资本主义和官僚政治的忠诚守纪的下级。而专业人员在民族国家形成早期享有较大自主权，是自由职业者，在发展中由于其专业权力依赖于官方权力的承认和授予，相对于国家的自主性大大降低，并且主要为资产阶级服务，形成了与资本的结盟。

三、第二次世界大战后中产阶级群体规模扩大

第二次世界大战之后，由于科技革命与福利国家职能扩展，欧美各国的受雇佣的新中产阶级规模大大扩张，老中产阶级所占比例减少。科技革命及当代资本主义的发展，产生了新的社会流动机会。生产自动化的采用和发展，大大扩展了许多传统意义上被认为是“高级”职业的需求。现代的社会化、智能化生产需要大量的科学家、工程技术人员、管理人员和办公室人员来完成。生产自动化的发展及知识密集型生产部门如电子、原子能、半导体、航天工业、激光、计算机工业和新材料、新能源、生物工程的兴起，使企业中的科技和管理工作日益重要，从事自动化作业管理的操纵按钮的“灰领”工人，以及

① 迈克尔·曼.前引书，第633页。
② 迈克尔·曼，同上书，第608—608页。

从事脑力劳动的“白领”工人，如自动装置工人、电脑程序编制员、电脑操作员、实验技术员，以及基层管理人员等比例大大提高。目前，在发达国家中从事脑力劳动的雇佣劳动者已经接近或超过体力劳动者。1978年，美国脑力劳动者占雇佣劳动者总数的50%，同年，在英国和法国，这一数字为40%，在加拿大和瑞典为45%。1980年美国“白领”工人和“蓝领”工人的比例是50∶32。[①]

产业结构的变化也大大改变了社会结构。随着第一和第二产业从业人数的减少，在第三产业从事服务和管理的就业人员，如咨询师、证券分析师、银行出纳员、饭店旅馆的服务员、公共娱乐及卫生保健人员等不断增加，他们在整个就业人口中的比例，在美国，1950年就已达到53.2%，1976年为65.7%，目前在主要发达国家第三产业的就业人口约占60%左右。[②]

与此同时，由于国家在政治、经济、社会管理等方面的职能明显扩张，从事社会管理工作的国家公职人员也因此人数倍增。法国政府的职能部门由19世纪的2—3个部发展到二战以后的30多个部，其公务员也增至1982年的263万人。在联邦德国政府机关服务的人员数量1952—1957年增加2.5倍，1960—1969年增加33%。[③]

进入垄断资本主义阶段后，欧美各国阶级构成的变化趋势有所不同。大型组织的扩展虽然可能使老中产阶级在竞争中失利，欧美各国小资产阶级并未如马克思及其追随者所预测的那样随着经济分化而无产阶级化。老中产阶级虽然受此搅扰并烦躁，但没有证据显示他们的利润遭受重大损失，更没有因此爆发集体行动。小资产阶级和工人阶级之间的鸿沟在1900年左右扩大，之后也没有缩小。[④]虽然小资产阶级在制造业和相对比例上在减少，但并非绝对数量的下降。这种数量减少在各国和不同时期是有差异的。

---

① 许平.当代西方国家社会分层变化分析.历史教学，2001年，第8期，第9页。
② 许平.同上书，第9页。
③ 许平.同上书，第5—6页。
④ 迈克尔·曼.前引书，第614页。

在英国，小业主和雇主等小资产阶级一直是中产阶级重要组成部分，在二战后的经济萧条时期数量上还有上升。农场主的数量在下降，但他们对农业的支配地位增强了。小资产阶级从制造业转向了服务业。大资本与小资本的共生是普遍现象：在生产的商品需要简单技术和密集劳动的地方，或者需求不稳定的领域，大企业把其业务承包给小企业，因为这些企业较低的工资和灵活就业能更好地对市场作出反应。通过这种方式，部分中产阶级参与了资本运作。① 在美国，老中产阶级的绝对数和相对数都大为降低。在美国，农场主和农业工人 1950 年的时候还占劳动力人口的近 12%，而 1980 年，只占 2.8%，1995 年只占劳动力人口的 1.9%。② 造成发达国家农业人口减少的直接原因，是科技革命直接导致的农业生产结构的调整和生产方式的变化，而战后各发达国家采取的一系列鼓励和刺激大农业生产的调节措施，以及工商业资本对农业的直接渗透，促成一体化农工商综合体的出现。在美国，大公司带着巨额资本进军农业，建立起"田野工厂"和"农业企业"，个体农民和中小农场主的发展空间因而大大受限。

但老资产阶级最基本的核心特征并没有变，即对小额资本或财产的占有，并且这种占有方式常常是以个人或家庭所有为特征（现时的大资产阶级对资本的占有方式则更多地体现为股票或债券），主要包括各种类型的小公司和农场主两种类型。前者主要集中在竞争性更强的边缘工业中（大公司则集中在制造业），它们因为拥有资本所有权而享有一定程度的独立性和自主性，其中有一些具有发展的潜力，但大多数或受制于大公司，或面临激烈的市场竞争，一般说来它们的雇佣人数不足 10 人；而后者的财产一般说来不是在市场上获得的，而是从上辈那里继承来的——继承性是小农场主区别于城市老中产阶级的主要特征。③

① 迈克尔·曼. 同上书，第 617—618 页。
② 许平. 前引书，第 9 页。
③ 周琪. 当代西方社会结构. 中国社会科学出版社，1995 年，第 225—228 页。

原来自己拥有一定的生产工具，可以直接为社会提供服务的律师、医生、教师、艺术家等自由职业者，在当代资本主义发展潮流的冲击下，也发生变化，少数人积累了资金，掌握了以最新技术和最新设备为形态的资本，雇佣脑力劳动者，上升为资产阶级，大大小小的律师事务所、私人学校和私人医院的出现就证明了这一点。但是，大多数以前的自由职业者失去了先前独立的社会地位，在联邦德国，1960—1981年，雇佣劳动者（包括工人、职员、学者、经理、政府官员等）的人数由2 030万上升到2 230万，所占就业人口的比例，由77.2%上升至86.5%，同期，非雇佣劳动者（包括资本家、手工业者、商人、农场主、独立的医生和律师）的人数由600万降至360万，所占就业人口的比例，由22.8%下降至13.5%。在法国，1954年雇佣劳动者占自立人口的66%，到1980年，雇佣劳动者已占自立人口的84%。在美国，1984年人口普查局的报告表明，独立经营的经理已由1957年的57%，降到1970年的27%，再降到1983年的9%，领取薪水的被雇佣的经理的比例却大大增加。[①]

欧美国家庞大的中产阶级的形成是由于具备了以下基本条件：首先是产业结构升级换代。产业结构从以第一、第二产业为主转向以第三产业为主时，信息产业、银行、金融保险、通讯、教育、保健和公用事业等得到了迅速的发展，而这些新兴产业中需要大量的专业和管理人员，导致了一个专业技术与管理群体的出现。第二是职业结构变迁的条件。职业结构的变迁除了受到前述的产业结构变迁的影响外，还受到三种重要原因的影响。一是资本所有权和管理权的分离不断扩大，出现了一个不具有财产权但是却有管理权的管理阶层；二是随着科学技术在社会生产中的作用日益显著，出现了一个具有较高学历和技术专长的专业技术精英群体；三是机器的广泛应用导致体力劳动工作大量减少，许多蓝领工作越来越多地由操作机器的专业人员代替。这些因素合在一起导致了全社会白领阶层的急剧增

① 许平.前引书，第6页。

加，蓝领人员比例相对下降。第三是收入分配的调整。随着资本的社会化和股份的分散化，大资产所有者在资本收入中的比例降低，资本收入为更多的阶层所享有。在“福利国家”政策的导引下，社会保障也有了很大的发展，社会保障客观上有调节收入分配的作用，此外，累进税制在一定程度上抑制了收入差距的扩大。这些制度上的改进都促使资本主义社会中出现一个庞大的中等收入层。第四是教育的发展。白领阶层的出现要求一个相应的教育大发展，这个必要性从不同种类人员的受教育年限就可以看出。以美国为例，专业技术人员和管理人员在校受教育年限一般为 15—16 年，办事员、销售人员一般为 12—13 年，而体力工人仅仅为 11—12 年。当代发达资本主义国家都经历了一个高等教育从精英教育到大众教育的转变，教育的发展为白领阶层的出现奠定了基础。①

四、20 世纪 70 年代以来欧美中产阶级危机

20 世纪 70 年代以来，伴随着经济全球化进程的加快，欧美国家普遍面临着收入两极化趋势的不断加剧以及社会发展不平衡性的增强，中产阶级不仅在规模上有萎缩趋势，还面临着失业、实际收入下降等问题。

这些危机在新千年开始后仍在不断加剧，以致于学者纷纷呼吁要拯救中产阶级危机。因为中产阶级庞大的橄榄型社会结构一向被认为是社会稳定的基础，中产阶级衰落势必造成消费不足、经济和社会发展的不可持续，甚至造成社会动荡。如法国政府推出旨在改善教育程度低下的下层青年的高失业率的新劳工法案《首次雇佣合同》，引起法国大中学生的抗议浪潮，很快蔓延到整个社会，以至法国最古老的索邦大学所在的巴黎拉丁区遭到军警严密封锁，被形容为美国在巴格达占领的“绿区”。中产阶级普遍认为这一法案将会恶化

① 李强. 关于中产阶级的理论与现状. 社会，2005 年，第 1 期，第 35—37 页。

自己的生存境遇，将其看成是对自己的莫大威胁。[1]

在美国，中产阶级受到越来越严重的挤压和削弱。这表现在收入与工作停滞而贫困不减：衡量生活标准最常用的尺度——实际家庭收入中位值（real median family income，将家庭以收入高低排序，处于分布序列中间的普通家庭的收入），自2001年到2007年实际只增加了微不足道的1.9%。其实，自1973年到2001年，这个指标只增长了7.0%，也就是说，从1973年到2007年，其总体百分比增长了9.0%。相反，在1947年到1973年，实际家庭收入中位值几乎是翻了一番。与此对照，家庭收入平均值在1947年到1973年间也同样翻了一番，其后自1973年到2001年它增长了23%。2001年至2007年，它只增长了1.0%，因此，从1973年到2007年，其总体增幅为24%。这个差距反映出的是自20世纪70年代早期以来日益加剧的不平等。

这种不平等还表现在贫困人口在21世纪初不降反升，以及最低收入的20%家庭收入占总体收入的百分比份额的下降，以及基尼系数的持续增高趋势。可见，工资水平没有能显著地上升是造成停滞的家庭收入和顽固的贫困主要原因之一。

而战后的减税总的来说对富人，尤其是大富豪们要有利一些。

虽然股市时跌时涨，房产价值在2008年前经历了持续的上涨趋势，但中产阶级的债务与收入比例却不断上升。而21世纪初增长的债务积累进入了日常消费而没有扩大消费。高额负债为2008—2009年的次贷危机埋下了伏笔。

2008年金融危机后中产阶级财富状况的恶化更显著，财富平均值在2007年到2009年间下降了17.3%，到达443 600美元，财富中位值则令人吃惊地骤降了36.1%，到达了65 400美元（接近1992年水平！）。房价的迅速下跌使得许多中产阶级家庭潦倒不堪。

资本利润率上升过快即资本所得相对劳动所得增长过快是中产

---

① 于时雨. 欧洲的改革迷惘. 南风窗，2006年，第8期，第41页。

阶级受挤压的根本原因。[①] 过去三十多年美国人的教育水平一直在稳步上升，但这并没有带来他们收入的相应增长。低下的工会参与率、美联储利用政策抑制工资增长是根本的原因。[②]

据英国《卫报》报道，欧洲也出现类似的趋向。英国收入再分配中，收入增加的五分之三被收入最高的5%获得。加入工会的劳动者数量虽然减少，但并没有美国严重；在就业机会上，制造业就业机会减少以及政府部门提供的中等收入工作减少；英国中产阶级承受着比美国消费者更重的财政负担。

在可预见的未来，这两个国家中等收入阶级将不仅在人数上有所减少，经济生活水平也将进一步下降。

欧洲其他国家如德国、意大利、法国和比利时也可看到同样的模式。[③] 近些年来，德国中产阶级规模也出现了一定程度上的萎缩趋势，2006年，以收入水平衡量，德国中产阶级群体所占比重已由2000年的62%下降至54%。由于过去三四十年内法国中产阶层收入上涨速度落后于住房、水电、燃油等物价上涨速度，导致目前中产阶层每月身负生活开支比重提高，可自由支配资金比重下降，严重影响其生活质量。[④]

酿成中产危机的因素很复杂，既有国内因素也有国际因素。20世纪后半期全球化带来世界范围经济和金融的扩张，国际劳动分工、国际信贷经济获得了前所未有的发展，资本、劳动力和商品在全球范围内流动。跨国企业、跨国资本在促进世界经济一体化的同时也深刻地改变了不同地区、不同国家的经济结构与社会结构。全球资本主义市场的形成，促使欧美国家劳动密集型甚至技术密集型产业纷纷转移到原材料与劳动力成本低廉的发展中国家和地区，导致这些

---

① 托马斯·皮凯蒂. 21世纪资本论. 巴曙松等译，中信出版社2014年。

② 〔美〕爱德华·N. 沃尔夫著，周思成译. 美国资本利润率上升与中产阶级挤压. 国外理论动态，2010年，第11期。

③ （美）F. R. 斯特罗贝尔. 英国在收入不平等的道路上越走越远. 国外社会科学，1996年，第3期，第84页。

④ 张茉楠. 中产阶级衰落动摇美欧根基. 浙江经济，2010年8月10日，第34页。

国家制造业的空心化。而移民的增加也使劳动力市场竞争加剧。这导致欧美国家制造业劳动力的就业压力，失业问题成为困扰这些国家白领的首要问题。而高科技的运用和信息化浪潮导致的生产率提高，使这些国家受教育程度不高的劳动者面临失业的威胁。

把持巨额财富的精英阶层对政治和经济的操控，由于加入工会人数大幅降低造成的组织力量削弱、中产阶级的政治影响力较小，受国际因素影响的经济增长不足等因素，都是造成中产阶级受挤压的原因。由于意识到中产阶级衰退将影响到经济复苏，2009 年 2 月奥巴马政府组建了由副总统拜登领导的专门机构“中产阶级劳工家庭特别小组”，研究为美国中产阶级特别是下中阶层提供支持。2010 年奥巴马在国情咨文中，再次提出将他的经济政策重点转向创造就业、改善社会福利，以帮助陷入困境的美国中产阶级。资本利润率上升过快的问题却远非福利政策本身能够解决。

在全球化趋势下，一个活跃于全球舞台的“全球中产阶级”开始出现。后福特主义[①]与资本主义生产方式的变革、生产者服务业和全球城市的崛起、跨界生产与全球生产网络的形成，把广大的发展中国家卷入全球经济体系和生产网络，也从根本上改变了非核心国家的阶级结构与社会层级。全球经济格局发生了重要变化，导致中产阶级的地域分布及其构成正在发生复杂而深刻的变化。一个由中小企业主、跨国资本家阶层、创造阶级等新型中产阶级构成的社会群体正在逐渐形成。这个群体受雇于跨国企业、从事新技术服务、进行创造性工作，有全球眼光、依靠组织网络整合进全球经济，“他们不再西装革履地被束缚在密不透风的办公室隔间里，而是在国际投资、过境中转或金融交易的作用下，穿梭于东京、伦敦、纽约、上海等各个‘全球城市’——全球庞大网络所组成的地方性的城市空间‘结点’之上。”[②]

---

① 是指以满足个性化需求为目的，以信息和通信技术为基础，生产过程和劳动关系都具有弹性的生产模式。以纠正福特主义模式扭曲人性，加剧异化的缺陷。

② 张戌凡. 全球中产阶级的崛起：一个待探索的阶级议题. 南京社会科学，2009 年，第 11 期，第 119 页。

他们主要具有以下特征：经济行为具有全球导向，以知识为劳动资本，以网络性的方式组合连接在一起，并在生活方式上保有趋同性。虽然全球中产阶级仍然分布在以国家为界限的范围之内，但是其产生来源、构成属性以及群体性特征已经出现了一个在全球范围内扩散的趋势。

中产阶级虽经历了 2 个多世纪的发展，但由于全球化、国际政治与经济局势的影响，也由于中产阶级本身的脆弱性，它的发展过程远未终结，仍然处于不断演变过程中。而不同国家的中产阶级受到历史传统、文化与政治体制乃至产业结构、发展阶段的影响，也呈现出多元的特征，对英、美、德等国中产阶级的政治认同、社会属性与生活方式等的检视也将丰富对于中产阶级问题的全面理解。

第二节　英国中产阶级

英国是最早现代化的国家，也是中产阶级最早出现的国家。英国人的“保守”的“绅士风度”，正是中产阶级文化塑造的结果，也是中产阶级文化的表征。

一、英国中产阶级的发展概况

英国中产阶级产生于 17 世纪末期，形成于 18 世纪，19 世纪迅速崛起，在维多利亚女王统治中后期发展成熟。英国在 16—18 世纪逐渐由等级社会过渡为阶级社会，中产阶级即产生于这一过程中。这一阶段英国社会结构由上层阶级、下层阶级和中等阶级构成。上层阶级包括贵族、大土地所有者、当权者等，下层阶级包括工人阶级、农业劳动者、非工厂劳工、家庭仆役、城市贫民等。处于中间位置的则是中产阶级，由工商业财产所有者、高级军人、乡绅和约曼、专业人士等构成。[1]

光荣革命后英国工商业群体的地位大大提高。传统的贵族的垄断权力大大削弱，资产阶级开始登上历史舞台。他们既是国家重商主义政策的积极推动者，也是该政策的受益者。海外贸易、殖民开拓既扩大了国家财源，也使工商业者发家致富。工商业资本家的贪婪与冒险，与英国政府全球扩张的野心互相声援，国家命运与工商业集团的利益密切结合，共同成就了英国这个商业帝国的世界霸权地位。在乡村，乡绅和约曼（Yeomen）是农村中小土地所有者，垄断地方政务，是农村经济和社会发展的重要力量。圈地浪潮加剧了阶层分化，促使农村形成了“地主—租地农场主—农业工人”的三层社会结构。土地的集中为规模化经营和规模效益奠定了基础，推动了传统农业向资本主义现代农业的发展。18 世纪英国在重商主义和工业革命推动下，人口增长迅速，工商业高速发展，报纸、印刷等媒体业的勃兴和消费社会的形成，商人、管理者、专业人士等中产阶级的规模不断扩大。商人起源于地主产业的代理人，或远途贸易商人的驻地代理人。有从事批发贸易的大商人、直接接触生产者的中间商和城镇小店主和乡村小贩，经济地位相差悬殊。大商人常常通过控制原料和销售渠道、委托加工两种形式支配生产经营。[2]

工业化和城市化促使社会经济活动的集聚，进而推动了城市化发展。到 1801 年，英国已经有了 1 036 个城镇，其中有 75%集中在自然资源丰富的西米德兰、西北部和约克郡。各种制造业、能源和交通枢纽城市兴起，大城市的数量也不断增长。从 1801—1911 年，新增城镇 429 座，使城镇数达到 1 541 个。到 1901 年时，曼彻斯特、利物浦、格拉斯哥、伯明翰等城市人口分别增长到 103.5 万、88.4 万、100 万和 84 万，几乎都翻了一番。19 世纪初，英国有 33.8%的城镇

---

① 胡玲、陈祖洲. 近代英国中产阶级中的问题. 历史研究，2010 年，第 1 期，第170 页。

② 曹瑞臣. 18 世纪英国中产阶级崛起研究. 合肥工业大学学报（社会科学版），2012 年，第 3 期，第 41—42 页。

人口，到1851年达54%，居住在万人以上城镇里的人口从890万增加到1 690万人，净增500万以上，年均增长率达0.36%，是同期欧洲大陆城市增长率的两倍。英国成为了世界上第一个城市化国家。此后的城市化进程进一步加快，1900年达到78%，越来越多的人口集中到城镇。英国成为当时世界上城市化程度最高的国家。①

在社会组织日益复杂化，管理细化的城市社会，对管理与专业需求的服务增长。专业人士包括建筑师、园丁、土地工程测量人员、土地代理人、地产管家甚至是教师、牧师、医生、律师等。他们利用他们的专业技能，在经济、政治、文化领域里以知识和技能提供社会服务。有良好经济地位和受过教育的中产阶级在数量、财富与重要性方面持续增长。一般认为，维多利亚中期，人口中大约有15—20%的人属于中产阶级群体。② 虽然对中产阶级人数的估计不尽一致，但在中产阶级人数增长这一点上，则是没有争议的。

光荣革命后的英国逐步确立了立宪君主制，政治稳定，参政渠道逐步扩大。实力增长的中产阶级在政治和社会中越来越活跃。中产阶级积极参加议会选举、通过请愿运动等影响政策。从1807年威斯敏斯特大选开始，中产阶级进行了轰轰烈烈的议会改革运动，商人、工场主、专业人士等中产阶级的比例在议会中人数逐渐增加。③ 随着中产阶级经济和社会地位的提高，他们在议会、市政官员中的比例不断上升。从1856年到1890年，工商业资产阶级的比例从52.5%上升到80.35%；在布莱克本和博尔顿的市长中，有60%以上是工商业资产阶级出身。④

在一定时期内，中产阶级具有明显的参政热情。政府的商业或

---

① 陆伟芳.英国中产阶级与19世纪城市发展.扬州大学学报（人文社会科学版），2007年，第3期，第113页。

② 陆伟芳.同上书，第115页。

③ 亢春燕.18—19世纪英国中产阶级的社会生活.内蒙古大学，2008年5月，第14页。

④ 李宏图.英国工业资产阶级与社会政治现代化模式.世界历史，1992年，第2期，第21—28页。

经济政策直接影响到其利益。许多中产阶级成员出身低微，依靠从事商业贸易活动致富。为了与下层划清界限，提升社会形象，中产阶级成员热心公益活动。他们在城市中建立各种社团，承担着从商业、宗教到娱乐等几乎所有社会生活领域的职能。他们通过建立流动图书馆、创建文学艺术社团、组建哲学社团等方式塑造自身的文化形象。中产阶级关注慈善事业，建立济贫院、开凿运河、建立礼拜堂。“这种自愿组织是新的政治组织形式，它们使得地方商人、工场主和专业人士在社区共同发挥一种远远超过仅靠各自个人收入捐赠能够产生的影响”。变革社会总是带来诸多不确定性，底层贫民和无业游民往往生活无着落。虽然这不能消除贫困和等级鸿沟，却有助于塑造公众精神和美德，也塑造了自身乐善好施的良好社会形象，提升了其社会认可度。[①]

通过文化水平、闲暇时间、会费制约等区隔手段塑造阶层认同。中产阶级成员通过在公共事务中的讨论，扩展了公共生活，形成了一个由自由争辩、讨论为形式的公共领域。这种不同集团间就公共事务平等交流、协商妥协，不仅催生了理性、责任、诚实守信等中产阶级自我意识，而且营造了民主的社会氛围，推动了民主的发展。

18—19世纪英国中产阶级在公共生活的参与中，阶层意识觉醒，阶层认同逐渐形成。与早期中产阶级成员努力想通过购买土地等方式加入贵族集团相反，中产阶级开始公然标榜自己的财富、自由，甚至品格。有些商人在各种场所如车马、救济院、住宅窗户甚至葬礼方面公然使用某种标志以示自己的身份，赞扬商人是国家最好、最有益的成员，应当享受优渥的生命。[②]

随着工业革命的发展，白领雇员大规模产生。在英国，1851年，领取薪金的被雇佣人员仅占1%—2%。1870年后，在整个西方，商业店

① 梁雪梅. 18世纪初期的英国中产阶级理想——以文学期刊《旁观者》为例. 福建师范大学，硕士论文，2012年，第43页。

② 亢春燕. 前引书，第15页。

员、会计、银行和保险公司职员增长迅速。到1911年，办公室和管理方面的雇员占了英国劳动力的7%，主要在交通和商业中。1900年后雇佣包括办事员、销售员和经理等职业的大企业在各个部门出现，白领雇员发生分裂，白领中较低层级的雇员无产阶级化。但白领雇员的增长速度在20世纪大大增快。从1911年到1971年，英国非体力雇员在绝对数量上几乎增长了4倍，在劳动力的相对份额中增长了3倍。[①]

二战后随着国家职能的扩展和经济结构变化，英国的社会结构和阶级关系已经发生了很大变化。英国选民中工人阶级所占的比重，1964年时为47%，到1983年时降为34%。[②] 1951—1961年，中级经理和行政管理人员增长1.5倍，1961—1971年又增长50%，从63万增到94万，1981年达到128万。[③] 1980年代后期，英国有百万英镑财产的人只占全国人口不到2%，约120万人，无产阶级化的工人占全国人口4%，约240万人，财产低于百万英镑，年收入在贫困线以上即人均年收入达24 550美元的中产阶级占全国人口的94%，约近6 000万人。[④] 管理职业的中产阶级增加迅速。根据收入和职业统计，据英国"'关税总署'统计，2004—2005年，该国纳税人总数约3 027万，其中年收入在15 000英镑以上的中间收入阶层人数达到1 672万，为全部纳税人的55.25%"；而"如果以专业人员、职员和技术工人作为中产阶级，那么他们在就业人员中的人数比重从1968年的61.5%上升到1986年的66.2%；而如果把专业人员、职员和经理及主管等非体力劳动者都作为中产阶级，那么中产阶级的人数比重从1968年33.59%上升到1997年的65%左右"。[⑤] 当代英国的中产阶级性别构成仍然是男性为主，在大部分企业和专业里妇女占据的

---

① 迈克尔·曼.前引书，第621页。

② 刘建飞.英国工党阶级基础和性质的演变.当代世界社会主义问题，1996，(4)。

③ 许平.前引书，第7页。

④ 顾兴斌.论英国中产阶级的形成、发展与作用.江西社会科学，1995年，第11期，第68页。

⑤ 田德文.2010年英国大选与政治走势.中国党政干部论坛，2010年，第6页。

高级职位比重仍然很低。而且少数族裔担负管理责任的经理职位和专业工作中的高等级职位比例仍然很少。①

中产阶级的兴起改变了英国的政党政治。为了应对选民中中产阶级力量为主的阶层分布结构，三大主要政党中自民党、保守党和工党的意识形态开始趋同，政策主张趋同、竞选纲领趋同。而这种趋同使选民的政党认同度下降，政策投票模式出现，最终导致 2010 年英国议会选举中出现了“悬浮议会”与联合政府出现。②

英国中产阶级构成的一个特点是小资产阶级具有独特的重要性。英国的小资产阶级作为一个阶级组成部分是独特的，与下层和上层都分离开来。小资产阶级既难上升到资本家集团中，也减少了与工人阶级的联系——从技术工人上升为小业主的流动大大减少。③ 20 世纪垄断资本主义扩展的趋势下，小资产阶级仍占据了相当大的比例。英国的小资产阶级包括雇主和小业主。在 1911—1931 年间增长了 14%，在 1931—1951 年间减少了 21%，但 1951—1971 年间有了回升：雇主增加了近 50%，几乎回到了 1931 年的水平。这表明了英国的三种趋势：1. 尽管 19 世纪中期，小资产阶级上层雇主轻微减少，但这被一个数量增长的家庭小资产阶级（小业主）所平衡。2. 总的趋势可能会掩盖部门间机会的转移。3. 小企业在不好的经济时代发展相对较好。④

二战后，高等教育的迅速扩展使进入经理和专业人员等级时有更多的竞争。当超过的劳动力是中产阶级时，他们就不可能都享受明显在平均水平之上的地位和薪水。贫富差距扩大，职业“塞车”程度提高，失业的压力使中产阶级脆弱的地位岌岌可危。虽然面临种种困境，中产阶级的就业机会仍然在增多而不是在减少，其数量规模

① 崔树义. 当代英国社会阶级结构研究. 山东大学博士学位论文，2005 年，第 42 页。

② 常胜泽. 论英国中产阶级的崛起对 2010 年大选的影响. 天津行政学院学报，2012 年，第 3 期，第 22—27 页。

③ 迈克尔·曼. 前引书，第 614 页。

④ 迈克尔·曼. 前引书，第 613 页。

仍然在扩大而不是缩小。中产阶级在规模上会超过工人阶级而成为英国规模最大的一个阶级。总体而言，中产阶级现在有比过去更多的机会，高级中产阶级工作的报酬比过去都好，而且在事业进步方面，中产阶级雇员的机会没有发生总体下降。①

二、英国中产阶级的阶层认同

英国中产阶级规模的迅速扩大，导致了中产阶级成员社会出身的复杂多样，进而导致了它至今尚未形成十分确定的、与众不同的阶级意识和政治倾向，在西方社会至今没有一个明确宣称仅代表中产阶级利益的主要政党。虽然中产阶级内部有高低层次区分，公共与私营部门的区分，从事管理的经理与拥有文化资产的专业人员的区分，生活方式的区分，但这种内部分化并不足以同中产阶级与工人阶级之间的区分相比，更不足以阻碍中产阶级形成与众不同的意识和政治倾向。②

传统中产阶级由于被工人阶级力量的威胁集合到一起。而今由于工人阶级力量的削弱，加入工会的新中产阶级增多。1997 年，经理和专业人员中的工会会员比例为 47%，而熟练工人为 45%，非熟练工人为 37%。③ 中产阶级所以大批加入工会，是因为他们的工作保障受到了破坏，事业进步机会变少了，还因为他们中有大批人是为政府这个最大的雇主工作。可以说，今天的工会更多代表的是中产阶级的而不是工人阶级的利益。新中产阶级有许多人在健康和教育服务等方面也像工人阶级那样依赖国家提供。他们有人员协会，比体力雇员更可能成为工会会员。

中产阶级的阶级认同是一个双向的发展过程，既包括时人对这

---

① 崔树义. 当代英国社会阶级结构研究. 山东大学博士学位论文，2005 年，第 45 页。
② 崔树义. 同上文，第 46—49 页。
③ 崔树义. 前引文，第 52 页。

一群体的看法，也包括这一群体对自己的看法，也就是说，“当一批人从共同的经历（不管这种经历是从前辈那里得来还是亲身体验）中得出结论，感到并明确说出他们之间有共同利益，他们的利益与其他人不同（而且常常对立）时，阶级就产生了”。①

表达阶级认同的方式有：

新的消费文化，即“接受某些服务和拥有某些商品”，这种物质文化背后有深刻的社会含义，不仅证明了内部的彼此认同，还向其他阶层“证明了他们的社会价值”，所以“有助于界定一个特征日益明显的集团”。②

还有社会意识方面，科学家约瑟夫·普里斯特利及其周围的一批知识分子、工业家自视为社会发展的“清道夫”，表明了该阶层的一种自我认同。③

此外还有参与某种社会活动，英国中产阶级表现出集体主义倾向，在所有政党以及各类非营利志愿组织中，来自中产阶级的成员最多，而且积极分子也最多。在过去的一些年里，新中产阶级一直在从事一些在传统工人阶级的基本议程中找不到位置的新的基本问题，如和平、种族平等、性别平等、同性恋者权利、保护动物和环境等。至少从表面上看来，这些新问题同特定中产阶级的利益没有任何关系。

这些“新社会运动”的参加者来自各个社会阶层，有着广泛的社会基础，但大多数积极分子是中产阶级，他们通常来自中产阶级家庭而不是从工人阶级家庭向上流动来的，他们的父母经常持有类似的基本观点。他们最有可能在公共部门工作，从事福利或者知识专业。④

---

① E. P. 汤普森. 英国工人阶级的形成(上)，“前言”. 第 1—2 页。转引自胡玲、陈祖洲. 近代英国中产阶级形成中的问题. 第 176 页。

② (美) 约翰·斯梅尔著，陈勇译. 中产文化的起源. 上海人民出版社，2006，第 117 页。

③ 胡玲、陈祖洲. 同上，第 176 页。

④ 崔树义. 当代英国社会阶级结构研究. 山东大学博士学位论文，2005 年，第 53 页。

英国人具有传统的贵族情节。在中世纪，贵族是社会的主导阶级，贵族精神也是主导的价值取向，是社会所承认的官方的文化参照系。贵族的一举一动皆被视为世人的楷模，一切向上流社会努力奋斗的人们都竞相模仿他们的言谈举止，生怕因自己的粗野行为被他人看出其卑微的社会出身。英国中产阶级"新富"急于重新塑造自己的社会身份，以期彻底改变卑微的出身，"向上流社会看齐"也成为英国中产阶级的时尚。但随着市场经济的运行规范，理性选择和效益作为轴心的商业化社会精神开始影响人们的文化标准，到 19 世纪末，市民普遍认同这样一种城市文化：具有男性气质的、理性的、积极的特征，体现知识的，尤其是能够体现艺术性和科技性——这实际上也是商业与制造业人士所推崇的文化品味。① 许多中产阶级男性精英把城市文化团体当成自己社会舞台的延伸，以便相互交流，巩固他们自己的阶层或群体认同。在参与公共事务中，也塑造了中产阶级有责任感和积极、主动的形象。

英国的中产阶级代表着英国民族的形象，"英国的民族形象则是约翰牛先生带着高顶帽子，穿着舒适衣服，大腹便便，以及银行事务上的出色权衡力。"②在公学的教育影响之下，他们不愿与其他阶层的人交流，缺少与外界世界应有的"联结"。因此，福斯特将中产阶级描述为"带着发达而健壮的躯体，良好训练的思维和未能发育的心灵"。③ 在福斯特的定义里，未能发育的心灵并不意味着冷漠，而是"害怕去感受"。④ 谨小慎微、自我克制的绅士风度，抑制情感是英国

---

① 沈晖.英国中产阶级：文化及其认同.甘肃社会科学，2005 年，第 2 期。

② 爱德华·摩根·福斯特著，李辉译.关于英国人性格的说明. 天津：百花文艺出版社，1994 年，第 5 页。转引自李莹.浅析《看得见风景的房间》中英国中产阶级的精神困境与出路.安徽文学，2011 年，第 1 期，第 108 页。

③ 爱德华·摩根·福斯特著，李辉译.关于英国人性格的说明. 天津：百花文艺出版社，1994 年，第 5 页。转引自李莹.浅析《看得见风景的房间》中英国中产阶级的精神困境与出路.安徽文学，2011 年，第 1 期，第 108。

④ 福斯特，同上书，第 5 页；转引自李莹，第 108 页。

式绅士风度的典型特征。[①] 斯梅尔使用两个具有典型意义的文化符号揭示了英国哈里法克斯地区中产阶级的自我认同，这就是中产阶级用以区别下等阶层的“文雅”和区别土地精英的“节俭”。在他看来，既追求“文雅”又追求“节俭”的阶层应包括商业和职业界的精英，即富裕商人、工场主、职业人士（医生、律师、教区牧师以及少数助理牧师）；簇拥在这些主要人物周围的小工场主；“为他们提供商品和服务而使自己的生活方式日具个性的人们——店主、熟练工匠、簿记员和教师之类的下层职业人士”。[②] 18—19 世纪的中产阶级基本都是清教徒，勤奋节俭，努力追求并积累财富。英国中产阶级的财富观包含了两方面内容：一是节俭、审慎，二是优雅闲适。[③]

中产阶级是通过个人奋斗获得社会经济地位的阶层。他们的奋斗历程体现了中产阶级的价值观：自信、富有创造力和进取精神、勤奋工作、追求利润、节俭等等。英国中产阶级的文化气质表现为关注道德、浪漫和感情。他们通过投资捐建图书馆、博物馆、慈善机构，成立或加入科学协会、文学艺术和哲学社团、展示艺术鉴赏才能炫耀自己的文化品位。并以勤勉、立过军功、高雅的流行时尚、讲究绅士风度，无懈可击的穿着打扮展示自己的身份，塑造自身的文化形象。[④]

三、英国中产阶级的生活方式

由于对居住质量和住宅私密性的要求，早在 19 世纪早期，英国就发展出一批新型中产阶级郊区（romantic suburbs）。这种富有浪漫色彩的郊区首先在 19 世纪 20 年代出现于伦敦，它在社区环境设计上突出

① 李莹，同上书。
② ［美］约翰·斯梅尔著，陈勇译. 中产文化的起源［M］. 上海人民出版社，2006 年，第 144—145 页。
③ 亢春燕. 前引书，第 18 页。
④ 沈晖. 前引书，第 104—106 页。

体现了一种古典主义的温馨浪漫的格调，比如曲折迂回的街巷、新颖别致的建筑、依山傍溪的选址，其间点缀着各式各样的花园，树木葱茂、花草飘香，具有浓郁的乡村气息。随后的浪漫郊区发展为独门独户的住宅，周围没有商店也没有工厂。这种郊区在美丽的花园环境中建设起成排的风格各异的独立式住宅和半独立式住宅，相互间用大门、树篱隔开。这种郊区住宅在空间上远离市中心，与穷人产生空间上的距离，确保家庭生活的私密性。郊区化的出现不仅是对昂贵、拥挤、混杂的城市的反动，而且还包括城郊乡村化理想对中产阶级的吸引力。这种乡村化理想强调的是私人家庭生活的愉悦、小社区环境的安全和对自然环境的享受。到 19 世纪末，由商人、专业人士、公务员、办事员等分享的诱人的城郊住宅，已经成为中产阶级生活的基本模式，以及他们最有力的象征之一。人口从城市核心地区移出，分散到郊区。城市分散使城市化向近郊、远郊乃至乡村广阔空间扩散，空间结构不断演变。[①] 中产阶级的住宅郊区化，影响了城市空间布局，城市商业区和市郊居住区的分离，增加了对公共交通的需求，公共马车、火车开始出现。

在 18—19 世纪，在家庭生活领域里，传统家庭的经济功能逐渐为工厂取代，家庭成为私人领地，而中产阶级妇女退出了劳动力领域。其主要生活内容便是模仿贵族妇女的生活方式。正如一本关于 19 世纪英国妇女的书中描述的那样，中产阶级的农村妇女“要戴饰有羽毛的帽子、穿骑装”“除非本人与富裕的农场主的女儿非常熟悉，否则没有一个人能在穿着打扮上，将她与公爵的女儿区分开来。”“但她们中几乎没人会挤奶、搅奶酪、烤面包，或任何家务事。”她们“在寄宿学校接受教育，学跳舞、讲法语、弹大键琴。”“代替准备黄油、喂养家禽或腌制咸肉的是，年轻淑女在家里研究穿着、举止、小说、法语及音乐，她们的母亲——高雅的贵妇人倚坐在客厅里，戴着赶时髦的女儿无聊之中绣的饰品。”“她们坐在漂亮轻便的马车里，叽叽嘎嘎地去

① 陆伟芳. 英国中产阶级与 19 世纪城市发展. 扬州大学学报（人文社会科学版），2007 年，第 3 期，第 116 页。

女帽商和香水商那儿……”社会也通过文学艺术作品塑造“家庭天使”贤妻良母的形象，确立中产阶级妇女的性别意识。[①] 为了证明自己的地位和身份，中产阶级模仿上流贵族风雅的生活方式，建造豪华宅邸，内部陈设华丽高雅。并通过衣着、配饰标榜自己的品味和精致，在谈吐举止方面向贵族看齐。他们衣着考究，购买包括俄罗斯皮椅、地毯、昂贵的床、屏风、窗帘、绘画工艺品、银质餐具等等在内的奢侈品。[②]

在闲暇时间，他们去乡间狩猎，去剧院看戏和听意大利歌剧。为了符合中上层的审美价值观，女人穿衬裙圈和紧身胸衣，戴越来越高的头饰。贵族服装在中产阶级中逐渐演变成取悦他人的工具，或是成为一种身份地位的象征，一种炫耀的资本。贵族女人穿着华服，多数是为了在公众面前展示，因此她们要经常出席时髦高级的场所，例如乡村舞会和剧院包厢，以此宣告她们是美丽的有闲者。一般来说，紧身衣与衬裙圈对女性的健康没有好处。贵族服饰不是简单地修饰身型，而是以强制力和约束感去雕塑一种身材。裙撑非常圆滚，不仅穿着不适，而且影响女性的走路姿态和落座。[③] 女子适时昏倒成为一种时髦，甚至是淑女受训练的内容，不仅是由于表现柔弱能博得男子的爱慕与注意，也可能是由于紧身衣常常将女人的肋骨硬性收紧，导致她们呼吸困难。

随着社会的发展与社会的平等化，传统而刻板的礼仪已经失去了市场。但受贵族文化的影响，英国中产人士依然有着独特的生活品位。英国电视制片人菲·考特·克雷格在《中产阶级的要素》一书中幽默、风趣地展示了当代英国中产阶级生活各方面的风貌，评述了他们的习俗和癖好。菲·考特在书中以字母顺序展现了中产阶级吃穿用度方面的选择。饮品方面，“真的咖啡战胜了速溶咖啡，不是因

---

① 亢春燕. 前引书，第 21 页。
② 亢春燕. 前引书，第 29 页。
③ 梁雪梅. 前引书，第 40 页。

为它更好喝，而是因为它会用到更多的器具，而中产阶级珍视我们的器具。至少我们都有几个咖啡壶、一个咖啡磨豆机、一个咖啡馆式样的咖啡机、几只咖啡杯，抽屉里有几张滤纸”。穿着方面，中产阶级很喜欢卡骆驰凉鞋，并追随法国人的时尚潮流。他们安装地暖设备，雇一个小时工是成为中产的重要一步。留着胡子、戴着时髦眼镜的中产阶级最喜欢阿森纳队，因为他们的踢法比较存在主义。中产阶级喜欢捡贝壳，把贝壳贴在浴室的镜子上，或做成有机项链。知道几种云的拉丁语名字非常中产。他们的孩子学钢琴，并且非常乌托邦，证据之一是他们喜欢上各种课程。不论多么鲜为人知的主题都有课程可上。“从折彩旗课到掘墓课都有，如果没找到，你可以自己开。”①

绅士风度仍是英国人经典标签，而独特的品味和行为举止是绅士风度的具体体现。这种独特品味首先表现在衣着上。中产阶级的男性和女性无论在什么时候对自己的服装和打扮都十分注意。女性的服装以素色淡雅为主，很注意服饰的搭配。英国男性的服饰变化更少，他们清一色的西装革履，几乎可以说是有些单调。但是他们的衣服总是很干净，特别是里面的衬衣永远是雪白的。他们穿着洗熨过的合体西服，鞋子擦得一尘不染。在英国，男性衣冠不整是非常粗鲁的，穿着整洁被看成是一个绅士有涵养和有魅力的体现。他们都很注重个人卫生，特别是牙齿卫生。英国人无论是否有牙病，每年都要到医院定期药物洗牙两次。他们与人交谈时露齿一笑，都会显出整齐洁白的牙齿，让人感觉很舒服。英国绅士和淑女的风度还体现在说话、语气、手势、坐姿等一些细节上。在英国，一个人与别人谈话的时候，如果动作幅度很大、声音很高，特别是谈话中粗话不断，会被看成是教养不够的表现，很可能会因为这种不雅的举止失去友谊。因此，英国男性与人谈话的时候总是坐得笔直，语调不高也不低。即便稍有动作，也能将一个姿势保持很久，像是定格了一样。②

---

① 英国中产阶级生活大全. 2012 年 11 月 15 日，三联生活周刊。

② 周晓虹. 全球中产阶级报告. 社会科学文献出版社，2005 年。

最能体现其文雅闲适生活情调的，便是喝下午茶，这是中产阶级典雅生活方式的重要组成部分。精致的银茶壶、瓷器，选择喝茶地点。比如夏天在繁花盛开的花园内喝茶，冬天在温暖的炉火边品茶，都是显示其富有绅士风度的生活方式。“英式下午茶”已成为英式典雅生活方式的象征。这种源于19世纪维多利亚时代的习俗，简直就是英国社交生活的极致展现，由此也可看出英国人温文尔雅富有绅士风度的一面。①

第三节　美国中产阶级

一批清教徒为逃避英国国教的迫害乘坐“五月花”号流离到新大陆后，按照船上的41位自由的成年男人签名的《“五月花”号公约》，欧洲人开辟了自己的新家园，他们不仅慢慢地把没有强权压制和贵族剥削的美国建成政治自由之地，而且塑造了中产阶级的经济天堂。② 移民们在这片富庶的土地上开创了物质繁荣和政治自由，吸引了一代又一代的移民，他们相信，在美国，只要奋斗便必然成功。“美国梦”是美国的核心竞争力，也是中产阶级的“新宗教”。

一、美国中产阶级的发展概况

早期的美国中产阶级即老中产阶级是以自由农场主、小雇主等构成的。第一代新移民来到美国后，1785年颁布的《土地法》使联邦政府对广袤的无人管辖、无主所属的土地拥有明确的绝对产权，抑制了土地垄断。1862年《宅田法》给每个靠土地生活并愿意垦殖5年以

① 沈晖．前引书，第106页。

② 张春明．美国中产阶级的历程和政府的制度安排．浙江学刊，2004年第3期，第32页。

上的移民提供160英亩的免费公共土地。这些措施产生的结果是被分隔成小农场的土地上大量的自耕农构成了数量庞大的中产阶级。由于联邦政府资助横跨大陆的铁路，许多乡村铁路建成，以吸引人口开垦西部。[①] 这些政策则造就了广大的自由农场主阶层。这一时期农场主在独立中产阶级中间始终占据着数量上的优势。他们散居在广阔的土地上。美国革命后北方大量的大农庄充公后也分成小块以优厚价格卖给了小农场主。这些人利用便利的交通条件四处旅行。他们“始终是创业型的企业家……每一件东西也都变成了投机的对象”。[②] 而制造业中多数公司规模少于10万美金以下，他们既是商人，也是投机家、托运人，“单幢住房”的建造者。在数量上占绝对优势的则是拥有小规模独立资产的手艺工匠和零售商。[③]

新中产阶级诞生于19世纪末，正值美国工业革命和经济扩张时期。生产线的建立、泰勒管理模式的运用，创造了越来越多的白领工作岗位。自由资本主义的工厂吸纳了大量的劳动力。工业化并没有使美国社会分裂为工业资产阶级和工业无产阶级两大对立阵营，而是在二者之间形成了规模日益壮大的中产阶级。这在很大程度上缓解了美国的阶级冲突。通过劳工运动、工会的力量以及手中的选票，工人们争取到了公平的工资，成为高额市场工资养育的第二代中产阶级。1870—1910年间，美国总人口增长2倍多，其中工人阶级增长3倍，农民增长1倍，旧中产阶级只增长2倍，但新中产阶级增长了8倍，人数从75.6万增至560.9万人，成为中产阶级中的多数，占63%。[④]

美国的文官群体是中产阶级的重要组织部分，在职业上和收入上都具有中产阶级的特质并且是具有较高文化素质和学历层次的职

---

① 张春明.美国中产阶级的历程和政府的制度安排.浙江学刊，2004年，第3期，第35页。

② ［美］C·赖特·米尔斯.白领——美国的中产阶级.浙江人民出版社，1987年版，第20页。

③ 米尔斯.同上书，第21页。

④ 肖华锋.19世纪后半叶美国中产阶级的兴起.文史哲，2001年，第5期，第122页。

业群体。根据1983年的一项统计数据，在对11种美国中产阶级职业群体收入情况进行排序中，中高级文官则与高级管理人员和经理并列，排在第一位，年均收入是30 921美元。中产阶级在阶级属性上冷漠和保守，加之构成成分分散，在物质利益和意识形态上很难达成一致，使其很难成为团结有力的政治行动者。文官政治中立原则，使得文官群体的政治冷漠和消极得以强化。这一方面保证了文官群体能超脱党派或者阶级利益，公正而客观地服务于社会；另一方面，其影响会引领整个美国社会向极端个人主义、实用主义和保守主义的方向发展。①

教育水平的提高与大学教育的逐渐普及也造就了大批专业人士。1870年，美国只有52 000名大学生，1890年增至157 000名，而1920年普查表明，大学生数不少于60万，“比旧世界所有大学的学生总和还多”。② 专业性要求很强的职业主要有医生、律师、建筑师和新闻记者等，他们是中产阶级当中专业性最强、社会地位最高的成员。到了19世纪下半叶，科技发明使得全民崇尚科学，同时各大学相应专业的开设培养了专业技术人员的职业自觉意识，也栽培出大量的专业后备人才，专业职业被赋予了神圣的科学意义。他们成立各自的专业学会，藉此排斥不合格的人参与，使全国同一职业者凝为一体，形成颇具规模的专业技术共同体，以抗拒来自其他群体的竞争。1900年美国医学会成员8 400人，1910年已超过70 000人；1878年美国律师协会成立，1894年纽约州率先成立律师考试中心，严格控制从业执照考试，其他州群起仿效，由此而确立美国律师职业化的模式；而教师行业通过师范院校和教育协会的支持，同时改革课程的内容，使得一般人无法涉足；新闻记者则通过科学的报道来显示与其他学科的不同。

各大学在培养各专业的自觉意识方面起了关键的作用，许多学

---

① 石庆环. 美国中产阶级的“政治异化”现象与文官“政治中立”原则. 辽宁大学学报（哲学社会科学版），2011年7月，第39卷，第4期。

② 肖华锋. 同上书，第125页。

科协会都设在一些大学里。19 世纪 80 年代，美国历史学协会、美国经济学协会、美国统计学协会，紧接着在 1903 年美国政治学协会、美国社会学学会先后脱离美国社会科学协会而独立出来。这些协会不仅包括了各专业学科大部分的专业技术人员，更重要的是其中的精英——知识分子几乎全是这些协会的重要成员，而知识分子的思想传播对当时的改革舆论导向作用是非常大的。中产阶级是美国社会改革的主力。当时的文官制度改革、义务教育的实施、反托拉斯运动、黑幕揭发运动、市政改革及其他方方面面的社会改革，都是中产阶级推动的结果，更难能可贵的是中产阶级妇女也积极参与了当时的改革运动。作为美国社会的中坚力量，美国中产阶级尤其是其中的专业技术人员出于社会责任感积极推动社会改革，寻求社会公正，以使美国社会和平而有序地向现代社会转型。美国中产阶级因此而成为社会的黏合剂，起到了稳定社会的“安全阀”作用。①

二战后，随着美国社会向后工业社会的转变，工人阶级人数开始减少。1956 年后，白领工作者的人数第一次超过了蓝领，以专业技术人员与管理者为核心的新中产阶级出现。罗斯福新政提供的社会福利，使美国成为隐形福利国家。雇主提供的健康保险、房屋抵押利率降低、向贫困家庭提供现金的直接救济、面向老年人、幸存者和残疾人的新社会保险系统、凯恩斯主义的扩大就业措施，大大缩小了贫富差异。高等教育的迅速扩展，教育与职业的紧密联系，使大量获得高等教育的人进入了中产阶级行列。从 20 世纪 30 年代到 70 年代，收入悬殊现象在美国急剧减少，出现了经济史学家所谓的“伟大的收缩”。从 20 世纪 70 年代后期，第三次产业革命大规模兴起，新科技革命的影响，以及全球化趋势，使美国产业结构发生了极大变化，步入后工业时代。一些传统的产业转移到世界其他国家和地区进行生产，第一产业、第二产业在国家产业结构中的比重大大降低，以服务业为主的第三产业异军突起。对于美国国内来说，它直接影响了工

① 肖华锋.前引书，第125 页。

作岗位的变化，而受冲击最大的是传统工人，其中又以机械制造业和加工工业的工人为主。根据美国国家人口普查局统计，从 1955 年至 1995 年，美国制造业的工作岗位由 33.3%下降到 15.8%，蓝领工人比重由 41.1%下降到 25.3%。[①] 根据生产要素合理配置的规律，美国把大量的机械制造业和加工工业转移到第三世界国家，国内产业工人的工作岗位日益减少，这无形中增加了国内传统产业工人的生存压力。那些从前在工厂生产、数据处理和行政工作中转移到护理、商业等服务行业的工人大多没有组成工会。技术移民的增加，低技术移民的流入，使中产阶级面临着不断加大的竞争压力。[②]

高等教育是获得美国中产阶级地位的主要途径，是社会地位的“提升机”。美国中产阶级地位获得主要遵循以下路径：

第一步，出身背景：家庭背景和性别与学校教育共同影响了个人总资本（文化资本、人力资本、社会资本）的大小，从而促进了个人教育成就和社会能力的形成。

第二步，这种个人教育成就和社会能力，伴随着美国的社会经济发展状况、个人婚姻选择和来自出生家庭和自身的社会资本，使得个体最终有机会进入中产阶级行列。[③] 随着高中教育的普及，本科学历已成为进入美国中产的必备学历。到 2006 年为止，美国大学的适龄人群的本科入学率已经达到了 45%，毕业率也达到了 27%。到 2007 年 25—29 岁年轻人中完成本科学历的人数比例增长到 28%。从收入与学历的相关性看，二者呈正相关。2007 年美国所有工作者包括了全职和兼职的年收入中数为 33 452 美元，其中高中文凭拥有者的收入为 26 894 美元，低于中数；副学士学历者的收入为 32 874 美元，接近平均；本科学历者的收入开始高于平均，为 46 805 美元。而硕士

① 赵毅.对美国当前社会阶级结构分化的分析.国际论坛，2004 年 3 月，第 66—67 页。

② 张春明.前引书，第 35 页。

③ 徐婧.教育成就与美国中产阶级的形成和变迁：理论与实证分析.华东师范大学博士论文，2009 年，第 64 页。

及以上学历的收入则约等于平均收入的两倍即 61 287 美元。更高的学历对中上层阶级地位的获得有着更大的作用。最后，精英大学和普通大学的学历对中产阶级地位的获得具有差异。这是由于高等教育的普及，精英大学的优势更加体现出来。[①]

在美国的阶层结构中，上层主要包括年收入通常超过＄350 000 的百万富翁；包括名人，有权力的管理者/政治家。通常毕业于常春藤联盟。这部分人占 0.9%，家庭净资产不少于 100 万美金的富有阶层，大多拥有大学学历。这部分占 5%。中产阶级占 46%，接受过大学教育，工资和补助高于平均水平。男性典型工资 57 000 美元，女性 40 000 美元；下层阶级包括蓝领工人和从事程序化工作并且经济保障较差的工人。男性典型工资是 40 000 美元，女性 26 000美元，大多是高中教育水平。还有生活在贫困线下并有限或不参与劳动力市场。三个阶层在收入、健康、教育和职业声望上都有很大差别。[②]

近年来，美国中产阶级上中层与下层分化有加大的趋势。具体来说，中下层阶级的个人年收入在 3.2 万美金到 6 万美金之间，一般由半专业化的人员组成，是白领雇员中的较低等的工作者。他们为上中层阶级工作，能过上相对舒适的生活，但经常被税收和通货膨胀所威胁，受到经济危机最直接的影响。而就受教育程度而言，他们中只有 27%的人获得了学士学位或更高的学位。与此相对的是，中上层阶级都基本受过高等教育，大多数具有研究生学位，并能自主工作。其收入至少在 10 万美元左右。他们中大部分人属于"专业阶层"(professional class)，以自身的教育成就来服务社会。典型的工作类型包括大学教授、医生、律师、新闻工作者、建筑师、物理学家、工程师、药剂师和飞行员。根据美国劳工部数据，2003 年大多数上中

① 徐婧. 前引书，第 37—40 页。

② Beeghley, Leonard. 2005. The Structure of Social Stratification in the United States. Pearson Education. 转引自徐婧. 前引书，第 30 页。

层阶级的专业人员获得了 67 348 美元的年收入，这是当年中等收入家庭个人收入的两倍’。中上层阶级的工作性质常常是咨询、管理和策划，有较大的工作自主性。其教育成就也让他们更能抵御经济动荡的风险。①

美国中产阶级正面临着规模萎缩、生活水平下降的危机。自 1979 年到 2007 年，美国家庭收入的中数（已扣除通货膨胀的因素）从＄38 771/年到＄50 233/年，增长了 13％。② 也就是说，中等收入人群的收入增加了。但通过计算机模拟具有代表性的家庭证明，中产阶级的实际可支配收入反而下降了。下降的原因在于用于照顾新生幼儿和家中老人照顾费用、教育费用的增加。在联邦政府实施经济自由主义的政策下，中产阶级的内部分化日益明显，部分上中层向上流动增加，下中层向下流动，这使得庞大的中产阶级开始缩水。

由于凯恩斯主义受到严峻挑战，近 30 年来新自由主义传统逐渐恢复。在经济领域里，他们倡导个人自由，反对国家干预，主张自由竞争；在个人利益与社会利益、个人自由与社会秩序的选择上，相当程度上倾向于前者；在政治领域里，他们主张强权，在与工会的斗争中毫不妥协；在对外政策上，主张霸权。因此，很多人又喜欢把新自由主义称作新保守主义。作为新自由主义的一个分支，里根经济学的政策主张就是控制货币供应量，力争预算平衡，实行有利于资本积累的税制改革，大幅减税。③ 这导致联邦对教育、医疗、住房投资缺乏力度，这些方面的开支在增长。以教育而言，25 年来，美国的大学教育费用增加了 43.5％，是中等收入者收入增长的 3 倍，而自 2000—2001 学年以来，一个普通的四年制的公立学校的学费和其他费用上涨了 7.6％。三分之二的大学学生需要通过借学生贷款来开始自己

---

① 徐婧．前引书，第 32 页。
② 徐婧．前引书，第 33 页。
③ 赵毅．对美国当前社会阶级结构分化的分析．国际论坛，2004 年 3 月，第 64 页。

的职业生涯。①

奥巴马政府2009年1月新组建“救援中产阶级专门机构”和“中产阶级劳工家庭特别小组”，以期挽救美国中产阶级特别是下中层阶级的生活水平。而针对目前中产阶级和中下层阶级目前面临的教育困境，特别是难以支付高等教育费用的问题，他提出了增加“推动经济刺激方案”中对高等教育的投资，试行教育政策中的Create the American Opportunity Tax Credit计划，希望大学生通过在社区的工作来换取学费减免的就学机会。而对教育和医疗、能源的再投资，又预计可以提供相应的三百万个新工作岗位，从而缓解目前的失业问题。②

二、美国中产阶级的认同与精神生活

美国被国内外民众认同为中产阶级强国。其实，这种中产阶级国家概念的形成除了客观的社会、经济因素以外，还应归因于大多数美国民众自我认同为中产阶级的社会心理。美国历史形成中没有经历封建压迫，新大陆的开放性，平等、大同的社会理想，美国梦的神话，都有助于多数人认同中产阶级，而在美国，中产阶级成了普通人的代名词。“一个有意义的现象是，在以往的好几代美国人中的大多数人都把自己看成‘中产阶级’，但在所有的欧洲人中有一半自称‘工人阶级’。”③从中我们可以窥见历史记忆的力量所在。

传统的老中产阶级被认为代表了独立、自由和开创精神，但这种形象在新中产阶级中却荡然无存。“19世纪的农场主和商人一般被看成是一些坚忍不拔的个体——他们是自己的主人，是一些可以和任何人一样强的汉子。20世纪的白领职业者从来就没有过农场主

① 徐婧. 前引书，第34页。
② 徐婧. 前引书，第35页。
③ 奥托·纽曼等. 信息时代的美国梦. 北京：社会科学文献出版社，2002：41。

那样的独立性，更谈不上商人式的发财机会。他们总属于一些别的什么人，如公司、政府或军队；因此，他们也不可能凭借自己的力量来提高自身的地位。在美国的社会场景中，自主的企业主的没落和非自主的雇员的兴起，是和美国人心目中独立个体的衰落和小人物的大量涌现相并行的。"①

当代新中产阶级的精神风貌，在很多文学艺术作品中得到展现。电影《美国丽人》、菲谢尔的绘画，以及厄普代克的小说都展示出中产阶级的精神困境与家庭困境。中产阶级意味着腹背受敌，他们既不认同下层工人阶级的价值观与生活方式，为了显示优越感而模仿上层贵族的优雅和生活方式，同时又抗拒上层资产阶级的价值观。某种程度上他借以安身立命的价值准则，同时又是他所厌恶并批判的。这种冲突与困惑，借助中产阶级的"怀旧"得到宣泄和安慰：通过想象过去的美好生活，逃离充满缺陷的现实，构建和谐、完整的自我。②约翰·厄普代克小说以中产阶级的精神状态为主题，最有代表性的是《兔子三部曲》，表现了 20 世纪后半期中产阶级在安稳宁静的物质生活外壳后面的焦虑、恐慌、孤独、异化、怀旧的精神生活内核。竞争的压力导致精神世界中人们的彼此疏离。③

在约翰·契弗笔下，中产阶级是科层化组织中的小人物，他们依靠与公司上层人物的关系来获得名望的优势已经逐渐被削弱。决定中产阶级名望与地位的另一个重要基础——较高的经济收入，也面临着瓦解的危险。④ 中产阶级依靠微薄的薪金生活，饱受失业这个幽灵的困扰。同时承受着工作异化和消费异化的苦果。新教伦理与清教传统中工作的深层存在意义，随着传统价值观的衰落，正在消解。

---

① [美]C·赖特·米尔斯. 前引书，第 4 页。

② 戚涛. 中产者的怀旧之歌——《哈克贝利·芬历险记》再解读. 世界文学评论，2012 年 2 期，第 214 页。

③ 迟文婷. 难以承受之重：约翰·厄普代克小说中的中产阶级生存状态 . 哈尔滨工业大学硕士学位论文，2006 年。

④ 刘朝君. 论约翰·契弗笔下的"中产阶级的危机". 湘潭大学硕士学位论文，2010 年第 8 页。

而枯燥、无聊、单调、乏味、机械和对工作的厌恶成为中产阶级的工作感受与工作态度。现代高科技发展，使绝大多数工作内容程式化，缺乏创造力，但对失业的恐惧，却促使中产阶级成员们选择长期忍受的态度。与此同时，消费活动不再是基于个体感受、需要和审美趣味的有意义体验，而是指向地位的虚荣感满足。为此人们选择居住在高档社区，加入俱乐部，购买昂贵的衣物以炫耀自己的地位，但内心却充满了忐忑、焦虑、空虚和恐慌。他们通过郊区环境优美、宽敞明亮的高档住宅与下层阶级居住空间的区隔凸显自己的地位和身份，并防备下层阶级越过界限。但随着高薪蓝领与白领收入差距的缩小，他们所担心的问题正在成为现实。[①]

而菲谢尔的现代写实绘画，"通过在一个特定时期和阶层的范围内指出人性的矛盾和情感，他的作品让人们关注到美国中产阶级是如何向自身的欲望妥协的。"[②]他的作品大多以中产阶级为讨论对象，他们属于富裕的群体。现在他们更加富有，但他们依然在人与人之间的关系间作斗争。通过描绘大量居住在郊区的中产阶级家庭生活画面——野餐、生日等休闲场景，探讨了中产阶级的精神危机和生存困惑。他认为中产阶级的生活方式是虚伪的，反映了发生在这一阶层的悲剧性的社会问题。这些人住着高级的带有后花园的房屋，在沙滩或游泳池玩乐，烧烤、野餐、日光浴，却表现出各种悖理的行为和举止。家庭成员之间的关系疏离、冷漠、不悦。他们懒散、无精打采、缺乏积极和饱满的精神状态，他们从事的活动没有令他们产生愉悦感。他们无所事事、百无聊赖过着富足的生活，却充满空虚和困惑，这是他们的精神危机和生存困惑的表现。

---

① 同上书，第9—13页。

② 40. Naney Grimes. Erie Fischl's Naked Truth. Art News，SePtember，1986，P. 76 转引自关晓辉. 菲谢尔的写实绘画与现代美国中产阶级的生活. 华南师范大学，2003. 5. p11.

第四节 德国的中产阶级

一、德国中产阶级的发展概况

德国资本主义的出现晚于英法两国，但进展迅速。从19世纪70年代以后，各资本主义国家相继发生了以电能、内燃机动力以及新化学工业为主要特征的第二次工业革命。1870年普法战争后，新崛起的德意志帝国的工业化和城市化齐头并进，到19世纪末，德国的工业产值已经超过英法两国。这种发展势头一直保持到20世纪20年代魏玛共和国时代。统一后的德国成为这次工业革命的急先锋，它充分利用各种新技术和新装备，彻底完成了以农业为主体的经济形态向工业为主体的经济形态的转变。德国工业的飞速发展导致了经济领域中垄断资本的形成，使德国资本主义开始过渡到垄断阶段。到20世纪初，垄断已经成了德国全部经济生活的基础。据统计，到1900年时，小到制针、皮鞋，大到钢铁、煤炭，几乎没有一个行业没有自己的卡特尔。1907年，占企业总数0.9%的大企业占有了四分之三以上的蒸汽动力和电力，其中586个最大的企业占有了几乎三分之一的蒸汽动力和电力。[①] 在这些大型企业里，职员阶层的比例得到了最迅猛的增加，从1882年占受雇者总数的1.9%上升为1907年的5.7%”。[②] 这些领取工资的雇员不同于传统产业工人的职员，包括生产过程中的管理人员、科学和技术人员等。

在产业工人阶级和资产阶级之外，德国出现了独立经营者、职员、公职人员等社会群体，而且从德国进入高速工业化阶段以来，由

---

① 王存福.19世纪的德国社会民主党与伯恩施坦改良主义.德国研究，2007年，第3期，第20页。

② 同上，第20页。

于第三产业的发展和政府管理职能的扩大等因素的影响，使‘职员集团’和‘公职人员集团’的人数一直呈上升趋势。据统计，随着这批新中等阶级成员人数的增长，工人中体力劳动者的比例从1895年时的56.8%，下降到1925年时的45.1%。① 经济的发展和文化领域的活跃为德国造就了一大批中产阶级。这个由薪金雇员和公务人员组成的所谓“新中产阶级”，还包括私人教师、护士，在各种经济联盟、职业团体、工会和消费者协会中的高级雇员、劳动组织的秘书、保险公司的雇员，以及演员、歌手、音乐家、合唱队员、药店雇员、报刊编辑和记者等等。②

与大资本的集中趋势相伴随的是，中小企业主还大量存在。“1875年，在拥有5名职工的小企业中就业的人占当时总计1 860万受雇者的64%”。1907年，在这种规模的小企业中的就业人员，仍占2 800万总就业者的37%。因此，包括中小企业主在内的老中产阶级在社会阶级结构中仍占据相应的位置。据统计，到1907年时，德国包括中小企业主在内的所有独立经营者，还占总就业人口的20%。到20世纪30年代末期，虽然德国独立经营者在数量上呈下降趋势，但仍占就业总人口比重的10%以上。③ 而新中产阶级的比重则迅速上升。1900年德国新中产阶级比重为6.7%，1925年增长到10.9%。1890年德国旧中产阶级占从业人员的比重为34.6%，1950年下降到22.6%。④

与其他欧美国家相同，德国在二战后也经历了中产阶级的快速增长。以电子计算机、原子能的发明和使用为先导的第三次科技革

---

① 王存福.论中产阶级与德国社会民主党的转型.当代世界社会主义问题，2005年第4期，第85页。

② 周晓虹.再论中产阶级：理论、历史与类型学兼及一种全球化的视野.社会，2005年，第4期，第8页。

③ 王存福.19世纪的德国社会民主党与伯恩施坦改良主义.德国研究，2007年，第3期，第20页。

④ 孙寿涛.中产阶级理论的破产与“美国梦”的破裂.毛泽东邓小平理论研究，2013年，第9期，第27页。

命，推动了社会生产力的巨大发展，引起了生产关系的重大变化和产业结构的调整。德国工人人数的相对比重自1950年后，就呈下降趋势，绝对数也自1960年后呈下降趋势。与此相反，在第三产业就业的职员和公务员阶层的人数呈明显的增长趋势。如德国的职员阶层在1950年时有321.1万人，占劳动人口的比重为15.8%，到1961年时，职员占劳动人口的比重为22.1%。1961年，独立经营者和公职人员占劳动人口的比重分别为12.2%和4.7%，到1970年时为9.8%和7.8%。①

新中产阶级的崛起与50—70年代的"经理革命"也存在着密切的联系。资本的所有权与控制权的分离以更加迅猛的速度推进，大批的企业管理人员迅速成长起来。受政府和大企业雇佣的中级官员和中级管理人员，1950年有114.9万人，1970年增至235.5万人，在全国经济活动人口中的比例由1961年的6.9%增长到1980年的11.5%。这些新中间阶层的薪金收入一般是熟练工人的3—4倍。②1976—1989年德国老中产阶级减少了12.3%，1996年老中产阶级的下降为10.6%。③ 可见，老中产阶级的人数呈下降趋势外，公职人员等新中产阶级的人数是逐渐增加的。这种增长，是由于国家垄断资本主义的快速发展，导致了凯恩斯国家干预主义的盛行，它要求扩大国家职能，加强国家和政府指导、参与和干预经济与社会活动的能力，这就使从中央到地方各级政府的职能部门增加，政府雇员的数量大幅度增加。而扶植中小企业历来被看作是支持中产阶级发展的重要政策内容。

20世纪70年代兴起的信息技术革命导致德国产业结构进一步变化，第三产业和信息服务业获得了更大发展，第二产业的比重有所下降。1960年，联邦德国的第三产业在国内产值中的比重为39.8%，

---

① 王存福.二战后德国中产阶级的发展壮大与社会民主党由"阶级党"到"人民党"的转型.云南行政学院学报，2012年，第3期，第22页。

② 许平.前引书，第7页。

③ 孙寿涛.同上书，第27页。

1971 年，这一比重上升为 43.7%。第三产业中的就业人数在 1975 年超过了工业就业人数，到 1980 年时占就业人数的比重已达 50%。上述产业结构和就业结构的变化造成了社会结构的相应变迁，这种变化最明显的例子就是新中产阶级，这个社会阶层既不属于加入工会的工人阶级，也不属于小商业主和自我雇佣者等老中产阶级。根据联邦德国统计局统计年鉴的数字，1950、1961、1971 和 1988 年，工人在就业人口中所占的比例从 51%依次降为 48%、47%和 38%。与此相反的是，1970 年以后，职员阶层获得了较快的增长，其占就业总人口的比例从 29.2%上升至 1982 年的 39.8%。到 1982 年，包括独立经营者、公务员、职员的中产阶级范畴，这三者占就业人口的比重为 66.1%，其中新中产阶级(指公务员和职员）为 49.3%，超过了工人 43.9%的比重。(王存福：2014)由于福利国家的推行，中产阶级规模扩大，社会贫富悬殊大大缩小。德国 1978 年全部家庭毛收入的基尼系数为 0.43，净收入的基尼系数为 0.42；1998 年税前的基尼系数是 0.382。[①]

这些新中产阶级成员往往具备较好的就业条件、较高的工资待遇和富裕的物质生活，他们不太关心经济增长和就业等物质需求问题，更多的是关心能否获得更高的生活质量、保护和改善生态环境、实现男女平等等社会问题。正因如此，新中产阶级成员往往成为新社会运动的主力军。这种新社会运动是物质生活得到满足的结果。因为自由和福利已经不需要再去为之奋斗，而只需要加以维持。秉承后物质主义的新中产阶级一代对传统阶级观念和物质消费观念支撑下的现行社会福利政策持否定态度。[②] 德国目前有人口 8 200万左右，城市化率为 80%。德国人均国民生产总值超过 2 万美元，其中中产阶级大约占 50%(主观认同率为 75%)，富人占 10%，穷

① 孙寿涛. 前引书，第 30 页。

② 王存福. 20 世纪 70 年代以来德国社会结构变迁与社会民主党由“纲领党”到“选举党”的转型. 德国研究，2014 年，第 1 期，第 47 页。

人占 40％。①

大力发展高等教育是德国促进中产阶级形成的重要措施。德国的教育分层较为明显。教育普及使中等层次的职业从较高层次的职业中分离出来。德国高级行政机关和专业领域多是来自传统学校和大学的人员，中等行政机构的低级行政人员和管理位置成员则多来自于现代学校；而从中学或大学辍学的人填充了较低的白领职业。法国和美国也表现出共同的特征，唯有在金融业和商业位置则仍被受过一流教育的人员占据。② 目前德国的大学生入学率为 55％。③

二、德国中产阶级与第三条道路

与美国中产阶级对政治的冷漠不同，德国中产阶级对现实政治走向发挥着积极的作用。米尔斯论及美国白领职业者在政治上的无足轻重，“这些总可以被看到但又很少为人们参详的人，是政治上的哑子。政治角逐场上零星的无党派人士在制定其宽泛的政治号召时，没准会把‘白领’人和商人、农场主、工资劳动者放到一起考虑，但是，在两大主要党派的政治纲领中，‘白领’人却从来未被直接提出过。谁会害怕职员呢？……在德意志，‘穿黑外套的工人’曾经是希特勒在走上权力宝座的路途上玩过的几把竖琴之一。”④

与传统的中产阶级作为社会稳定器理论预示的相反，德国中产阶级被认为是希特勒纳粹政权的主要阶级基础。这种关于法西斯主义在本质上是一种中产阶级运动的解释获得了广泛的认同。第一次世界大战中战败的德国的巨额赔款，给德国的社会和经济造成了重创。而奉行自由主义的中产阶级“由于工人和上层资产阶级的组织、

---

① 杨宜勇. 关于瑞典和德国中产阶级的调研报告. 北方经济，2004 年，第 4 期，第 31 页。

② 迈克尔·曼. 前引书，第 642 页。

③ 杨宜勇，同上书，第 31 页。

④ [美] C·赖特·米尔斯. 前引书，第 11—12 页。

政治联盟和政党占据了舞台的中心而日渐失去光彩。下层中产阶级的这种心理失落加剧了其成员人格中的情绪震荡，从而肥沃了中产阶级借以报仇雪恨的各种大规模抗议运动的土壤”。[①] 中产阶级相对地位的跌落，小工商业者渴望保持自己及其社会价值的重要地位，使其自由意识形态转向反动阶级的意识形态。他们害怕资本集中和权力集中的趋势，希图通过法西斯主义执掌国家政权恢复昔日的经济安全感和较高的社会地位。这种对极端主义运动的呼唤发生在大规模资本主义和有强大劳工运动的国家，使那些生活在小社区和农场的小企业家感到高度的不安全。城乡自营职业者中的中产阶级极端主义要多于白领及专业人员。[②] 在李普赛特眼中，法西斯主义是“中间派的激进主义”，“它从根本上说代表了中产阶级对资本主义和社会主义的反抗，对大型企业和工会的反抗”。法西斯主义是 1930 年代在资本主义和社会主义之外的第三条道路。[③]

德国中产阶级的产生和发育与政党运动有关。目前德国的主要政党有社会民主党、绿党、基督教民主联盟、基督教社会联盟、自由民主党、民主社会主义党、共产党、共和党等。德国各派政党为了获取中产阶级选民的支持，不断调整党纲和竞选策略，深刻改变了德国的政治权力格局。德国对第三条道路的探索，正是对中产阶级兴起并扩大的阶层结构的反应。马克思曾预言随着资本主义发展，社会阶级结构将极化发展，分裂为资产阶级和无产阶级。从垄断资本主义发展的趋势看，确实老中产阶级在缩小，但社会民主党理论家伯恩施坦注意到中产阶级成员继续存在的事实。在生产与资本集中的过程中，中小企业并没有像马克思预言的那样全部消失。相反，“在一整批工业部门中，小企业和中等企业表明自己完全有能力同大企业并存”，“这同样也是一个颠扑不破的真理”。因为中小企业能适应这种

① 李普赛特著，张绍宗译. 政治人. 上海人民出版社，1997 年，第 116 页。
② 李普赛特. 前引书，第 120 页。
③ 周晓虹. 前引书，第 8—9 页。

发展，小企业的生产更具有“使商品到达消费者手中的方式”；“大企业本身哺育着小企业和中等企业”。中小企业能够在与大商店的竞争中生存下去。[①]

在农业领域，伯恩施坦认为，在整个西欧，农业中的小经营和中等经营到处都在发展，大农场或极大农场则在减少。既然中小企业、小商业和中小农场仍然大量存在，那么中小企业主、小商业主和农场主等被马克思认为将整体走向消亡的中间阶级成员，也必然存在于社会结构的阶梯中。除了中小企业主、小商业主和农场主等中产阶级成员以外，伯恩施坦还看到了德国存在着不同于传统产业工人的职员阶层。这些占百分比相当大的一部分从事商业和从事技术的职员，由于他们的阶级出身和教育比较靠近企业主，这些人处于中间地位。从他们的劳动条件和报酬的形式来说，他们和雇佣工人阶级还有区别。到(第一次世界)大战前夕，在德国这些人的数目大概已增长到远远超过一百五十万人。而“公务员阶层和自由职业者阶级”也是一个和产业工人有所区别的数量较多的中等阶层，他们掌握着相当数量的社会财富，也能够在与大资本的竞争中维持自身的发展。由于现实中存在着大量的中产阶级成员，使德国“社会关系的尖锐化并没有按照《宣言》所描绘的那样实现”。所以，伯恩施坦认为《共产党宣言》中所设计的社会主义革命的爆发时间和方式都会存在一定程度的错误估计。他认为，德国社会结构发展的事实是“至少到1930年，他们(独立经营者、职员、公职人员等)在总就业人口中已占据了17%”。[②] 基于对中产阶级的这种认识，德国社民党确立了改良主义路线，主张通过渐进方式实现社会主义。

德国社会民主党在改良主义的道路上，不断改变竞选纲领以适应中产阶级发展变化趋势。1959年，德国社会民主党通过了《哥德

① 王存福．19世纪的德国社会民主党与伯恩施坦改良主义．德国研究，2007年，第3期，第16页。

② 王存福．前引书，第21页。

斯堡纲领》，实现了由“阶级党”到“人民党”为主要特征的第二轮转型；转型后的德国社会民主党获得了广大中产阶级选民的认可与支持，取得了党员人数和大选得票率急剧上升的巨大成就，但从其党员构成来看，它仍然是一个工人党员为重要成分的政党，从其政党性质来看，它仍然带有无产阶级政党的色彩。（王存福，2012）20 世纪 70 年代以来，德国社会结构发生重大变化，职员、公务员等新中产阶级成为人数最多的社会群体。为了获得广大新中产阶级成员的支持，从 1989 年的《柏林纲领》到 1998 年的竞选纲领，再到 2003 年的《威斯巴登声明》，社民党最终提出了一个全面转向中产阶级的纲领。由“纲领党”向“选举党”的转变是其这一轮转型的主要标志。不断右转的社民党陷入了转型的定位困境。[①]

近些年来，德国中产阶级规模出现了一定程度上的萎缩趋势，2006 年，以收入水平衡量，德国中产阶级群体所占比重已由 2000 年的 62%下降至 54%。由于过去三四十年内德国中产阶层收入上涨速度落后于住房、水电、燃油等物价上涨速度，导致目前中产阶层每月身负生活开支比重提高，可自由支配资金比重下降，严重影响其生活质量。[②] 2003 年 1 月 6—7 日德国社会民主党主席团于威斯巴登举行的非公开会议通过了 2003 年度的具体纲领和威斯巴登声明，宣布了一个全面的中产阶级纲领，计划有步骤地在中期内将纳税和扣除负担减少至国内生产总值的 40%（税率从 1998 年的 42. 4%降低至 2001 年的 41. 5%），同时稳定公共预算；增加公共投资和坚决克服官僚主义，以提高经济增长率和就业率。在推行这些措施时，保持社会保障系统的功能。该纲领认为，中产阶级是德国经济的发动机。德国的经济成果大约有一半是由中产阶级带来的，它包括大约 2 000 万从业人员。政策重点是资助初创企业和最小企业；为中产阶级提

---

① 王存福. 20 世纪 70 年代以来德国社会结构变迁与社会民主党由“纲领党”到“选举党”的转型. 德国研究，2014 年，第 1 期。

② 张茉楠. 中产阶级衰落动摇美欧根基. 浙江经济，2010 年 8 月 10 日。

供资金的保障;减少官僚主义的样板计划;职业培训现代化和对职业培训岗位的资助;一个创新的中产阶级和对外经济斗争。①

德国中产阶级的发展不仅促使社民党改变了纲领,也促成了绿党的诞生和崛起。20世纪70年代,在新中产阶级的倡议和领导下,兴起了各种以新中产阶级为主体的新社会运动。这些运动均以新中产阶级的要求为主张,并按新中产阶级的方式组织起来,采用抗议、静坐等方式反抗现存政治秩序,而新中产阶级则因此而发展成为绿色政治的一支生力军。最终,为了适应现存议会政治的需要而更好地在议会中表达自己的意愿,新中产阶级促成了新社会运动向绿党的转变。而新中产阶级成为了绿党崛起的主要群众基础。这可以从绿党成员的阶级构成上,以及支持绿党的选民的阶级构成上看出来。②

因此不同国家中产阶级具有不同的特征,在国家政治生活中发挥着不同的作用。在德国,中产阶级显然是不可忽视的政治力量,是各派政党争取支持的对象。中产阶级以其自身的存在和观念,影响了德国的政治发展,在德国政治生活中打上了深刻的烙印。

---

① 张文红.德国社会民主党的新中产阶级纲领.当代世界与社会主义,2003年,第2期。

② 沈素红.德国绿党崛起的原因及影响研究.华中师范大学硕士学位,2007年,第20页。